U0937254

本书为教育部人文科学研究重大课题委托项目的研究成果

陕西师范大学
马克思主义理论研究丛书

改革开放以来高校师生思想变化轨迹和规律研究

王　涛　袁祖社　著

中国社会科学出版社

图书在版编目(CIP)数据

改革开放以来高校师生思想变化轨迹和规律研究／王涛，袁祖社著．—北京：中国社会科学出版社，2019．11
(陕西师范大学马克思主义理论研究丛书)
ISBN 978-7-5161-9792-9

Ⅰ．①改… Ⅱ．①王…②袁… Ⅲ．①高等学校—思想政治教育—研究—中国—1978-2008 Ⅳ．①G641

中国版本图书馆 CIP 数据核字(2017)第 018711 号

出 版 人 赵剑英
责任编辑 宫京蕾
责任校对 曹占江
责任印制 李寡寡

出 版 中国社会科学出版社
社 址 北京鼓楼西大街甲 158 号
邮 编 100720
网 址 http：//www.csspw.cn
发 行 部 010-84083685
门 市 部 010-84029450
经 销 新华书店及其他书店

印刷装订 北京君升印刷有限公司
版 次 2019 年 11 月第 1 版
印 次 2019 年 11 月第 1 次印刷

开 本 710×1000 1/16
印 张 19.5
插 页 2
字 数 329 千字
定 价 98.00 元

目　　录

第一章　高校师生思想变化轨迹和规律问题研究的意义

高校师生思想变化的轨迹和规律，是高校思想政治教育亟待解决的一个根本性、重大性、关键性的问题。研究探索这一问题，对于更为有效地贯彻落实《中共中央国务院关于进一步加强和改进大学生思想政治教育的意见》（以下简称《意见》）、创新和发展高校思想政治教育的相关理论、科学有效地开展高校思想政治教育工作和促进和谐社会的建设都具有重大的意义。

第一节　本课题研究的学术价值

早在1999年，江泽民同志就指出："思想政治素质是最重要的素质。"[①] 2005年1月，胡锦涛同志指出："大学生的思想政治状况、道德品质、科学文化素质和健康素质如何，不仅直接关系现阶段中华民族的素质，而且直接关系未来中华民族的素质。特别是大学生思想政治素质如何，更是直接关系到党和国家的前途命运。"[②] 这些重要论述，深刻地指出了思想政治素质在人的全面发展素质中的重要地位和作用，说明了思想政治素质不仅是人的素质中最为重要的组成部分，而且是人的素质中最为重要的促进因素和体现因素。高校师生作为研究和传播先进文化的重要群体，思想政治素质这种最重要素质的能动作用就显得更为直接、更为集中和更为明显。思想政治素质作为人的思想的产生、变化和发展，都具有客观的规律。规律不仅是客观的存在而且具有客观的作用。思想政治教育认

---

① 江泽民：《江泽民文选》第2卷，人民出版社2006年版，第332页。

② 胡锦涛：《在全国加强和改进大学生思想政治教育工作会议上的讲话》，《人民日报》2005年1月19日第1版。

识和遵循了客观的规律，就会取得显著的成效，就会对人的思想政治素质及整体素质的提高，就会对中心任务和各项具体任务的完成，起到重要的保证和促进作用，反之亦然。这已为中国革命和建设的历史，特别是现代化建设的进程所反复证明。

新中国成立以来，特别是改革开放以来，高校师生的思想随着国际国内形势的巨大变化，在各个历史时期呈现着鲜明的历史气息和时代特征。新中国成立初期，经过知识分子的思想改造运动，高校师生开始清除帝国主义、封建主义、官僚资本主义的思想影响，普及了马列主义、毛泽东思想，提高了接受党的领导、热爱社会主义的自觉性，开始树立为人民服务、为社会主义服务、同工农相结合的观念。在社会主义改造和十年建设时期，高校师生自觉投身于三大改造运动和社会主义建设，思想道德素质虽说随着社会的局部动荡出现了一定的曲折性变化，但总体上处于良性发展阶段。十年“文化大革命”的极“左”思潮和思想政治教育的严重失误，使高校师生的思想出现了巨大的落差、痛苦和困惑。真理标准问题的讨论，十一届三中全会的召开和改革开放初期，高校师生的思想变化得到了空前自由的空间，他们开始冲破旧的观念、规则和习俗的羁绊，解放思想，实事求是，探求人生的真谛，求取社会的真解。20 世纪 80 年代中期开始的体制改革和转轨变型，使得高校师生对经济、政治体制，特别是教育、科技、文化体制的改革倾注了极高的热情和期待，不断涌现的新思潮、新学说、新名词，也使得高校师生变得眼花缭乱，甚至变得少了些理性的思考，却多了些浮躁的气息，终于演绎成 80 年代后期席卷全国、波及整个社会生活的“学潮”和政治风波，又使得高校师生的思想变得更加迷茫起来。90 年代以来，社会主义市场经济建设和加入 WTO 之后中国社会发生的巨大变化，使得高校师生变得更加务实而理性地看待教育改革、社会生活以及与个人自身价值实现的关系，其间尽管有西方敌对势力不断地西化渗透，但高校师生的思想政治倾向总体上处于稳定向上的状态。

半个多世纪以来，高校师生的思想到底是如何变化的？变化的深刻根源是什么？变化的轨迹是怎样的？高校师生的世界观、人生观、价值观、道德观、政治观、法制观等等的变化发展过程有哪些规律？这些规律的作用机制是怎样的？高校师生思想的变化与一般社会成员思想的变化相比有哪些鲜明的特点？他们思想发展变化的规律与一般人们思想发展变化的规律有哪些区别与联系？这些问题，需要从学理上进行深入的研究和探索。

近年来，思想政治教育学科及相关领域的学者和专家对此进行了一定的研究与探索，取得了具有一定价值的研究成果。从现有的成果看，总体上呈现着“六多六少”的状况：（1）现象描述多，本质揭示少——就高校教师或学生的一些思想现象及其变化进行归纳性描述多，缺少本质性、规律性的分析；（2）局部探究多，整体研究少——就某个高校、某类高校、某个地区教师或学生思想状况的变化进行调查和分析，缺少全国范围的大规模研究；（3）分别研究多，综合研究少——就高校教师或学生的思想嬗变轨迹及其影响性因素分别研究的多，缺少对处于共同领域但担当不同角色的师生共同的思想变化轨迹特别是基本规律的深层揭示；（4）时段性研究多，长期性探索少——就新中国成立以来某个时间段高校教师或学生的思想状况及其变化分析的多，缺少新中国成立以来半个多世纪高校师生思想变化轨迹的追溯性、归纳性、比较性研究，更缺少对其间所存在的基本规律的整体性、抽象性揭示和把握；（5）以单一线索分析多，对“人”的思想变化机理研究少——就高校教师或学生群体的思想在“时间”线索上的演变分析的多，缺少对高校师生作为“人”的思想变化轨迹的内在机理的多学科、综合性和实验性、准确性的科学研究；（6）主体方“施教”性规律探索多，客体方“受教”性规律探索少——对高校师生实施思想政治教育的规律探索多，缺少对高校师生思想变化本身轨迹和规律的探索。造成这些状况的原因在于：一方面，这些问题研究难度相当大。揭示人的思想变化的轨迹和规律，比从生理上、心理上或其他方面的研究要困难得多，因为人的思想属于精神领域的高级层面，受社会经济、政治、文化等多种因素，特别是意识形态方面多种因素的制约和影响。另一方面，缺乏高级层次的大型课题的立项研究。就全社会而言，对人们思想变化轨迹和规律及其对人们思想施加影响的思想政治教育，往往由于多种原因而得不到真正的重视，高校师生思想变化的探索同样也缺乏必要经费的投入和大规模的联合攻关研究。

本课题的研究，将从“思想”“思想轨迹”“思想规律”等相关概念入手，对新中国成立以来，特别是改革开放以来高校师生思想变化轨迹的成因、曲线、特点、走向、趋势以及思想变化规律的形成、机制、作用等深层次问题进行全面系统的调查、研究和探讨，实现在相关学术理论上获得突破性的创新和发展。

第二节　本课题研究的实践意义

高校师生思想变化轨迹和规律的研究，能够为解决当前高校思想政治教育面临的诸多新问题提供高层次、关键性、根本性的理论指导。大学生是十分宝贵的人才资源，是祖国的未来，是民族的希望，而高校教师则承担着为祖国未来和民族希望培养人才的重大责任。当代大学生思想政治状况的主流是积极、健康、向上的，高校教师的主流是理想信念坚定而正确、教书育人积极而自觉的。但必须清醒地看到，当前高校师生的思想政治教育面临着诸多迫切需要解决的新问题。这主要来自国际国内形势的深刻变化及其影响，在带来有利条件与机遇的同时也带来了严峻挑战和难题。国际敌对势力与我们争夺下一代的斗争更加尖锐复杂，高校师生面临着大量西方文化思潮和价值观念的冲击，某些腐朽没落的生活方式更具有广泛的负面影响。我国社会转型期的重大变化，对外开放的不断扩大，市场经济的深入发展，经济成分、组织形式、就业方式、利益关系、分配方式的多样化和复杂化，也在为高校师生提供广阔发展空间的同时带来了一些不容忽视的负面影响。正如《中共中央国务院关于进一步加强和改进大学生思想政治教育的意见》所指出的："一些大学生不同程度的存在政治信仰迷茫、理想信念模糊、价值取向扭曲、诚信意识淡漠、社会责任感缺乏、艰苦奋斗精神淡化、团结协作观念较差、心理素质欠佳等问题。"作为育人主体的高校教师，也有少数人不能做到教书育人、为人师表。这些问题的存在，其负面后果不仅是严重的，而且是深远的。高校思想政治教育实践，最直接、最重要的任务应当是研究新情况、解决新问题。而新问题的解决，关键是靠与时俱进的对深层次、关键性问题真理性认识的科学理论的有效指导。

高校师生思想变化轨迹和规律的研究，能够充分发挥高校师生在高校思想政治教育工作中的主体性作用。从整个思想政治教育的视角考察，每个社会成员既是教育的客体，又是教育的主体。从历史和现实、经验和教训的维度审视，思想政治教育工作要真正解决新问题、真正取得新成效，关键是发挥每个社会成员的主体性作用。对于高校师生这样独特的高文化、重理性、善思考、慎选择、奉真理的群体而言，情况尤为如此。显然，高校师生思想变化轨迹和规律的揭示，就会使他们在认识和利用这些规律的过程中，自觉自愿地认识与把握社会的思想政治品德要求和规范，做到知行统一，实现思想政治素质和整体素质的可持续性提高。

本课题的研究，能够为党和政府及相关部门对高校思想政治教育工作的领导与管理提供信息支撑和理论依据。中国共产党是全国人民的领导核心，党的领导主要是政治、思想和组织的领导。党对高校的领导，首先是通过对高校思想政治教育的领导来体现、来完成的。加强和改进高校师生的思想政治教育，关键在于加强党对思想政治教育工作的正确领导，而正确的领导则需要科学的决策与管理。党中央、国务院对新的历史条件下加强和改进大学生思想政治教育的意见，正是以邓小平理论和"三个代表"重要思想为指导，为深入贯彻党的十六大和十六届三中、四中全会精神而做出的重大决策，这一重大决策，审时度势，运筹帷幄，为高校及整个中国社会的和谐发展和繁荣稳定确定了一项重大而紧迫的战略任务。

在贯彻落实《意见》精神，完成《意见》所确定的相关任务的过程中，高校党政领导机构及思想政治教育部门，自然需要在坚定正确的政治方向的导引下，为所在学校师生的思想政治教育工作做出科学的决策，进行科学的管理。在当今社会，加强和改进高校师生的思想政治教育，首先需要进行观念更新，这对改变我们传统的思维习惯及思想方式具有极强的现实意义和深远的影响作用。从主要"跟着感觉走"到主要"跟着信息走"，从"经验积淀型"到"理论指导型"，其中所经历的就不仅是一种过程性的体验，更为重要的则是过程与结果、动机与效益的高度统一。高校党委、行政及相关职能部门，真正有效的决策与管理，是在科学理论的指导下实现的，本课题关于高校师生思想变化轨迹和规律的研究，正是能够为国家和地方的教育主管部门、高校党政职能部门的相关决策和管理提供丰富准确的信息与科学的理论依据。

第三节　本课题研究现状及启示

高校师生是国家和社会中的特殊阶层，是知识分子和青年中思想活跃、文化素质高、政治意识强烈而敏感的群体。在当代中国的特定历史时期，在一个新的起点和高度上，对他们的思想变化轨迹和规律进行研究，具有重要的历史意义和现实意义。

一 研究现状所具有的特色和成效

本课题的研究，正是基于国内学术界以往同一或同类问题和课题的研究所取得的已有研究成果，使其研究的意义、内容和方法等得以延伸与丰富。我们对相关问题之研究现状的了解和评述概括起来，有以下几点：

1. 经过较为细致地搜集和查阅资料，我们深深感受到，改革开放以来高校师生思想状况及其变化问题一直是国家有关部门和学术界尤其是思想政治教育界研究与关注的热点。虽然学术界对新中国成立以来到改革开放之前这一时期高校师生思想状况及其变化问题的研究相对较少，但改革开放以来，尤其是近年来与此问题相关的研究成果可谓丰硕厚实。其中论文和调查报告有 100 多篇，成果汇编近 10 本，间接和直接相关的论著数十本（客观地说其同一课题的和直接性的研究成果并不多见），由于间接性和相关问题的研究成果数量很多，就为本课题的研究奠定了学术研究的基础，提供了很好的借鉴，也带来许多有益的启发。如张耀灿的《思想政治教育学前沿》①（2006 年 5 月，人民出版社）和《思想政治教育的特点和规律探析》②（2005 年人大复印资料）、万斌等人的《高校思想政治教育新论》③（2005 年 2 月，社会科学文献出版社）、沈壮海的《思想政治教育的文化视野》④（2005 年 9 月，人民出版社）、吴鲁平的《中国当代大学生问题报告》⑤（2003 年，江苏人民出版社）以及 2000 年北京市委教育工委承担并提交教育部社政司的《90 年代高等学校师生政治、思想、道德变化和发展规律研究汇总报告》⑥ 等，都具有较为全面和系统地分析与论证，而教育行政部门的关注、支持和督导，更使其研究热度逐渐上升。

2. 已有的研究成果相对集中在对高校师生政治思想状况或政治观的调查及其分析上，因而这方面的研究成果内容十分丰富。其中一些成果对

---

① 张耀灿：《思想政治教育学前沿》，人民出版社 2006 年版。

② 张耀灿：《思想政治教育的特点和规律探析》，《思想理论教育》2005 年第 3 期。

③ 万斌、张应抗：《高校思想政治教育新论》，社会科学文献出版社 2005 年版。

④ 沈壮海：《思想政治教育的文化视野》，人民出版社 2005 年版。

⑤ 吴鲁平：《中国当代大学生问题报告》，江苏人民出版社 2003 年版。

⑥ 教育部社政司：《90 年代高等学校师生政治、思想、道德变化和发展规律研究总报告》，2000 年。

问题的分析、归纳或分析评价的观点和论断很清晰，尤以教育部社政司的《当前大学生思想主流稳定健康、积极向上》和《当前高校师生思想分析政治状况调查分析》[①]（2002年）、冯刚等人的《九十年代高校师生政治思想变化和发展研究》、[②]段鑫星等人的《大学生思想道德状况的调查分析》[③]（1998年）、颜吾佴的《当前大学生思想政治教育工作面临的两大困境及对策》[④]（2009年）等最为突出。此外，还有其他方面的相关研究成果，如张小飞的《高校思想政治理论课教学与大学生思想政治工作》一书中涉及“新时期大学生思想认知特点及对策研究”“网络时代大学生思想政治教育与管理对策研究”“独生子女大学生思想特征及教育对策研究”等，对拓宽本课题的研究视野和研究内容具有重要的借鉴价值。[⑤]

3. 许多相关的研究成果对高校师生人生观、价值观、道德观的变化、演变等问题的分析和研究较为深刻，且更加注重时代变迁带给人们人生观、价值观、道德观的影响，对新中国成立以来尤其是改革开放以来高校师生人生观、价值观、道德观的研究，更注重变化和演变的表现及特点。这为本课题探索其轨迹及规律提供了条件和可能。具有典型代表性的论文如黄百成等人的《高校教师价值取向变化的纵向分析》、[⑥]谢曼华的《90年代高校教师人生价值观发展变化探析》、[⑦]赵英的《二十年来大学生价值观变化轨迹探析》[⑧]（2002年）、涂益杰等人的《当代大学生人生价值

---

① 教育部社政司：《当前大学生思想主流稳定健康、积极向上》，《当前高校师生思想分析政治状况调查分析》，2002年。

② 冯刚、时龙、张德玉等：《九十年代高校师生政治思想变化和发展研究》，《思想教育研究》2000年第6期。

③ 段鑫星、池忠军、谷建国：《大学生思想道德状况的调查分析》，《中国青年政治学院学报》1998年第2期。

④ 颜吾佴：《当前大学生思想政治教育工作面临的两大困境及对策》，《思想政治工作研究》2009年第5期。

⑤ 张小飞：《高校思想政治理论课教学与大学生思想政治工作》，西南交通大学出版社2005年版。

⑥ 黄百成、黄文玲：《高校教师价值取向变化的纵向分析》，《高教发展与评估》2000年第2期。

⑦ 谢曼华：《90年代高校教师人生价值观发展变化探析》，《高教探索》2000年第1期。

⑧ 赵英：《二十年来大学生价值观变化轨迹探析》，《山东省青年管理干部学院学报》2002年第5期。

观演变轨迹探析》[①]（2001年）、郭穗的《对新时期大学生价值观及知行脱节问题的思考》[②]（2006年）、吴文华等人的《当代大学生思想道德状况问卷分析》[③]（2005年8月）等。

4. 许多已有的研究成果对影响高校师生思想变化的各种因素的分析与把握更加突出其社会因素，对社会环境和社会变革的作用与影响较为关注，这为本课题研究中综合各种影响因素，系统地考察和分析高校师生思想变化轨迹与规律提供了基本平台和重要的研究线索。

5. 利用网络传媒可查阅到的成果表明，高校管理部门和高校思想政治工作者都很重视对本地区、本院校师生思想变化特点的调查研究，其研究成果虽然有层次上的差异，但这些研究成果表明：高校本身及其思想政治工作者都曾经或一直在进行相关问题的研究，这为我们深化该课题研究提供了必要的前提。

二 研究现状存在的局限和不足

1. 就现有的研究成果来看，直接对“高校师生思想变化的轨迹和规律”进行研究的论著、文章等十分少见，研究报告只有2000年教育部社政司组织的由北京市教工委具体负责的《90年代高等学校师生政治、思想、道德变化和发展规律研究总报告》。[④] 而大量的调查报告、研究论文或调研报告汇编（内部资料）等，基本上都只是对较短时间内（如一年，或“近几年”）高校师生思想状况的研究与分析，而且主要是对高校师生的政治思想状况的调查与分析。这类研究成果，只是对高校师生思想状况“是什么”和“其表现有哪些”的描述及概括，从根本上看其主要是研究高校师生的思想状况，很少涉及其发展变化的规律；同时，对高校师生思想变化轨迹进行历史的、时间跨度较大的、分阶段性的研究也不多。我们认为对这个问题的研究，应当涉及高校师

① 涂益杰、陈仁丽等：《当代大学生人生价值观演变轨迹探析》，《西安电子科技大学学报（社会科学版）》2001年第3期。

② 郭穗：《对新时期大学生价值观及知行脱节问题的思考》，《攀登》2006年第3期。

③ 吴文华、杨长锁：《当代大学生思想道德状况问卷分析》，《中国劳动关系学院学报》2005年第4期。

④ 教育部社政司：《90年代高等学校师生政治、思想、道德变化和发展规律研究总报告》，2000年。

生思想状况发展变化的过去、现在和将来，但现有的研究缺少对新中国成立五十多年来高校师生思想变化轨迹的历程性研究，也忽视了对其发展过程中的阶段性、规律性的探索和研究。虽然有少量的论文对改革开放以来高校师生思想政治状况发展的特点或线索有一定的考察和分析，但侧重于政治思想和人生观、价值观等，且将“师”与“生”的思想状况相分离或分别进行调查分析，因而容易将研究结论与成果归结为各自的特点和表现等。

2. 研究视角大都从如何加强高校思想政治教育工作的角度，研究目的和出发点主要是为了进一步了解高校思想政治教育工作的对象。而本课题在研究高校思想政治教育工作的对象的状况和特征，以加强工作的针对性这一方面使本课题的研究对高校思想工作的意义更加彰显；另一方面也是本课题研究的重要目的，但不是唯一目的。

3. 研究的发起与组织工作主要是国家教育行政部门和高校管理部门（如教育部，省教工委及高校学生管理部等）；其调查与研究的主要目的是把握其动态，为决策及高校管理提供依据。这样虽然达到了一定的目的，但容易使已有的研究成果的理论意义和学术价值被忽视，也可能淡化对调查反映出来的问题进行系统而深刻地分析与研究，从而使对现象的描述和把握代替了对其根源与规律的探索和研究。

4. 用思想政治状况及特点来概括整个高校师生思想状况及其发展脉络，也是现有研究成果的一大缺陷；从问卷设计到结果统计和分析，因子和内容相对狭窄，分析研究的范围较为模式化（这一点在滚动调查中尤为突出），很难看出“变化”“轨迹”“规律”以及历史性和复杂性。

5. 对师生思想政治状况分别或单一方面进行调查，缺少相互对比及整体结合，没有整体群体化对比和比较研究。我们认为本课题的研究应当把高校师生作为整体与其他群体相比较，把师生思想变化的不同轨迹分别归纳再进行内部的比较，并通过系统分析研究其差异性、共同性、规律性和前瞻性等。

6. 鲜见有国内外相关问题的研究，在这方面存在两个缺失或缺憾。

（1）现有的研究无法考证国外学者对我国高校师生思想政治状况及变化轨迹规律的研究。我们无法了解到从“局外人”的角度是怎样看待中国高校师生思想状况及变化规律——他们怎样看待，如何对中国高校师生思想问题进行分析、评价。

（2）现有的研究成果中无法查阅到国内外学者对其他国家高校师生思想状况及发展变化的研究，无法进行横向比较，更谈不上从国际或世界性视角去把握高校师生思想状况及其变化规律。

7. 研究方法上的不足和单一。已有的研究成果普遍采用的是在调查问卷的基础上对调查结果进行统计分析，研究方法和手段相对单一，更缺少现代化的技术手段和方法。这为我们进行研究方法上的创新留有较为足够的空间。

总之，纵观现有的研究成果，在肯定其成效的基础之上，我们认为有“六多六少”：对现象和具体表现的描述多，对本质及其规律的研究少；对局部分析研究较多，对整体考察和分析较少；横向研究多，纵向研究少；宏观分析多，微观研究少；问卷研究多，实证研究少；普遍研究多，特殊与比较研究少；阶段性研究相对比较多，历史性研究比较少。所谓“多”者是我们需要汲取和借鉴的，所谓“少”者正是本课题的研究力求突破的方面。

第四节　本课题总体框架和基本内容

本着客观、求实的态度和理论创新的精神，以马列主义世界观和方法论为理论导向，以中华民族优秀传统文化为背景依托，以多元的外来文化冲击为时代线索，以社会价值取向为直接参照，立足变动的中国国情、党情与世情，以新中国成立后尤其是十一届三中全会以来指导高校思想政治工作的各项方针政策为红线，拟从四个时段——历史与时代背景、社会与实践动因、文化与价值观的变革、主体（个体需要、素质及认知结构）与客体因素的交互作用等多个方面，对变革时期中国高校师生思想变化的轨迹做动态的、立体的回溯与考察，在跨时空与多因素比较分析的基础上，总结、提炼、概括出影响、支配、引导高校师生思想变化轨迹趋势的独特的带有规律性的内容。

一　本课题的总体框架

依据上述思路，本课题由在逻辑上内在关联、相融互渗的两大板块、四个方面的内容有机结构组成。

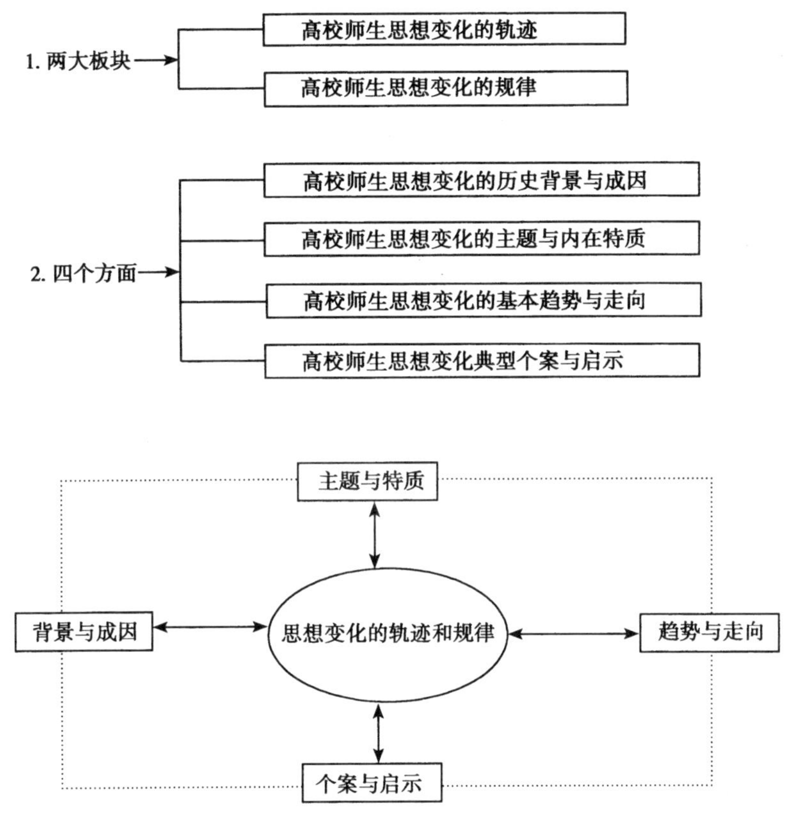

两大板块与四个方面之间的相互关系图

二　本课题的研究目标

本课题所力求达到的学理性目标，从层次上讲，主要有两个方面：

一是把准本课题的核心旨趣，借鉴并运用多学科的相关研究方法，抽绎出反映和表现高校师生思想变化的主要因素——人生观、价值观、政治观、道德观、法制观、职业观等，力求全面、客观地展示新中国成立以来尤其是十一届三中全会以来，中国高校师生在上述各方面思想变化的一般情况和态势，在此基础上运用社会科学数据包、现代数理统计和心理测量等先进有效的方式方法，准确、清晰地描述出高校师生思想变化的直观模拟曲线图，把握其复杂波动的作用空间和有效值域。

二是立足人类思想的一般特点及其产生形成的基本规律，系统地总结、提炼并概括出高校师生这一特殊社会群体在社会变革时期思想变化的独特的规律性的内容。

三　本课题的基本内容

对新中国成立以后尤其是十一届三中全会以来中国高校师生思想变化轨迹和规律问题的研究，主要是围绕着这一特殊的社会群体对一定社会执政党的指导思想、执政行为及其结果的理性认同和践履实践而展开。

本课题坚持历史与逻辑相统一的原则，尝试通过穿越纵横交贯的时空限隔，从多侧面、多角度对高校师生思想变化的轨迹做全方位扫描、深层次透视，从一个全新的理论高度把握新中国成立以后尤其是十一届三中全会以来中国社会改革发展历程的政治脉络，为进一步加强高校师生的思想政治工作提供客观真实、可信度高、操作性强的理论研究成果。

具体的内容有以下六个方面：

1. 人类思想的一般特性及其产生形成的基本规律研究

这一层次的研究属于“元理论”研究，旨在简单介绍思想政治工作的基本内容。主要包括以下三个方面的内容：一是关于思想产生；二是关于思想与行为活动变化的基本规律；三是关于思想政治教育和管理的基本规律。

2. 变革时期高校教师思想变化的一般轨迹

这属于实证分析与研究的内容之二，主要包括以下几个方面的内容：为国家民族——合理利己——自我奋斗、自我实现——个人与社会的统一；二是政治倾向变化轨迹：求变革（20 世纪 70 年代中后期）——求实惠（20 世纪 80 年代初至 90 年代中期）——求发展（1998 年以后）；三是道德观变化轨迹：重义轻利——重义言利——重利轻义——义利统一；四是价值观变化轨迹：价值目标政治化——政治要求人性化——人性要求利益化——利益要求政治化。

3. 变革时期高校大学生思想变化的基本特点及趋势研究

新中国成立以来尤其是改革开放 20 多年来，我国大学生的思想发生了深刻的变化，大致经历了“怀疑——迷惘——奋起”，再到“怀疑——迷惘——探索——理智——务实”的过程，表现为觉醒与反思时期（1978—1984 年），激情与彷徨期（1985—1992 年），思考与探索期（1992—2002 年），理智与务实期（2002 年至今）。

4. 新中国成立以来高校师生思想变化轨迹问题所引发的思考

主要包括两个方面的问题：一是纵观高校师生思想的变化轨迹，从整体和主流上看，教师群体已经从原来的轻率偏激走向了理智和宽容，从不成熟走向了现实和成熟，其思想变化由整体单一向复杂多样的转变，思想由偏激、片面型向冷静务实型转化；行为选择由自发性向自控性发展等。从大学生群体来看，政治观和思想主流积极向上，高校师生思想变化轨迹的总趋势是越来越向科学的方向发展，理智、宽容、务实、进取、创新和辩证的批判精神是高校师生思想变化的主流。其有以下几个特点：现代意识的增强与传统观念的皈依；目标选择的目的性与知识的功利化；“骄子”心态的失落与奋斗精神的激发；爱国精神的保持与政治热情的降温；道德标准的弱化与公德意识的回归等。二是高校师生思想中存在的一些普遍问题：一部分教师的人生观、价值观中仍然存在某些不健康因素，如政治素质偏低；高校大学生的心理健康素质偏低；部分学生的学习目的不明确；道德认知与道德行为不统一；高校师生思想变化受网络信息冲击十分明显等。

5. 变革时期高校师生思想演变的规律体系

中国高校师生思想变化的轨迹与规律的形成，是多个因素综合作用的结果，这些因素分别是：（1）科学理论与先进文化的武装指导；（2）社会本位的价值取向的正确引导；（3）师生生活世界的被关注；（4）师生的自觉践履与认同实践。

依照规律的统一规定，可以将变革时期高校师生思想演变的规律概括为以下几个层次：

第一个层次：高校师生思想演变的一般理论形态的普遍规律，基本上可被分成两类：一类规律是只要思想政治教育过程一开始，就自动地在思想政治教育的运行历程中表现出来，如教育过程在迂回曲折中发展的规律、内化外化反复律、双向互动规律、内在需要驱动律、主体素质支配律、教育方法影响律、主观精神参与律等；另一类规律与思想政治教育主体的素质密切相关，需要思想政治教育者意识到此种规律的存在，并通过教育者自觉的行为，规律才会出现，影响思想政治教育过程的运行，如协调与控制各种影响因素使之同向发挥作用的规律、适应超越要素协同律等。

第二个层次：影响支配和引导中国高校师生思想演变过程的特定历史实践经验形态的特殊规律，中国高校师生的思想变化轨迹曲线及值域，始终是围绕着马克思主义基本理论的不断创新和社会主义建设事业的实践探索历程而变动的。其内容表现如下：

（1）共产主义社会的科学理想和信念直接决定着高校师生真、善、美理想人格的建构和追求；

（2）高校师生坚定的社会主义信念的养成和教育是以马克思关于社会历史发展的客观规律为理论支撑的；

（3）高校师生为谋求中华民族的伟大复兴而努力的历史感和进取精神是以唯物史观的社会动力（先进生产力、先进文化、人民群众创造历史）论为基础的；

（4）高校师生对科学人生观、价值观、道德观、政治观、职业观的认同和践履是以马克思主义关于人的本质的科学界定和集体主义原则为指导的。

第三个层次：新中国成立以来高校师生思想演变过程所表现出来的带有趋势性、前瞻性内容的规律。概括起来主要有以下几点：

（1）受地域、地缘限隔、历史文化传统以及经济发展水平的影响，制约中国高校师生思想变化速度、强度特点表现形式及其存在状态，呈现出明显的层级性、非平衡性、不一致性的差异；

（2）受高校师生自身特殊的生理、心理、文化素质、德性品质的影响，中国高校师生在社会变革的不同时期思想变化呈现出明显的二重性、内在冲突性交融共生的特点；

（3）中国高校独特的教学育人环境尤其是大学精神气质和个性特质鲜明的校园文化追求对高校师生的世界观、人生观、价值观、道德观、政治观、职业观等具有潜移默化的影响；

（4）当社会发生重大变革时，高校师生信心信任信念信仰的“四信”危机，具有敏感性、先发性及与此同时的理性反思辩护与行为自持性；

（5）高校师生的人生观、价值观、道德观、政治观、职业观的选择与取向的演变受特定社会意识形态的强烈影响和制约；

（6）当社会呈现出积极向上的文化态势时，高校师生容易产生使命感、奋斗感与成就感。

6. 子课题的结构和主要内容

本课题研究的子课题在结构上分四个部分，内容涉及：新中国成立以来高校师生思想变化的历史时代背景与实践动因；新中国成立以来中国高校师生思想变化的基本主题和鲜明特质；新中国成立以来高校师生思想变化规律的形成、表现及运行机制研究；影响中国高校师生思想变化的社会历史与思想变化的趋势走向和规律。

(1)《改革开放以来中国高校师生思想变化的轨迹和规律研究》

坚持历史唯物主义的基本观点，从历史与逻辑辩证一致的角度，客观地、动态地分析以下四个方面内容：1）改革开放以来中国高校师生思想变化的历史时代背景与实践动因；2）改革开放以来中国高校师生思想变化的基本主题和鲜明特质；3）改革开放以来高校师生思想变化规律的形成、表现及运行机制研究；4）影响中国高校师生思想变化的社会历史与思想变化的趋势走向和规律。

最终研究成果为一本公开出版的学术专著。

(2)《高校师生思想变化轨迹的调查与分析》

拟分四个时间段，运用现代先进的社会科学实验数据包以及数理统计、心理测量等方法，以调查问卷的形式，对全国不同地区、不同类型、不同高校师生思想变化的轨迹做出深入全面的调查分析，在此基础上，分析其演变的社会历史原因，指出其基本特点，发现其存在的主要问题，制定出科学合理的应对措施。具体的调查分析主要分六个方面的内容：1）新中国成立后直到 1965 年高校师生思想变化轨迹的调查和分析；2）1965—1978 年高校师生思想变化轨迹的调查和分析；3）1978—1984 年高校师生思想变化轨迹的调查和分析；4）1984—1992 年高校师生思想变化轨迹的调查和分析；5）1992—1997 年高校师生思想变化轨迹的调查和分析；6）1997年至今高校师生思想变化轨迹的调查和分析。

最终结果为一部调研报告。

(3)《变革时期高校师生思想变化的主要因素及其限度分析》

这一层次的研究，属于实证分析层面的研究，涉及高校师生世界观、人生观、价值观、道德观、政治观、职业观、法治观七个方面的具体内容。并从以下六个方面展开分析：一是社会经济政治思想文化变化的不同程度、不同方式对高校师生思想变化的影响；二是社会历史的原因对高校师生思想变化的影响；三是社会价值观的变化对高校师生思想变化的影响；四是各种外来文化、社会思潮的影响和思想政治教育的失误对高校师生思想变化的影响；五是高校师生自身心理特点和社会矛盾相对运动对高校师生思想变化的影响；六是上述各因素对高校师生思想变化的影响限度、强度。

最终结果为一部专题性学术研究报告。

（4）《不同地区不同类型高校教师思想变化轨迹的差异性比较研究》

这属于分析与研究的内容之三。时间段主要是20世纪70年代末至今，主要包括以下几个方面的内容：一是社会经济水平不同的地区高校，教师思想变化轨迹与规律差异性研究；二是不同类型的高校，如普通高校和民办高校、军事院校、生产建设兵团高校等师生思想变化轨迹和规律性问题。

最终结果为一部专题性学术研究报告。

（5）《高校师生心理素质与人格养成的变化轨迹特点及趋势研究》

这属于实证分析与研究之四。时间段主要是20世纪70年代末至今。主要内容包括：一是从心理状态看，呈现出几个特点：求稳怕变（20世纪70年代中期以前）——发展思变（20世纪70年代中期至今）；二是从人格养成看，呈现出几个特点：抽象道德人格崇拜（20世纪70年代中期以前）——理性经济人格的有限实践（20世纪70年代中期至20世纪90年代中期）——自由独立个性化人格的追求（20世纪90年代中期至今）。

最终结果为一部专题性学术研究报告。

第五节　本课题新学术视角及新研究方法

高校师生的思想变化轨迹和规律问题研究的指导性方法是马克思主义研究社会政治现象的方法论，即以辩证唯物主义的方法来观察和分析高校师生的思想变化问题。为了扩大调查范围、增加样本容量、提高调查的精确度和科学性，我们采用了心理学、统计学、社会学、预测学等综合调查研究方法，并且采用最先进的集调查、分析、报告于一体的现代化软件——Instant Survey。本课题采用的研究方法主要有：

1. 分层抽样法。分层抽样法是在抽样之前先将总体的元素划分为若干层（类），依据每一层的代表性程度确定每一层占总体的比例，然后从各个层（类）中抽取一定数量的元素组成一个样本。它是最常用的抽样方法。大学师生人数多、分布广、结构比较复杂，且研究课题时间跨度也大，再加上由于生活方式多样化、社会意识多样化、利益取向多元化，高校师生的思想呈现出阶层分化的基本态势，因而其思想政治状况可以采用分层抽样调查的方式获得。这有利于我们准确把握高校师生群体思想变化的特点，揭示其规律，从而为思想政治教育工作者提供依据和思路。

2. 实证研究法。通过对典型案例分析，包括个体的、群体的、政治性的、非政治性的、局部性和全局性的案例进行具体分析，研究大学师生在不同时期的思想特点、变化的主要原因，从而分析、探索思想变化的内在因素。

3. 文献研究法。主要指收集、鉴别、整理文献，并通过对文献的研究形成对事实的科学认识，从而了解调查事实，探索调查现象的研究方法。高校师生的思想状况一直是党中央、教育主管部门和各高校关注的重点，教育部从 1992 年开始每年都对京、津、沪、鄂、粤、陕、苏、赣、宁、云、新 11 省市区和新疆生产建设兵团高校师生的思想状况进行滚动调查，并作了具体分析，总结规律，形成了一定的文献；同时，教育部、各省教育厅也利用重大课题的形式，鼓励更多专家参与调查、分析，形成了许多科研论文、研究报告、专著等，为本课题研究提供事实和理论依据，细化了研究问题和研究步骤的思路。

4. 比较研究法。比较是人类认识未知事物的主要方法之一，也是社会科学研究的基本方法。它既可以是规范研究，追求的是价值判断，追问的是主观偏好，探寻的是理想境界及其实现的原则；也可以是经验研究，追求的是事实判断和客观真相，探寻的是现实状况及其原因。本课题以比较方法研究不同时代、不同地域、不同类型的高校师生思想变化的差异与共同点，以及高校师生思想变化与社会群体思想变化的差异与共同点，这对于研究高校师生思想变化的规律及走向深入的学术研究有重要价值。

5. 系统分析法。系统分析法就是把有关思想政治教育的各种信息放在系统的形式中，加以分析考察，如元素、结构、环境等。用元素分析方法，思想政治教育信息系统可分为政治教育系统、思想教育系统、道德教育系统、法律基础教育系统、心理教育系统；用环境分析方法，思想政治教育环境系统可分为自然环境和社会环境、宏观环境和微观环境、物质环境和精神环境等。为了保证思想信息分析的科学性、准确性，就要求思想信息的分析必须着眼于整体分析，尤其要从系统的角度去分析，从而整体地、全面地把握学生的思想状况；着眼于动态分析，从发展的角度去分析，从而历史地、动态地把握师生的思想状况，探索其思想变化的本质。我们将采用 SPSS 统计软件进行分析，它是社会科学研究人员首选的统计软件，也是目前世界上最流行的统计软件之一。

6. 复杂定量分析法。定量分析根据分析方法的难易程度可分为简单定量分析法和复杂定量分析法。由于高校师生思想政治状况是复杂多变的，仅用简单定量分析方法难以满足需要，需要用到复杂定量分析方法进行分析，才能将调查结果反映得深刻和透彻，才能满足需要。复杂定量分析法主要运用数学模型和统计方法对高校师生思想变化的轨迹进行定量研究，并严格按照科学研究的从假设出发、综合数据进行证实的研究路径，在坚持量化研究的精确性、科学性的同时，关注其价值。在复杂定量分析中主要采用聚类分析、因子分析法。

7. 思想预测法。它是通过事先的调查研究和分析，运用预测学和心理学的基本原理，通过分析情绪、研究社会热点，对师生的思想发展方向、趋势和结果，事先做出预计和推测。它是提高思想政治教育预见性和针对性的前提，也是本课题的目标所在。

为了扩大调查的范围，增加样本容量，提高调查的精确度，特别是根据调查对象面对虚拟的网络空间能够说真话的心理特点，我们开发利用网上高校师生思想状况调查系统——Instant Survey 软件。其具有集调查、分析、报告于一体的特点。第一，使用极为便捷：数分钟之内即可完成在线调研的创建，并可即刻投放您的调研。第二，更多的在线调研功能：采用分支逻辑、图片、随机选择、数据管道传送及其他多种功能。第三，先进的实时报告功能：快速发布网络调研并获取准确的调研结果。创建自定义的图表报告和调研数据集。第四，无限制数据存取：不限调研问题数量，不限注册用户数量，并且不受限制安全获取可靠的调研数据。

第六节 本课题拟突破的重点难点和主要特色

一 拟突破的重点难点问题

1. 运用现代数理逻辑、心理测量尤其是社会科学实验数据包等科学有效的分析工具，在准确客观地对高校师生思想变化轨迹做出语言性描述的基础上，描绘出形象、直观的轨迹曲线图；

2. 运用现代知识性社会学的方法，在对高校师生思想变化轨迹回顾总结的基础上概括出带有普遍运用性和较强实践指导性的适合高校师生这一特殊群体的特殊规律。

二　主要特色

主要表现在两个方面：

一是研究内容上的创新。依据本课题研究的需要，在区分“思想意识和思想认识”的基础上，着重探寻直接促使、引导、影响高校师生思想变化轨迹和规律的一个个关键节点，分析构成高校师生思想变化的几大主体因素——人生观、价值观、道德观、政治观等交互作用的合力、张力与思想变化轨迹和规律形成之间的关系。据此，把握各个不同阶段高校师生思想变化的主题特点、实践成因以及基本趋势和规律。以新中国成立后尤其是十一届三中全会以来，引起中国历史性变迁的重大历史事件为基本线索。

二是研究范式的创新。新研究范式的探寻，重点解决一个关键性问题：被思想政治教育学科所普遍认同的科学结论在适用于高校师生的实践与生活世界时，二者有效结合的关键节点在哪里？对高校师生思想变化轨迹和规律问题的探索，要真正做到卓有成效，就必须在切实反思的基础上，突破超越以往单纯的“社会需要”研究范式的弊端，坚持以“现实的个人”为出发点，注重以“主体间性”为基础的交往式思想政治教育理想范式的借鉴和创造性运用。

第二章　影响高校师生思想变化轨迹和规律的背景及主要因素

改革开放30年是中国社会在推进现代化进程中实现整体转型并快速发展的30年。30年来，国际局势的急剧演变，经济体制的深刻变革，社会结构的深刻变动，利益格局的深刻调整，生活方式的深刻变化，中西方不同思想文化的相互激荡，给高校师生的思想带来了空前的活力，同时也带来了巨大的冲击，使高校师生的政治思想、思维方式、价值取向、社会生活和行为方式日趋多元化。认真研究影响高校师生思想变化的背景与主要因素，准确把握高校师生思想变化的轨迹，科学揭示高校师生思想变化的规律，对于我们进一步加强和改进大学生思想政治教育工作，增强大学生思想政治教育的针对性和实效性，更好地培养社会主义事业合格建设者和可靠接班人具有重大的理论和现实意义。

第一节　影响高校师生思想变化的客观因素

马克思主义思想政治教育理论告诉我们，思想政治教育工作的主客体的思想和实践活动深刻地受到环境的制约。探究30年来影响高校师生思想变化的客观因素，我们认为主要包括国际环境、国内环境以及高等教育改革与学校发展等三个方面。

一　国际形势的影响

改革开放30年是国际形势急剧演变的30年。考察国际环境的发展演变历程，我们不难看到，冷战结束后，两极格局瓦解，世界政治呈现多极化发展的趋势，经济全球化势不可挡，科技革命日新月异，多元文化交互激荡，国与国之间的竞争日趋激烈，和平与发展已经成为时代的主题，世界政治、经济、文化、科技和社会生活正在发生着重大而深刻的变化，这些变化对高校师生的思想造成了不同程度的影响。

世界政治多极化的趋势在曲折中发展是改革开放以来国际形势发展呈现出来的一个突出特点。随着苏联解体，东欧剧变，苏美两个超级大国全球争霸的两极对抗格局被打破；随着“华约”的解体，“华约”和“北约”两大军事集团的对抗也不复存在；随着发展中国家的崛起，中国通过走改革开放和平发展道路，在国际事务中的地位和作用不断加强。国际格局走向多极化，能够使世界各种力量逐渐形成既相互借重、又相互制约与制衡的关系。这些变化有利于培养高校师生的国家主权和国家安全意识，增强他们的历史使命感和民族自尊心，牢固树立建设中国特色社会主义的共同理想。与此同时，我们也看到，世界多极化的最终形成将是一个漫长曲折复杂的演进过程，影响和平与发展的不确定因素在增加，传统安全威胁和非传统安全威胁的因素相互交织，恐怖主义危害上升，霸权主义和强权政治有新的表现，民族、宗教矛盾和边界、领土争端导致的局部冲突时起时伏。海湾战争、科索沃战争以及各种恐怖事件都表明当今世界并不安宁。这些变化又给高校师生思想沿着正确方向发展造成严重干扰和不良影响，使高校师生的思想政治教育工作面临巨大的挑战。

经济全球化的发展趋势不可逆转是改革开放以来国际形势发展的一个基本特征。经济全球化就是世界经济一体化，即在统一的世界市场基础上，资本、产品、技术、人才、信息等各种生产要素和资源在全球范围内自由交换和配置，世界各国经济在生产、分配、交换、消费等方面逐步趋向一体，走向高度融合。今天世界各国之间的经济联系日益加深，经济发展都跨越了国界。中国加入 WTO 是顺应经济全球化的必然结果和重要体现。经济全球化有利于拓宽高校师生的国际视野，培养他们现代化的价值观念，使他们的思想更加活跃，观念不断更新，精神需求日趋多样化。与此同时，经济全球化是在不公正不合理的国际经济旧秩序没有根本改变的情况下发生和发展的，西方发达国家力图主导经济全球化，以美国为首的西方资本主义发达国家通过经济全球化向全世界传播他们的价值观念，加紧推行“西化”和“分化”的图谋，在政治上利用所谓人权、民主、民族、宗教等问题向我国发难。在这种形势下，经济全球化在严重地冲击着国家地域观念和民族文化的同时，也使两种社会制度、两种意识形态的对立和斗争更加趋于隐蔽化和复杂化。在经济全球化浪潮的冲击下，各种文化、思想、观念间的碰撞与冲突必然加剧。在经济全球化的背后，隐藏着许多政治、文化和观念的因素，对大学生意识形态、大学生价值观、大学生的生活方式、大学生理想信念、传统的爱国主义情感等方面都受到了极大冲击，给坚定高校师生的社会主义理想信念造成了严峻挑战。

世界范围内的科技进步日新月异是改革开放以来国际形势发展的一个鲜明特征。以信息技术和生命科学为核心的现代科学技术发展异常迅猛，已经成为世界经济发展的直接动力。信息技术以及交通技术的发展使世界各国在经济上更为紧密地联系在一起，为经济全球化建立了技术平台。电子信息技术的普遍应用，电子信息产业的巨大发展，正在把世界推进到一个新的时代。人类社会正在逐步进入信息社会，互联网日益成为人们生活中的重要组成部分。可以肯定地说，网络技术的发展和广泛应用，极大地缩短了知识和信息传播的时间与周期，使得互联网在给高校师生学习、交往和娱乐提供便利的同时，也为高校师生以开阔的视野和便捷的途径吸收与借鉴国外一切优秀文化成果、促进自身思想发展与提高自身综合素质提供了重要的契机和平台。但是在信息网络化时代，西方反华势力利用互联网编辑操纵信息、制造传播谣言、扭曲事实真相、干扰民众视听。他们打着“民主”“自由”和“人权”的旗号，恶意诋毁共产党的领导，肆意攻击社会主义制度，极力兜售资本主义的价值理念，这就使得一些高校师生不同程度地受到西方资产阶级腐朽思想和文化的侵蚀，导致政治意识、阶级意识、国家意识和民族意识开始淡化。①

多元文化交互激荡是改革开放以来国际形势发展的一个重要表征。随着政治多极化和经济全球化的发展，各个民族的文化交流和融合也进一步加强。在不同民族多元文化的碰撞、交流和融合过程中产生的共同精神财富与价值观念，在促进人类文明进步与发展的同时，也彰显了人类文化的多样性。在多元共生的社会文化环境中，越来越多的政治价值获得了各国的共同认可，自由、民主、人权和公正已成为具有普遍性的政治价值和伦理观念，民主政治也成为各国在主权独立的基础上的普遍选择。这些对于高校师生更好地了解世界、开阔视野、创新观念，积极投身改革开放的伟大实践，推动祖国的现代化建设起到了积极的作用。但是值得我们注意的

---

① 王焕章：《谈互联网对高校思想政治工作的挑战及对策》，《教育与职业》2007年第27期。

是，全球文化的交互作用是不对等的。以美国为代表的西方发达国家，由于拥有经济、政治和科技的优势，因而他们的文化在传播的过程中成为一种强势文化。他们依托网络，通过国际政治、经济特别是文化交流，传播西方资本主义的意识形态，鼓噪“技术决定论”“人本主义思潮”“科学主义思潮”和“实用主义思潮”，强化渗透资本主义的价值观念和强势文化，对中国实行西化、分化、丑化和溶化，传扬文化理念上的“全球主义”，淡化中国人民的民族意识和国家观念，削弱中华民族的凝聚力，对中国的意识形态安全造成严重威胁和巨大冲击。如此复杂的思想文化环境对高校师生的思想发展产生了不利影响，严重地干扰了高校师生个体价值判断和行为选择，危害高校师生身心健康的社会现象和社会问题屡禁不止，拜金主义、享乐主义和个人主义死灰复燃，一些师生国家观念淡薄，对社会主义前途产生困惑和动摇。正如江泽民同志曾指出：“我们实行对外开放，有利于人们开阔视野、增加见识、活跃思想，但国外资产阶级的腐朽思想文化也会乘机而入。”[①] 并且给人们敲响了警钟：“西方敌对势力加紧以各种手段和方式对我国实行‘西化’‘分化’的政治战略，企图颠覆中国共产党的领导和中国的社会主义制度。他们的这种政治图谋是绝对不会改变的。”[②] 这种在意识形态领域内颠覆与反颠覆、渗透与反渗透的斗争将长期存在，加强新时期高校师生的思想政治工作就显得十分重要而迫切。

二　国内形势的影响

改革开放30年是中国社会发生重大变革的30年。30年来，中国共产党带领全国各族人民，坚持以经济建设为中心，坚持四项基本原则，坚持改革开放，实现了四个历史性转变，即中国社会由以阶级斗争为中心向以经济建设为中心的转变；由计划经济体制向市场经济体制的转变；由封闭型社会向开放型社会的转变；由粗放式经济增长方式向集约型经济增长方式的转变。战胜了四大考验，即1989年国内政治风波和1991年苏联解体、东欧剧变的严峻政治考验；1998年席卷全球的“亚洲金融危机”的严峻经济考验；1991年和1998年超历史特大洪水的严峻自然灾害考验；

---

① 江泽民：《论三个代表》，中央文献出版社2001年版，第60页。

② 同上书，第61页。

2003年肆虐全球的“SARS”的严峻瘟疫考验。初步建立起了社会主义市场经济体制，经济社会发展取得令世界瞩目的成绩。形成了全方位、多层次、宽领域的对外开放格局，成功加入世界经济贸易组织。与此同时，党不断对改革开放实践中积累起来的宝贵经验进行理论概括和升华，创立了以邓小平理论、“三个代表”重要思想以及科学发展观等重大战略思想为核心的中国特色社会主义理论体系，保证了改革开放和现代化建设的航船始终沿着正确的方向破浪前进。亲身参与改革开放和现代化建设的伟大实践，亲眼目睹中国社会发生的历史巨变和取得的伟大成绩，使广大高校师生进一步坚定了对马克思主义的信仰、对社会主义的信念，进一步增强了他们对改革开放和现代化建设的信心、对党和政府的信心。与此同时，社会主义市场经济的深入发展，也使高校师生的参与意识、服务意识、竞争意识、效率意识、民主法制意识和开拓创新精神得到进一步增强，主体意识和务实精神得到进一步强化，他们在思想观念的选择上，已经从过去高谈阔论、感情冲动式的忧国忧民转为今天脚踏实地、冷静思考式的报国行动，实事求是地思考国情，积极投身改革开放和现代化建设，为实现中华民族的伟大复兴而奋斗。回顾改革开放的历史进程，无可否认的是，丰富生动的社会主义改革开放实践为思想政治教育工作提供了坚实的物质基础和良好的精神氛围。正如江泽民同志所言：“改革开放和现代化建设，带来了经济的快速发展和社会的巨大进步，增强了人们的竞争意识、效率意识、民主法制意识和开拓创新精神，为我们思想政治工作创造了更好的物质条件和精神条件。”① 但是，随着改革开放不断深入发展，我国社会主义经济成分、组织形式、就业方式、利益关系和分配方式日益多样化，使得高校师生思想活动的独立性、选择性、多变性和差异性日益增强的同时，也造成了青年大学生价值观念和行为方式的多样性、多变性和矛盾性。正确与错误的思想相互交织，进步与落后的观念相互影响，一些师生不同程度地存在政治信仰迷茫、理想信念模糊、价值取向扭曲、诚信意识淡薄、社会责任感缺乏、艰苦奋斗精神淡化、团结协助观念较差和心理素质欠佳等问题。有些师生的功利思想强烈，法治观念淡漠，信用出现危机，理想信念缺失，从而导致思想认识模糊，社会责任感减退，前进方向迷失，有的甚至变质堕落。“随着市场经济的发展，商品交换的法则也容

① 江泽民：《论三个代表》，中央文献出版社2001年版。第59页。

易侵蚀到社会政治生活和人们的精神领域，引发见利忘义、权钱交易，导致国家意识、集体意识和互助精神、奉献精神的减弱”。[①] 市场经济的负面效应对高校师生的思想造成消极的影响。例如，市场经济的利益驱动原则与竞争规律容易使个人利益和小集体利益得到强化，使部分师生的利己主义、极端个人主义膨胀，从而产生损公肥私、损人利己、唯利是图等不良行为；等价交换原则是市场经济的活力所在，但任其全面介入到高校师生生活中去，就会使“一切向钱看”的思想滋生蔓延，导致物欲恶性泛滥；社会主义市场经济体制下，优胜劣汰的竞争机制和允许一部分人先富起来的政策，使得社会成员的收入差距不断扩大，形成了社会分配不公的现象和问题，造成了社会成员心理发生不平衡，从而助长了拜金主义的膨胀，使金钱成为不少高校师生衡量人生价值大小的主要尺度；有的师生公开承认，在人的欲望得以张扬的今天，利益就是动力，“有用的就是真理”，“理想理想，有利就想；前途前途，有钱就图”。因而在大学校园出现了“重专业轻基础、重智育轻德育、重有形证书获得轻无形素质提高”的现象。

三　高教改革的影响

改革开放30年是中国高等教育改革发展的30年。30年来，高等教育发展速度加快，高等学校重点学科建设和人才培养结构调整力度加大，办学水平进一步提高，教育教学改革推动了高等教育质量的提升，高等学校科研实力增强，在高新技术产业化和哲学社会科学成果应用方面做出了突出贡献，为改革开放和社会主义现代化建设做出了重要的贡献。与此同时，高等教育各项改革取得突破性进展，一是高校管理体制改革取得了重大进展；二是高校后勤社会化改革取得突破；三是高校招生收费与毕业生就业制度改革顺利推进；四是高校招生考试改革取得了积极进展。

实事求是地说，高校管理体制的改革，新的人事聘用制度的实施，在增强高校教师科研意识和竞争精神的同时，也激发了广大教师爱岗敬业、刻苦钻研和锐意创新的积极性与主动性；高校后勤社会化改革的日渐深入，在给广大师生的工作和学习提供了优质服务的同时，也为广大师生的

① 江泽民：《论三个代表》，中央文献出版社2001年版，第122页。

健康成长和全面发展营造了良好和谐的环境氛围；高校招生收费与毕业生就业制度的改革，在激发大学生刻苦学习、发奋成才的积极性和主动性的同时，也为大学生全面发展注入了无限的生机与活力；高校招生考试改革的不断深化，使广大高校师生的教育理念和人才观念都发生了重大而深刻的变化。这些都为加强高校师生思想政治教育工作、切实培养符合时代发展和社会进步要求的创新型人才提供了十分有利的条件。

但我们也必须清醒地看到，高校大规模的扩招，使高校的基本办学条件、师资力量捉襟见肘，教学质量难以保证，从而加大了学生对学校的不满情绪，给思想政治工作增加了难度；在就业市场还不够完善、公平竞争的机制尚不健全、社会不正之风仍然存在、毕业生就业机会不公平现象比较严重的情况下，实施招生收费与就业制度改革，连续大幅度地进行扩招，使得大学生就业形势十分严峻，导致了大学生在就业问题上的心理不平衡；以科研为主的教师职称评价体制的实施，在有力地促进高水平标志性成果大量产出、极大提升学校教学和科研实力的同时，也使得相当一部分教师在课余时间只重视科学研究而忽视理论学习，在课堂教学中只重视知识传授而忽视思想育人。少数教师甚至出现学术造假等有悖师德的丑恶行径，在全社会特别是学生中造成极其恶劣的影响，给教师思想政治教育工作带来了严峻的挑战。

此外，目前在校学生绝大多数是“80 后”和“90 后”，独生子女比例大。他们社会阅历浅，生活经验不足，思想单纯，从小得到家庭的关爱甚至是溺爱较多，自我意识与逆反心理较强，心理承受能力差，自我控制能力相对较弱，因而在复杂的社会环境和激烈的社会竞争中，容易迷失方向甚至出现过激行为。如果缺乏及时有效的教育和引导，后果会相当危险。

第二节 影响高校师生思想变化轨迹与规律的主导因素

一 科学理论与先进文化的武装指导

科学理论是人类对自然、社会和思维发展规律的正确反映，是人类认识世界和改造世界的行动指南。诚如毛泽东同志所言：“真正的理论在世界上只有一种，就是从客观实际抽出来又在客观实际中得到了证明的理论，没有任何别的东西可以称得起我们所讲的理论。”[①] 马克思列宁主义是关于自然、社会和思维发展规律的科学理论体系，是我们认识世界和改造世界的强大思想武器，是先进文化的核心和灵魂。文化是人类在社会历史发展过程中所创造的物质财富和精神财富的总和。马克思主义者认为，一定的文化是一定社会经济和政治在观念形态上的反映，又对经济和政治的发展起着巨大的反作用。不同文化的历史作用是大不相同的，只有先进文化才是推动人类社会不断发展进步的精神力量。实践反复证明，先进文化的发展与传播总是会为人类社会的发展和进步开辟更加广阔的道路。坚持以反映时代特征和实践要求的科学理论和先进文化武装广大高校师生的头脑，指导高校师生思想政治教育的实践，教育和引导广大师生牢固树立正确的世界观、人生观和价值观，培养他们热爱党、热爱祖国、热爱人民的高尚情怀，坚定他们跟党走社会主义道路的理想信念，激励他们投身改革开放和社会主义现代化建设的伟大实践，为实现中华民族的伟大复兴而奋斗，是高校思想政治教育的核心内容和主要任务。

1. 党拥有用科学理论和先进文化武装高校师生的优良传统与宝贵经验

伟大的社会实践需要科学理论的指导。“没有革命的理论，就不会有革命的运动”。中国共产党在长期的革命、建设和改革实践中形成了重视思想政治教育、用科学理论和先进文化武装高校师生的优良传统，积累了宝贵的经验。

民主革命时期，党坚持用马列主义、毛泽东思想武装广大人民群众特别是高校师生的头脑，教育和启发以高校师生为主体的广大知识分子的革命觉悟，适时地进行思想政治教育，因而能够使广大高校师生在环境非常严峻和物质条件极端困难的条件下，坚持坚定的共产主义信念和旺盛的革命斗志，积极投身旨在救亡图存、实现民族独立与解放的伟大实践，特别是在“新文化运动”“五四运动”“一二·九运动”和“五·二〇运动”中发挥了重要作用，从而把中国革命的伟大事业不断推向前进。社会主义革命和建设时期，党继续坚持用马列主义、毛泽东思想武装广大人民群众特别是高校师生的头脑，通过在全国开展知识分子思想教育运动，在高校开设思想政治理论课，进一步加强对高校师生的思想教育和宣传鼓动工

① 毛泽东：《毛泽东选集》第3卷，人民出版社1991年版，第817页。

作，使广大师生真心实意地拥护党在过渡时期的总路线，与亿万人民群众一起投身社会主义革命和建设的伟大实践，取得了社会主义改造的基本胜利和探索中国自己的社会主义建设道路的良好开端。改革开放新时期，党中央国务院十分关注青年大学生的健康成长，高度重视高校思想政治教育工作，反复要求加强和改进大学生思想政治教育。以邓小平和江泽民同志为核心的第二代、第三代中央领导集体对改革开放新时期如何加强和改进大学生思想政治教育做出了一系列重要论述，反复强调："学校应当永远把坚定正确的政治方向放在第一位。……学生把坚定正确的政治方向放在第一位"，[①] 明确指出："一个学校能不能为社会主义建设培养合格的人才，培养德智体美全面发展、有社会主义觉悟的有文化的劳动者，关键在教师"，[②] 并就如何加强和改进大学生思想政治教育做出了一系列重大决定。1980 年 4 月，为培养现代化建设所需要的高层次人才，教育部、共青团中央发布了《关于加强高等学校思想政治工作的意见》；1985 年 8 月，为适应经济体制改革全面推进对青年学生提出的新要求，中共中央发出了《关于改革学校思想品德和政治理论课教学的通知》；1986 年 5 月，中共中央、国务院批转了《国家教委关于加强高等学校思想政治工作的决定》；1987 年 5 月，在国内部分高校出现大学生学潮之后，中共中央又直接颁布了《关于改进和加强高等学校思想政治工作的决定》；1993 年，为适应社会主义市场经济对高校思想政治教育和人才培养工作的新要求，中组部、中宣部和国家教育委员会发布了《关于新形势下加强和改进高等学校党的建设和思想政治工作的若干意见》；1994 年 8 月，中共中央发布了《关于进一步加强和改进学校德育工作的若干意见》；1999 年 9 月，中共中央针对全国思想战线面临的形势和任务，印发了《中共中央关于加强和改进思想政治工作的若干意见》；特别是 2004 年 8 月，以胡锦涛为总书记的党中央下发了《中共中央、国务院关于进一步加强和改进大学生思想政治教育的意见》，并相继下发了 17 个配套文件，从而形成了一套完整的关于大学生思想政治教育的理论体系，不仅从理论上为跨入新世纪新阶段的高校加强和改进大学生思想政治教育指明了前进的正确方向，也从实践上为高校如何加强和改进大学生思想政治教育提供了有效的方法

---

① 邓小平：《邓小平文选》第 2 卷，人民出版社 1994 年版，第 104 页。

② 同上书，第 108 页。

和路径。30多年来，在党和国家的关心和支持下，高校思想政治教育在提高师生思想政治素质、促进师生全面发展、推动高等教育改革、维护学校和社会稳定等工作中，在全面推进马克思主义中国化最新理论成果“进教材、进课堂、进头脑”的过程中，在实践培养中国特色社会主义事业建设者和接班人的历史使命方面发挥了十分重大的作用。实践证明，越是发展经济，越是改革开放，越要重视思想政治教育工作。“思想政治教育，在各级各类学校都要摆在重要地位，任何时候都不能放松和削弱”。①

2. 在新时期新阶段坚持用科学理论和先进文化武装高校师生的重要性

第一，是全面贯彻落实党和国家的教育方针、科学回答“培养什么人、怎样培养人”的客观需要。

高校师生不仅是现在而且更是未来社会主义事业的建设者和接班人，他们的科学文化素质、知识才能素质、道德心理素质和思想政治素质如何，直接关系到中华民族的前途和社会主义事业的命运。中国特色社会主义理论体系是马克思主义中国化的最新成果，是全党全国各族人民团结奋斗的共同思想基础。面向现代化、面向世界、面向未来的民族的科学的大众的中国特色社会主义文化是维系国家统一和民族团结的精神纽带，是凝聚和激励全国各族人民的重要力量。只有坚定不移地在高校师生中推进马克思主义大众化，积极宣传和倡导科学理论和先进文化，用中国特色社会主义伟大旗帜凝聚高校师生，用中国特色社会主义发展道路引领高校师生，用中国特色社会主义理论体系武装高校师生，用中国特色社会主义文化熏陶高校师生，增强高校师生对中国特色社会主义的理论认同、政治认同、文化认同和情感认同，才能在实践中真正做到“坚持教育为社会主义现代化建设服务，为人民服务，与生产劳动和社会实践相结合，培养德智体美全面发展的社会主义建设者和接班人”，在理论上科学回答“培养什么人、怎样培养人”这一根本问题，确保我们的事业兴旺发达、后继有人。

第二，是推动社会主义核心价值体系融入国民教育全过程、加强和改进高校师生思想政治教育的客观需要。

---

① 江泽民：《江泽民论有中国特色社会主义（专题摘编）》，中央文献出版社2001年版，第264页。

众所周知，我国目前已经进入了经济社会发展的关键期、改革开放的攻坚期，随着经济体制深刻变革、社会结构深刻变动、利益格局深刻调整、思想观念深刻变化，社会思想意识日益活跃，并呈现出多元、多样和多变的发展态势。特别值得注意的是，高校已不再是远离社会的象牙塔，与社会的联系越来越密切，已经成为各种思想文化激烈碰撞的重要场所，社会发展的阶段性特征都会在高校有所体现，在高校师生思想领域有所反映。与此同时，以互联网为代表的新兴媒体，已成为各种社会思潮、各种利益诉求的集散地，成为社会舆论的放大器。高校师生是网络媒体的主要使用者，他们把互联网作为获取信息和进行交流的主要渠道。因此，网络对高校师生思想观念和行为方式的影响越来越强烈、越来越广泛。少数师生信仰缺失，使不正确的思想意识和精神追求乘虚而入。并且，高校师生知识水平较高，对社会其他群体有重要影响和示范作用。这些都决定了高校师生是社会主义核心价值体系建设的重点群体，也决定了将社会主义核心价值体系融入国民教育全过程是加强和改进高校师生思想政治教育的重大战略任务。只有坚持马克思主义指导思想，坚持中国特色社会主义共同理想，大力倡导与弘扬以爱国主义为核心的民族精神和以改革创新为核心的时代精神，积极宣传践行社会主义荣辱观，始终不渝地用科学理论和先进文化武装高校师生，把社会主义核心价值体系有机融入到高校课程设置、教材建设和教育教学的全过程，才能切实有效地帮助高校师生在科学理论的指导下形成共同的理想信念、基本的道德规范、一致的文化认同和强大的精神动力，真正成为社会主义核心价值体系的坚定实践者。

第三，是新时期高校提高师生政治鉴别力、增强师生政治敏锐性、培养高素质人才的客观需要。

建设高水平的教师队伍、培养高素质的建设人才是党和国家赋予高校的崇高职责与神圣使命。目前，高校的教师中有相当部分的人有海外研修、培训和留学的经历。与此同时，在校大学生中的大部分是“80 后”和“90 后”，独生子女占很大的比例。实事求是地说，这部分师生经历与成长在改革开放和我国经济发展的最好时期，面对的又是比过去更加复杂多变的社会环境，需要应对未来各种意想不到的挑战，承担起建设社会主义现代化国家、实现中华民族伟大复兴的历史重任。与此同时，我们也必须清醒地看到，国际敌对势力对中国实施西化分化的政治图谋从来没有放松，他们宣传推广所谓的“普世价值”，在政治制度、人权、民族和宗教等领域对我进行攻击，将经济问题政治化。他们利用互联网、非政府组织等形式和渠道，插手我国人民内部矛盾和群体性事件，与我争夺群众、争夺人心。他们凭借其经济科技优势，通过各种途径和手段，加大文化输出和思想渗透，企图通过潜移默化的方式使年轻一代全盘接受西方的政治观点、价值理念和生活方式。这就要求我国高校必须加强和改进师生思想政治教育，用科学理论与先进文化武装和指导广大师生，培养和提高他们明辨是非的能力、应对复杂问题和突发事件的能力、处理各种社会关系及与社会和谐相处的能力、创造创业的能力，全面提升他们的自身综合素质，特别是思想政治素质，使他们具有坚定信仰、坚强意志、诚实品德和良好修养，确保他们在成长成才的人生征途上不迷失方向，真正成为对国家、对人民、对社会有益的人。

3. 坚持用科学理论和先进文化武装高校师生的主要内容和有效途径

贯彻党的教育方针，坚持正确政治方向，积极唱响主旋律，是用科学理论和先进文化武装高校师生的永恒主题。高等学校不仅是优秀社会文化的辐射源，也是知识与智慧的集散地，更是培养社会主义事业合格建设者和可靠接班人的重要基地，肩负着引领社会向前发展的神圣使命。正如威廉·洪堡所说，大学是社会的道德灵魂，具有塑造社会的能力。这就决定了高校不仅要重视对师生科学研究能力和专业知识技能的培养，更要高度重视对师生的思想政治教育。高校思想政治教育必须以理想信念教育为核心、以爱国主义教育为重点、以基本道德规范教育为基础、以师生全面发展为目标，深入进行“三观”教育、民族精神教育、公民道德教育和素质教育，坚持不懈地用马克思列宁主义、毛泽东思想和中国特色社会主义理论体系武装师生，教育和引导广大师生在中国特色社会主义事业的伟大实践中，在时代和社会的发展进步中汲取营养，大力培养他们的爱国情怀、改革精神和创新能力，使他们始终保持艰苦奋斗的作风和昂扬向上的精神状态，自觉遵守爱国守法、明礼诚信、团结友善、勤俭自强、敬业奉献的基本道德规范，正确认识社会发展规律，认识国家的前途命运，认识自己的社会责任，确立在中国共产党领导下走中国特色社会主义道路、实现中华民族伟大复兴的共同理想和坚定信念。同时，要不断促进广大师生积极实践思想道德素质、科学文化素质和健康素质协调发展，努力把自己培养成为政治合格、思想坚定、知识扎实、技术过硬、全面发展的合格人才。

继承我们党思想政治工作优良传统，不断创新思想政治教育工作的新途径，是用科学理论和先进文化武装高校师生的永恒主题。高校思想政治教育必须在求真务实、锐意创新上下功夫，积极探索新形势下大学生思想政治教育的新途径和新方法，才能更好地面对新形势、新情况，真正做到体现时代性、把握规律性、富于创造性、增强实效性。

一是要在工作思路上创新。高校思想政治教育工作要树立以人为本、德育为先、立德树人的科学观念，坚持把思想政治教育与形势政策教育、社会实践有机结合，让广大师生能够深入了解经济社会发展形势，进一步提高思想政治教育的针对性、实效性和吸引力、感染力，同时要结合实际，切实解决好广大师生在学习与生活中存在的实际困难和问题。因此，做好高校师生思想政治教育工作必须改变过去惯性思维、被动思维、从众思维的思维方式，努力创新工作思路，“贴近实际、贴近生活、贴近师生”。实现由单向性向多向性拓展，由偏重灌输向注重渗透拓展，由居高临下向深入基层拓展，由单一层次向多层次、多侧面拓展的创新工作思路，从而使高校师生思想政治教育工作创特色、求突破、上水平。

二是要在工作内容上创新。要根据新时期高校师生思想活动的新特点，根据不同层次的师生面临的不同问题，确定教育工作内容，体现时代性和针对性。传统的思想政治教育主要有两个误区：第一是泛政治化，将本属思想或心理范畴的问题上升到政治或意识形态领域；第二是简单化，只有政治教育，没有思想教育。这样的思想政治教育忽视了师生个性的差异，缺乏层层递进的演进，没有将所有师生纳入自己的工作视野。

2005 年 1 月胡锦涛总书记在全国加强和改进大学生思想政治教育工作会议上强调，要在全面做好各项工作的基础上深入进行以下几个方面的教育：其一是要以理想信念教育为核心，深入进行正确的世界观、人生观、价值观教育。使所有大学生都明白，党和人民对大学生寄予殷切期望，全面建设小康社会和实现社会主义现代化需要大学生去建设，中华民族的伟大复兴需要大学生去奋斗，青春只有在为祖国和人民的真诚奉献中才能更加绚丽多彩，人生只有融入国家和民族的伟大事业中才能闪闪发光；其二是要以爱国主义教育为重点，深入进行民族精神教育。引导大学生增强民族自尊心、自信心、自豪感，做到以热爱祖国、贡献全部力量建设社会主义祖国为最大光荣，以损害社会主义祖国利益、尊严和荣誉为最大耻辱；其三是要以基本道德规范为基础，深入进行公民道德教育。引导大学生自觉遵守爱国守法、明礼诚信、团结友善、勤俭自强、敬业奉献的基本道德规范，养成良好的道德品质和文明行为；其四是要以大学生全面发展为目标，深入进行素质教育。促进大学生思想道德素质、科学文化素质和健康素质协调发展。① 我们认为，这一讲话不仅适用于高校思想政治教育的客体——学生，也同样适用于高校思想政治教育的主体——教师，为进一步做好高校师生思想政治教育工作指明了方向。

三是要在工作方法上创新。在新的形势下，对高校师生的思想政治教育，要讲求春风化雨、潜移默化，力戒空谈说教和简单粗暴，并在工作方法上不断创新：由显性教育向显隐结合转变。即在搞好显性教育的同时，将有意识注入和无意识熏陶相结合，开展隐性教育，以“润物细无声”的方式，潜移默化地将先进思想意识灌输到师生的思想中；由单一灌输转变为双向交流。我们要在灌输方法、效果上有所创新，重在引导，从硬性灌输向软性灌输转换，由单一灌输转变为双向交流；由公开教育转变为渗透性教育。思想政治工作应该渗透到学校的教学、日常管理当中，使思想政治工作和教学、管理相互渗透。特别注意要把解决学生的思想问题和实际问题结合起来，把思想政治工作拓展到与师生学习和生活相关的各个方面，并拓展到教学管理，服务和文化活动等各个环节。

四是要在工作手段上创新。在科学技术发展的今天，仍然依靠形式呆板，缺乏创新性的“一支笔、一张嘴、一本书”的单一说教以及过分依赖缺乏吸引力、感染力、渗透力的书本教育的手段，已不能适应信息化的发展。要利用校园网络对师生进行教育和引导，使网络思想政治教育活动生动活泼、扎实有效。要充分发挥互联网在培养人、塑造人中的新型载体和重要手段作用。网络中思想政治教育的施教者对受教者的影响更多地取决于受教者的自主选择，以及受教者自觉或不自觉地接受来自网络中的多元化信息的渗透。网络教育所具备的教育个性化和自由化的特征，决定了思想政治教育的施教者可以利用网络最大限度地实现因材施教的教育理念，借助网络技术可以实现真正意义上的个别化教育。在网络中进行的思想政治教育行为具有空前的自由度和极强的渗透性，这些都为在思想政治工作中真正遵循“以人为本”的理念、促成思想政治教育手段的多元化

① 胡锦涛：《在全国加强和改进大学生思想政治教育工作会议上的讲话》，《人民日报》2005年1月19日第1版。

提供了契机。

二 关注师生的“生活世界”

思想政治教育是指社会或社会群体用一定的思想观念、政治观点、道德规范，对其成员施加有目的、有计划、有组织的影响，使他们形成符合一定社会所要求的思想政治道德品质的社会实践活动。高校师生思想政治教育就是指高校坚持用马克思列宁主义、毛泽东思想和中国特色社会主义理论体系武装师生头脑，全面落实党的教育方针，以理想信念教育为核心，以爱国主义教育为重点，以思想道德建设为基础，以师生全面发展为目标，努力培养和造就德智体美全面发展的社会主义合格建设者和可靠接班人的实践活动。

马克思主义哲学关于“生活世界理论”是高校师生思想政治教育必须关注师生生活世界的理论基础。马克思主义告诉我们要立足于实践和生活的观点去理解世界和人，生活世界是指现实人的生活，生活世界的实质是人的生活，就是生活中人本身。人的现实存在就是人的活动，就是他们的实际生活过程。人的本质存在于人的活动之中，而人的活动是自由自觉的，“一个种的全部特性、种的类特性就在于生命活动的性质，而人的类特性恰恰就是自由的有意识的活动”。[①] 人的活动是创造性的活动，在这一过程中人把自己的需要、目的和理想融入进去，使物向人生成，转化为“为我之物”，使人的本质力量得到确证和体现。

实践活动是生活世界的现实基础。马克思主义认为应该把生活世界当作人的感性活动，当作实践去理解。这样理解的世界是人们根据自己的需要和目的创造的、对人来说充满意义和价值的世界。马克思在《德意志意识形态》一文中指出，人们周围的感性世界绝不是某种开天辟地以来就直接存在、始终如一的东西，而是工业和社会状况的产物，是历史的产物，是世世代代活动的结果。实践活动作为人有意识有目的的感性活动，是人的自我发展和自我完善的创造性活动，是自然向人生成和人向自然生成的双向运动。通过实践，自在的自然和人都获得了现实性。这样，人的生存和发展于其中的现实生活世界就是“现实的自然”和“现实的人”相统一的世界。

---

① 《马克思恩格斯选集》第42卷，人民出版社1995年版，第46页。

马克思主义立足于实践观点的生活世界理论对高校师生思想政治教育工作具有十分重要的意义。众所周知，随着国际国内形势的变化和我国高等教育改革的发展，高校师生的学习和生活环境及条件都发生了重大变化，所以高校师生思想政治教育工作要想创新和发展，就必须摒弃传统工作的思维方式和教条主义，转向师生的现实生活世界，关注师生的现实问题，从师生的生活世界出发去指导他们寻求人生的价值和意义。与此同时，对高校师生思想政治教育的研究也必须回归师生的日常生活世界，回归师生生活世界研究的真正目的在于价值信念的回归和重建。只有这样，我们的研究才能从现实生活中汲取营养而得到发展，并指导高校师生思想政治教育工作的健康发展。

传统的高校师生思想政治教育过分强调预设和封闭，从而使整个教育活动变得机械、沉闷和程式化，缺乏生气和乐趣，缺乏对智慧的挑战和对好奇心的刺激，使师生的生命力在教育活动中得不到充分发挥，严重影响及制约了高校师生思想政治教育的针对性和实效性。现代的高校师生思想政治教育应该坚持以人为本，关心和关注师生的生活世界，尊重师生的合理需要和个性发展，从而使整个教育活动变得生动、活跃和动态化，充满生机和乐趣，充满对智慧的挑战和对好奇心的刺激，使师生的生命力在教育活动中得到充分的发挥，进而使得高校师生思想政治教育工作充满活力。

关注师生生活世界意味着高校师生思想政治教育从科学世界（书本世界）向生活世界的回归。生活世界是科学世界的基础，是科学世界的意义之源。高校师生思想政治教育必须回归师生生活世界，回归师生的生活。传统的高校师生思想政治教育把师生固定在“书本世界”或“科学世界”里，思想政治教育与师生的“生活世界”分离，难以体现思想政治教育全部的科学意义和生命价值，思想政治教育在“生活世界”的意义失落中艰难前行，不能为师生建立起有价值的生活秩序和生活方式。思想政治教育是人的教育，是科学教育与生活教育的融合。只有植根于生活世界并为生活世界服务的思想政治教育，才具有深厚的生命力。回归生活世界的主张并不否定科学书本世界存在的合理性，而是在两个世界之间保持一种紧张的张力，使科学教育不致因遗忘生活世界而丧失其存在意义。从高校师生思想政治教育实践而言，就是要把师生的个人知识、直接经验和生活世界当作重要的课程资源，尊重“师生文化”，发掘反映“师生内心”和体现师生“兴趣”的课程价值。从高校学生思想政治教育教学角度而言，就是要鼓励学生对教科书的自我理解、自我解读，尊重学生的个人感受和独特见解，使学习过程成为一个富有个性化的过程。“从学生的世界出发，让学生用自己的眼睛观察自然，用自己的心灵感受世界，用自己的方式研究社会”。思想政治教育教学过程不是教师对学生的单向的“培养”过程，而是师生交往、互动的过程。要营造宽松、和谐、民主的教育氛围，调动学生的兴趣，激发学生的热情，活跃学生的思维，让思想政治教育的课堂“活”起来。当然所谓“活”，表面上是课堂的内容活、形式活、情境活，实质上是师生双方的知识活、经验活、智力活、能力活、情感活、精神活、生命活，只有这样的思想政治教育才会深入学生的内心世界，富有针对性和实效性。

第三章　改革开放以来高校师生思想变化的一般轨迹和基本规律

第一节　改革开放以来高校师生思想变化的一般轨迹

改革开放以来，高校师生思想的变化，深深地根植于中国社会的发展和变化，依次经历了觉醒与反思期、怀疑与迷惘期、理智与探索期、实践与务实期等几个大的阶段，呈现出波澜壮阔——跌宕起伏——风和日丽的发展轨迹。

一　觉醒与反思期（1978—1984 年）

“文化大革命”结束后，以 1978 年 12 月召开的党的十一届三中全会为标志，我国社会主义建设事业进入了一个崭新的历史时期。党把工作重点从“以阶级斗争为纲”转移到“四个现代化”建设上来。重新确立了解放思想、实事求是的思想路线。高校思想政治教育也在拨乱反正中逐步恢复，出现新的生机。高校师生的思想变化随着中国社会的重大变革，经历了觉醒前的徘徊、思考与期待——觉醒序幕的拉开——觉醒中的反思等过程和轨迹。这个问题，浙江大学博士生俞海洛在他的博士学位论文《当代中国大学生思想史研究（1949—1988）》作了深入的研究和详细的介绍。①

（一）觉醒前的徘徊、思考与期待

高校师生批判性思想方式的开始转变。在“文化大革命”后期，高

① 俞海洛：《当代中国大学生思想史研究（1949—1988）》，博士学位论文，浙江大学，2005 年。

校师生的思想已经从初期的狂热、中期的困惑，转变为一定程度上的觉悟。粉碎“四人帮”和“文化大革命”的结束，使饱受动荡之苦，几乎陷于瘫痪的中国高等教育焕发了生机，也使得高校师生带着劫后余生的感受，由衷地拥护党中央的路线，积极投身到了揭批“四人帮”的斗争之中。但这时的揭批活动，不可避免地带有过去那种阶级斗争、政治运动的色彩，甚至有部分师生是在“运动惯性”的作用下被动地参与了这场揭批斗争。然而，这种“文化大革命”流传下来的阶级斗争的批判性思想方式延续的时间并不长，其终结与转变的标志是1978年短篇小说《伤痕》的发表。这篇小说典型地反映了高校师生对“文化大革命”开始独立的思考，也对自身开始进行准确的定位，而以文学的方式参与政治斗争则标志着大学生思想的重大变化，他们已开始从过去只能充当轰轰烈烈的政治运动的影子处境中走出来。

科学教育文化领域的拨乱反正与角色意识的开始回归。1977年3月5日，《人民日报》、《红旗》杂志、《解放军报》发表社论：《向雷锋同志学习》，各报重新发表毛泽东、周恩来、朱德关于学习雷锋的题词。在中共中央和教育部的号召下，中断了10年的学雷锋活动在包括高校在内的各级各类学校开始恢复。1977年7月，十届三中全会召开，邓小平终于复出，他复出以后，以一位伟大政治家的眼光，亲自领导了科学教育文化领域的拨乱反正。1977年底到1978年初，在“文化大革命”中被停止和废除的高校招生考试制度恢复。1978年春，高考制度恢复后的第一届大学生终于迈进了大学校园，他们特别珍惜如此宝贵的学习机会，如饥似渴地学习着文化科学知识，力图把被“文化大革命”耽误的年华补回来、夺回来。1978年3月18日至31日，全国科学大会在北京召开，会议号召全国人民树雄心、立壮志，向科学技术现代化进军。1978年4月22日至5月16日，全国教育工作会议在京隆重召开，邓小平作重要讲话。他说：“‘四人帮’对教育事业的破坏，严重损害了学校的政治思想教育，败坏了学校纪律，腐蚀了社会主义社会的革命风气。”“毫无疑问，学校应该永远把坚定正确的政治方向放在第一位。”① 这些重大的举措，使高校师生开始感受到了春天般温暖的气息，开始看到了科学、教育、文化事业的希望，看到了自己的光明前途和肩负的责任，但是，解决中国问题的根本

① 邓小平：《邓小平文选》第2卷，人民出版社1994年版，第104页。

出路到底在哪里？他们在思考着、期待着。

（二）觉醒序幕的拉开

思想解放的起点和先导。针对“两个凡是”这样一个关系党的思想路线的根本原则问题，邓小平、叶剑英、陈云等老一辈无产阶级革命家，挺身而出宣传党的实事求是的优良传统。1977 年 4 月 14 日，邓小平在给党中央的信中指出：“我们必须世世代代用准确的完整的毛泽东思想来指导我们全党、全军和全国人民”，这实际上起到了抵制“两个凡是”的作用，是思想解放的起点和先导。当时，该信精神的传达和学习，对正在思想意识领域学习和宣传《毛泽东选集》第五卷的高校师生以正确而强烈的思想政治信息。

真理标准问题的讨论与思想觉醒的序幕开始拉开。1977 年底，随着形势的发展，逐渐提出判断路线是非、思想是非、理论是非究竟以什么为标准的问题，而这也正是高校师生正在苦苦思考国家和民族命运中所涉及众多问题的一个根本性、要害性问题。1978 年 5 月 10 日，中央党校内部刊物《理论动态》发表了《实践是检验真理的唯一标准》一文，11 日《光明日报》又以特约评论员的名义全文发表，当天新华社转发了这篇文章，12 日《人民日报》和《解放军报》同时予以转载，全国绝大多数省市、自治区的报纸也陆续予以转载。从而引起了全国范围内真理标准问题的大讨论。高校师生普遍参与这场讨论，是在 1978 年暑假结束之后。在教室、在校园、在宿舍，师生们热烈地讨论着，“文革中造神运动的根源何在？”“为什么会产生个人迷信？”“什么是真马克思主义？”“什么是真社会主义？”“怎样评价毛主席？”“怎样对待马列主义、毛泽东思想？”在历史、现实和未来的交叉点上，师生们大胆地在激辩、在沉思、在怀疑，这标志着高校师生思想解放和觉醒的序幕开始拉开。

（三）觉醒中的反思

改革开放的历史标志与高校师生思想的觉醒与解放。1978 年 12 月 18 日至 22 日召开的党的十一届三中全会，决定了党的工作重点的转移和全面开始拨乱反正，标志着全党在政治上、思想上和组织上全面恢复和确立了马克思主义路线，纠正了根深蒂固的“左”倾错误，掌握了拨乱反正的主动权，从而结束了党的工作在前进中徘徊的局面。高校师生，作为具有高层次文化知识的群体，他们走在了思想解放的前列，思想上率先从

“文化大革命”及其以前“左”的错误的束缚下解放出来，从“两个凡是”的束缚下解放出来。

四项基本原则为高校师生思想的觉醒与解放指明了方向。三中全会以后，在解放思想的过程中，由于“文化大革命”遗留下来的无政府主义、极端个人主义等后遗症和外来资产阶级腐朽思想的影响，与当时社会上出现的错误思潮一样，高校师生中也有人对党中央提出的解放思想、实事求是地解决历史遗留的和现实生活中出现的一系列问题的方针及做法不理解，或持怀疑态度，甚至攻击三中全会制定的改革、开放、搞活的方针，也有人则借解放思想之机，散布所谓社会主义不如资本主义的言论，反对马克思主义的基本原理，反对中国共产党的领导，加上由于当时的几年时间里忽视了劳动教育和组织学生参加必要的社会实践，一些学生产生了轻视工农、脱离实际和害怕艰苦的思想。鉴于这种情况，在 1979 年 3 月 30 日，邓小平同志代表党中央在党的理论工作务虚会上正式提出，必须在思想政治上坚持四项基本原则。这四项是：第一，必须坚持社会主义道路；第二，必须坚持无产阶级专政；第三，必须坚持共产党的领导；第四，必须坚持马列主义、毛泽东思想。① 在中央重申四项基本原则之后，进行坚持四项基本原则教育是当时思想政治教育的中心议题。因此，高校集中进行了四项基本原则的教育。经过集中的教育，学生的思想朝着健康的方向发展，许多人有不同程度的进步，少数错误思想较多的学生提高了认识，极少数政治倾向不好的学生也有所收敛。虽然对当时他们思想的变化不可估计过高，他们思想上出现的问题也不可能在短期内都得到解决，但从根本上、整体上看，四项基本原则为高校师生思想的觉醒与解放指明了方向。

全社会思想政治教育的加强，推动了高校师生思想觉醒中的反思。在集中进行四项基本原则教育的背景下，全社会和高校都加强了思想政治教育。从全社会来看，主要有：学习《关于建国以来党的若干历史问题的决议》；开展为期三年（1981 年 3 月、1982 年 3 月、1983 年 3 月）的“全民文明礼貌月”和之后逐渐转入经常性工作的“五讲四美三热爱”教育；思想政治教育科学化的讨论和教育；社会主义精神文明建设活动；爱国主义教育；《邓小平文选》出版后关于建设具有中国特色社会主义的学

① 《邓小平文选》第 2 卷，人民出版社 1994 年版，第 164—165 页。

习活动；抵制精神污染，净化社会风气的思想教育活动等。这些全社会开展的思想政治教育活动，高等院校不仅是一个重要领域的参与者，而且也为高校师生思想的变化提供了重要的机会和深刻的社会背景。

世界观、人生观、价值观问题的专题讨论与教育，直接促进着高校师生思想觉醒中的反思。如何对待改革开放中的中国社会？如何对待人生？如何实现人的价值？这是高校师生在新的历史条件下面临的、必须进行深刻反思并作出正确抉择的重大问题。这个方面影响较大的事件主要有：

——人民代表的竞选。1980 年，北京、上海等大中城市在人民代表的直接选举过程中，一些学生盲目照搬西方的竞选模式，制定竞选纲领，组织竞选班子，发表竞选演说，散发竞选传单，这在校内外引起了强烈反响。由于参与竞选的学生具有不同的成长背景和角色处境，竞选中的纲领及其演讲等形式的表述，往往以辩论的形式出现，而辩论过程自然有不同的“政见”，但辩论的焦点集中起来却离不开当时重大而敏感的社会问题，诸如：怎样评价“文化大革命”？如何看待中国共产党的领导？怎样进行改革？等等。这样的竞选过程，不论最后谁竞选成功成为人民代表，但给大多数高校师生带来了严肃而深刻的思考：这样的竞选适合中国国情吗？持自由化立场的学生当选为人民代表能代表人民利益吗？以此种方式推行社会民主、实现个人价值可能吗？

——潘晓的来信与人生观问题的讨论。1980 年，《中国青年》杂志在第 5 期刊登了潘晓的《人生的路啊，怎么越走越窄？》[①]（《文革以来的经历和目前的苦闷》）的读者来信，并在第一栏的显要位置开辟了《人生的意义究竟是什么？》的讨论专栏，这引起了大学生对人生观、价值观问题的大讨论，也引起广大青年及全社会的普遍关注。从整体上来看，参与和关注讨论的大学生，确实由此思考了人生价值等问题，从思想政治教育方面来看，它给予的重要启示在于：不能片面重视世界观教育而忽视人生观教育。

——大批“传播共产主义种子”的“青年之友”的涌现。在改革开放初期的中国社会，如何做好包括大学生在内的青年的思想政治教育工作，李燕杰、曲啸等同志作为一大批“传播共产主义种子”的“青年之友”的典型代表，进行了新的尝试。他们紧密结合青年思想的兴奋点，

① 潘晓：《人生的路啊，怎么越走越窄？》，《中国青年》1980 年第 5 期。

以做报告、谈经历等形式，尝试在其自觉接受的基础上，“动之以情、晓之以理、喻之以义、施之以爱、导之以行”，给大学生和广大青年的思想觉醒和健康成长以清新、细致、深刻的启迪。当时的老山前线青年英模报告团、现代化建设一线青年英模报告团在高校的巡回演讲也给高校师生思想的觉醒和反思以深刻的影响。

——张海迪、张华等先进人物的涌现为高校师生树立共产主义理想信念树立了榜样。1983 年 3 月到 1984 年 1 月，共青团中央、中共中央、中央军委、教育部、中共中央宣传部、解放军总政治部、中国科学技术协会等先后发出向张海迪、张华、华山抢险战斗集体、蒋筑英、罗健夫等先进人物学习的通知，号召高校师生正确对待人生，树立崇高理想，忘我无私，全心全意为人民服务，用自己的实际行动实践共产主义。通过学习活动的开展，高校师生受到了生动的共产主义理想、信念和道德教育。

——关于人道主义和异化问题的学习讨论与思想混乱的澄清。十一届三中全会以后，在批判“文化大革命”中发生的那些惨无人道的现象时，人道主义问题就自然地被提了出来。张志新烈士悲惨的狱中生活被各大媒体报道后，更使全社会对“人道主义”充满关切之情。在这样的背景下，高校师生对人道主义进行关注和讨论，而争论焦点涉及的是马克思主义与人道主义的关系。与此同时，“异化”问题也在高校师生中探讨，焦点问题是“社会主义社会是否存在异化问题”。高校师生对人道主义和异化问题的讨论，引起了党中央的高度重视。根据邓小平同志 1982 年 9 月和 1983 年 10 月关于人道主义和异化问题发表的重要讲话，1984 年初，中央党校主办的《理论月刊》在第 2 期发表了胡乔木的重要文章《关于人道主义和异化问题》。[①] 中宣部、教育部先后发出通知，要求组织高校师生认真学习这篇文章并把这篇文章作为长期对学生进行思想政治教育的重要教材。按照相关精神，各高校认真组织师生学习和讨论。通过学习和讨论，师生们澄清了由于一些文章宣传抽象的人道主义和社会主义异化论所引起的思想混乱，在树立共产主义世界观和人生观方面受到了深刻的启示，有关偏颇的讨论从而也平息了下去。

——“从我做起，从现在做起”“团结起来，振兴中华”口号的提出

① 教育部：《教育部关于学习胡乔木同志重要文章〈关于人道主义和异化问题〉的通知》，《高教战线》1984 年第 3 期。

及实践。1979年12月6日，清华大学化学化工工程系七七级二班团支部向全班明确提出了“从我做起，从现在做起，为社会主义现代化建设多作贡献”的口号，并整理拟定了十一条“从我做起，从现在做起”的具体措施。随后的一年多时间里，同学们身体力行，取得了良好的效果。这一口号的提出及其践行，在全国高校学生中引起了极大的震动，也引起大众媒介的关注。与此同时，1981年3月20日深夜，中国男排经过关键一战取得参加世界杯排球赛资格后，北京大学的学生欢呼雀跃，庆祝游行，喊出了“团结起来，振兴中华”的口号，同样以更具冲击力的思想闪光震撼了全国高校的大学生。这两个口号的相继提出表明了大学生思想上的觉醒与反思已经具有了浓厚的主体意识与自觉意识，表明了他们已经懂得了怎样把个人命运与国家命运紧密地联系在一起，表明了大学生社会责任感的不断增强和对社会主义祖国的热爱与祝愿。

二　怀疑与迷惘期（1985—1989年）

这个时期是我国经济体制的转变时期。高校师生思想的变化是在多种时尚思潮与学潮的胶着中发展的，是在正确思想、正面思想信息与错误思想、负面思想信息交织的困惑、迷茫、冲突中变化的。

（一）朴素的爱国热情与一波又一波的学潮

1. 1985年的新“九一八”学潮。这次学潮以爱国为主，反日货、反经济侵略、反对军国主义，是民族主义精神的显示。

2. 1986年底的学潮。1986—1987年的自由化浪潮，在资产阶级自由化泛滥下，大学生中出现了各种关于政治体制、思想意识和行为过程的新冲突。

3. 1988年的学潮。这次学潮是以北京大学柴庆丰事件为代表的一系列围绕社会治安、校园环境、伙食问题的大大小小的学潮。

4. 1989年的政治风波。这次以学潮的形式出现，最后导致为政治风波的前前后后，以及由此产生的一系列影响为背景，呈现着“学潮——动乱——暴乱”的递进关系。

（二）学潮的发生与深刻的社会基础和心理基础

社会历史的契机为西方思潮的传播提供了一种社会氛围，也为学潮提供了一片“湿润的土壤”。仅从1986年底的学潮来看，中国改革，逐渐突破了产品经济的框框，向市场经济迈进，随之而起的就是商品观念的巨大冲击，人们的观念日趋世俗化、理性化、商品化，因此，在这种巨大的社会变迁过程中，人们的心态不稳是一种普遍现象。所以，社会历史的契机为西方思潮的传播提供了一种社会氛围，也为学潮提供了一片“湿润的土壤”。哲学思潮的影响主要表现为：1986 年那段时间，非理性哲学思潮在大学生中有巨大的市场，产生了巨大的影响。这些思潮无处不在，从人生观到各种心态，对大学生都有冲击。这些思潮的代表理论是弗洛伊德、萨特、尼采及叔本华的理论。北京大学社会学系刘德寰、黄东有 1987 年 6 月 3 日在北京大学的一次问卷调查表明，倾向于中国传统文化的，参加学潮的就少，而倾向于西方文化的，参加的则多。另外，西方“民主”对学潮的影响主要表现为：此次学潮，是以“争取民主、自由”为主题的。调查发现，真正了解“西方民主”的学生并不多，他们只是从一个侧面了解到了一些东西，没有形成一个总体的对“西方民主”的认识，对西方民主的感觉是占主要地位的。① 可见，哲学思潮给大学生造成了一种氛围和心态，有些同学以接受新观念的态度来对待它，于是在学潮中有所体现。文化思潮虽然对个人影响不十分深刻，但也形成了一种观念，对学潮起到了一些作用，西方民主制度的传播，为学潮的口号和提高学潮内容的层次起了一定作用。

（三）多种“热”“风”与对个人前途的忧虑

多种“热”“风”的相继出现。其实，闹学潮是困扰着大学生们那沉重疲惫而又骚动不安的心理在校外的极端表现。在校内，当时几年相继出现的“麻将热”“经商热”“霹雳舞热”“流行歌曲热”“恋爱风”“舞弊风”“课桌文学”“厕所文学”等现象，与学潮一样，是大学生们对个人前途感到忧虑的一种心理折射。王树林在《学潮后的反思》一文介绍说：当时有一篇被称为《教室铭》的“课桌文学”也许是大学生心态的绝妙写照：“分不在高，及格就行，学不在深，作弊则灵。斯是教室，唯吾闲情。小说传得快，杂志翻得勤。琢磨下围棋，寻思看电影。无书声之乱耳，无复习之劳形。虽非跳舞场，堪比游乐厅。心里云：混张文凭!”② 当时，部分学生自我意识趋于淡化，表现出较为明显的失意心态。如：误认为中央关于在大学生参加社会实践和毕业分配方面所作的规定，是社会

① 刘德寰、黄东有：《1986 年底的学潮原因探析》，《青年研究》1989 年第 5 期。

② 王树林：《学潮后的反思》，《青年研究》1989 年第 8 期。

对自己的贬低和惩罚。1987 年以来大学生思想表现出较大的不稳定性。这种不稳定性其内部表现为，部分大学生对前途感到悲观，意志消沉，在一些问题上带有较强的抵触情绪；外部表现在斗殴、喝酒、赌博、损坏公物的现象以及恶性案件有所增长，不求学业上进和只顾谋求毕业出路的情况比较突出。此外，学生中生活化倾向日益发展。相关调查结果表明，46.58%的学生认为生活中最有价值的是“生活充实、幸福”，为同组五项选择中的最高值；42.64%的学生希望今后生活“安稳舒适”。各校也一致反映学生中恋爱之风盛行，学生生活化倾向抬头，反映出注意力的他移，这实质上也是一种思想不稳定的表现，是对政治、学习冷漠情绪的流露。

（四）反资产阶级自由化和思想政治教育的积极影响

1. 学潮后的反思、困惑与冷漠。1986 年的学潮后，一些思潮淡化，一些思潮消失，但在其他方面又开始形成一种新的“思潮”雏形，虽然没有形成影响巨大的思潮，但对政治的关注出现两极分化的趋势，娱乐化倾向及玩世不恭的心态却广泛传播起来。在主体的反思与客体的反馈过程中，表现出学潮平息初期的困惑与恐惧，反思中期的省悟和痛苦，反思后期的稳定与发展等环节。社会对于大学生的评价，是学潮以来大学生始终关注的一个焦点，是他们的“思想敏感点”，这可以从多数学生对学潮持同情态度和对将学潮与资产阶级自由化联系起来感到委屈以及由此产生的悲观情绪中得到印证。如何看待 80 年代的大学生，这是一个引起社会各界人士认真思索的热门话题。没有闹学潮的时候，大学生被捧为“青年中的精英”“思考的一代”，学潮之后，社会对大学生的评价迅速降到了最低点——“迷惘的一代”“垮掉的一代”。对社会的评价，大学生非常关注，部分大学生对前途感到悲观，意志消沉。

2. 反资产阶级自由化的斗争和思想政治教育给高校师生的思想产生了一定的积极影响。反对资产阶级自由化的斗争，由于各种复杂的原因，从 1982 年党的十二大到 1989 年平息在北京发生的政治风波，有过三次反复，发生过三个回合的严重斗争。这就是：1983 年反对思想战线“精神污染”的斗争，1986 年围绕学潮展开的斗争，1989 年反对动乱和平息反革命暴乱的斗争。在这三个回合的严重斗争中，对高校大学生思想政治教育工作的深入开展和高校师生的思想都产生了一定的积极影响。

3. 社会各界对大学生卷入政治风波的原因反思。一波又一波的学潮，特别是大学生卷入政治风波的事实，使得社会各界不得不对其中的原因进行深刻的反思。比较普遍的看法是：大学生自身存在着某些不够成熟的地方，一是政治上立场不够坚定，思想上缺少正确的世界观、人生观、价值观的指导；二是心理上发展不够成熟，缺少良好的训练与修养。前者是部分学生卷入风波的思想基础，后者是部分学生卷入风波的行为心理影响。由于青年学生很少深入工农，缺少社会实践，有时把主观的愿望强加于现实生活，以致把握不住自己，常常用感情代替理智。由于家庭的娇宠，社会的赞扬，舆论的褒奖，致使有的青年学生自命不凡，未能确立正确的社会角色意识，不自觉地卷进了风波。由于政治上比较幼稚，缺少主见和辨别是非的能力，于是有的学生在风波中随大流，人云亦云。由于青年学生性格不稳定，认识问题常常比较片面，容易产生消极的逆反心理。由于当时教育的失误，思想政治工作软弱无力，部分青年盲目崇尚西方资产阶级“民主”，无政府主义思潮泛滥，致使动乱中出现一些与法纪相悖的言行。

4. 大学生对“八九政治风波”的认识。经过风波过后的学习和思想政治教育，大学生对“八九政治风波”的认识主要是：“八九政治风波”的特征在于：矛盾性、极端性、盲目性、劣根性、复杂性、反动性、严重危害性。大学生参与这场风波的动机是：“精英政治”欲望的驱使、朴素的爱国热情、发泄欲望与逆反情绪、表现欲望与补偿心理、自主意识薄弱而误入迷途、获取人生体验的意识。对风波与党内腐败现象和忽视思想政治工作的关系有所认识，但对风波与自由化和大学生自身问题的关系认识不足。他们也认识到，“八九政治风波”与五四运动具有本质上的区别，主要是：从政治目标的蜕变来看，五四运动是一场反帝、反封建的政治运动，而“八九政治风波”则是反党、反社会主义的暴乱；从两种“西方思潮”的潜移来看，五四运动是以马克思主义为主体的无产阶级革命理论学说，而“八九政治风波”则是资产阶级自由化与帝国主义的“和平演变”；从“民主、科学”到“盲目、反动”的变调。

三　思考与探索期（1990—1997年）

与80年代高校师生思想政治变化的剧烈性、波动性相比，这个时期的变化则显得相对平静而深刻，其主流是健康的，在基本政治态度和政治观点上，他们对党在新时期的基本路线认同度逐渐提高，在世界观、人生观、价值观上保持了健康、积极、向上的态势，少了盲目与冲动，多了理性与思考，呈现出思想政治态度日渐成熟和人生观、价值观个性化趋势明显的特点。

（一）理智的思考与“寻找毛泽东”热

学潮后出现“寻找毛泽东”热。1990 年，歌颂毛主席的歌曲“红太阳热”突然流行，首都各高校及全国院校的大学生中出现了“寻找毛泽东”现象。“寻找毛泽东”热为什么在学潮后出现？一位专职学生工作干部说：“很多同学寻找毛泽东是为了建立心理平衡，西方的东西不行，可让他们一下认同现在的选择又受不了。这时毛泽东就成为一个中介体。”①

大学生选择毛泽东作为“中介体”有其社会政治方面的原因。陈文广在《如何看待大学生“寻找毛泽东”热》一文综合介绍了人们的分析，主要有这样几种：（1）寻找毛泽东现象，是当时几年我国整个国民社会政治心理在大学生中的一种反映。严格说来，寻找毛泽东现象在学潮前就已出现，只不过学潮后变得更为突出而已。一些人由于对经济发展过热和某些政策上的失误的不满和反感，而产生了怀念、眷恋“毛泽东时代”的情绪。（2）这是经过动荡之后，渴求安定的一种社会心态反映。任何一个社会经历一场巨大动荡之后，人民群众都渴望安定，社会都会出现一种渴求稳定、平衡、健康发展的需求。（3）这是经过复杂尖锐的政治风波之后，大学生反思社会、反思国情的一种成熟表现。1989 年夏季的政治风波，对大学生产生了强烈的震动。他们最初的良好愿望最后演变成了动乱和暴乱，这对有较高政治责任感的大学生来说，无异于宣布他们在政治参与上的失败。大学生寻找毛泽东，是想通过毛泽东了解中国的昨天，理解中国的今天。（4）这是经历痛苦磨难之后，大学生反思自我的一种理性思索。他们开始思考为何学潮的初衷总与结局构成矛盾，为什么满腔热情最后落得“精英的帮凶”？到底是社会出了问题，还是我们出了问题？大学生不仅反思社会，也在反思自我，他们开始重新认识自己的位置，自己的责任和自己的前途。（5）毛泽东的巨人影响。毛泽东是影响了中国乃至世界历史进程的领袖。毛泽东的巨人影响是双重的，即人格态的毛泽东和理论态的毛泽东。人格态是指毛泽东的道德、情感、气质层，理论态是指毛泽东的观点、思想、体系层。这两个层面是相互交融的有机体。

① 陈文广：《如何看待大学生“寻找毛泽东”热》，《中共山西省委党校学报》1990 年第 3 期。

“寻找毛泽东”现象对思想理论工作提出了新要求和新契机。当时许多同志认为，大学生“寻找毛泽东”现象，对我们的思想工作、理论工作，既提出新的要求，也提供了一个契机。应该抓住这个机会，积极引导学生走上正确的轨道。这主要是：还毛泽东伟大无产阶级革命家的本来形象；加强对毛泽东思想的理论研究；对毛泽东的研究不能只局限于毛泽东个人。人们深信，只要引导正确得当，无论最初的动机如何，绝大多数大学生都会在这种寻找中受到教育和启迪，寻找到自己成长的正确道路。

（二）亚运精神对高校师生思想政治品德的深刻影响

亚运精神是时代精神、民族精神的充分展示。1990 年 9 月 22 日，象征着亚洲人民“团结、友谊、进步”的第 11 届亚运会在北京隆重开幕。这是我国第一次举办的综合性世界体育赛事。亚运过程中全国人民所表现出来的艰苦奋斗、无私奉献、团结协作、争创一流的精神风貌，是一种时代精神、民族精神的充分展示，是雷锋精神、焦裕禄精神的发扬光大。

亚运精神对高校师生思想政治品德的深刻影响。继承和发扬亚运精神，努力寻找亚运精神和高校师生工作、学习、生活的结合点，从而把亚运精神落实到工作、学习、生活中去，是高校师生当时的自觉认同和行动。这主要表现在：（1）以亚运精神激励爱国主义热情。亚运会就像一本从头到尾用爱国主义激情写就的“教科书”，它对参与亚运活动的大学生是一次完美的震撼人心的爱国主义教育，它点燃了大学生的爱国激情。亚运会的成功举行，使高校师生真切而具体地认识到中华民族强盛起来了，从而恢复和增强了我们民族的自信心和自豪感。（2）发扬亚运精神，树立苦读攻关的学习和工作精神。参加亚运赛的中国健儿们，经过奋力拼搏，取得了举世瞩目的优异成绩。但每项成绩都凝聚着运动员们刻苦磨炼、顽强拼搏的汗水。高校师生从他们这种为国争光苦练基本功、顽强学习提高专业技术水平的作风和精神中，受到了深刻的启发和鼓舞。（3）树立参与意识，增强为人民服务的观念。亚运精神展示了 11 亿人民强烈的参与意识，而大学生自觉地活跃在亚运工地，在大会期间，参加的各项服务工作，全部表现出一种崇高的爱国主义情操、高度的社会责任感和崭新的思想风貌。亚运会结束后，师生们仍然保持和发扬着这种无私奉献于社会的情操和品格。（4）亚运精神启迪高校师生树立良好的校风和学风。亚运精神使高校师生自觉地去培养严谨求实、不尚空谈的良好学风，养成勤俭节约、艰苦朴素、爱护公物的良好习惯，养成增强纪律性、遵守校规校纪、讲究文明礼貌的良好校风。

（三）思考中的“世俗功利化”人生价值趋向

为了全面把握90年代大学生人生价值观发展演进的趋势与特征，深入探求其思想发展的内在规律，国家教委于1994年3月在北京、上海、天津、湖北、陕西、广东等六省市部分高校进行随机抽样问卷调查。关于此次调查的结果，沈壮海在《九十年代大学生人生价值观分析》一文以湖北省调查数据为主要依据作了介绍和分析。① 关于大学生的人生价值观发展趋向，当时已有不少学者广泛运用社会调查等实证研究方法，从多个角度进行了详细而系统的研究与论证。学者们认为，80年代以来，大学生人生观主要表现在：（1）价值主体自我化。在自我与社会之间，大学生开始更多地强调自我；在以个人为本位还是以社会为本位的问题上，大学生更多的是向以个人为本位的方向倾斜。（2）价值取向功利化。如在政治与学业之间，价值选择逐渐向后者倾斜；在贡献与索取、名与利之间，追求两者的平衡。（3）价值目标短期化。在个人发展目标与社会发展目标之间、近期目标与长远目标之间，大学生都表露出向前者的倾斜。（4）价值实现途径多样化。（5）价值评判标准模糊化与多元化。

本次调查，显示了与上述趋向大体相同的结果，但也表现出了一些新的特征。80年代以来，青年大学生人生价值取向演进的基本趋势就是向“世俗功利化”的方向发展。有学者曾分三个阶段来描述大学生人生价值取向世俗功利化的演进历程：在80年代初，主要是从“只贡献、不索取”或“少索取”的高尚思想境界向“按劳取酬”“多贡献、多索取”的合理化行为过渡；80年代中期，主要表现为开始理性地考虑自己所从事的行为对自己发展的意义，并明确宣称自我设计是实现自我价值的有效途径；到80年代后期，主要表现在他们为社会不合理的分配局面所左右，想尽办法经商或寻找毕业后的出路，因而放下书本，走出课堂，尽量适应社会的实际需要，调整自己的知识结构等。

此次调查表明，步入90年代中期，世俗功利化仍是大学生人生价值取向演进的基本趋向。其主要表现在于：主张“奉献与索取应该平衡”；开始大胆地言“利”；已不像80年代末期那样，简单地热衷于走出课堂、

① 沈壮海：《九十年代大学生人生价值观分析》，《中国青年政治学院学报》1995年第4期。

适应社会；经商热退却，读书热再起。

（四）探索中理想与现实之间的强烈反差甚至碰撞

以学校生活的感受为主的人生体验。人生体验，是影响人们人生价值取向确立的重要背景，也是表现人生价值取向的重要形式。大学生多是由学校到学校，其人生体验主要表现在对学校生活的感受方面。从相关数据来看，大学生对学校生活的体验更多地倾向于“枯燥、苦恼、艰难”。这种体验产生的主要原因在于理想与现实之间存在着强烈的反差甚至碰撞。对五彩斑斓的校园生活的构想，对轻松愉快的生活节奏的追求，对一帆风顺的人生历程的向往，一旦在以校园为主的小小舞台上与现实难以吻合，大学生便往往会认为生活枯燥，充满苦恼，感慨人生的艰难。这里的矛盾与冲突，主要表现为理想与现实的冲突、过高的自我期望值与自我期望实现手段不足之间的冲突和矛盾，自我对个性的追求与社会对规范的强调之间的矛盾。传统的知识分子目标与现实条件之间的冲突也是造成上述情况的重要原因。一方面，大学生多以传统的知识分子待遇作为自己的期望标准，希望在殷实的物质条件下去扩展自己的精神世界。但另一方面，知识分子相对贫困化、脑体倒挂的客观现实、学习及知识费用的飞涨等又将满怀着希冀的大学生毫不留情地推向了一个两难的境地，从而造成了大学生的困惑、烦恼和感叹。另外，学生之间人际关系的紧张，也是加深青年大学生这种感受的重要因素。①

苦恼、枯燥、艰难中产生的希望、信心、斗志。烦恼、枯燥、艰难等的产生，一方面表现了大学生人生追求的理想性色彩，另一方面也表露了大学生心理感受上的过于敏感性与心理承受系数的低值倾向。但是，决不能由此推论，认为大学生在“生活枯燥、苦恼、人生艰难”的感慨中放弃了自信、畏惧于拼搏、禁闭了理想。枯燥、苦恼、艰难，是青年大学生面对社会现实及自己所处的客观环境而发出的感慨；而希望、信心与斗志，则是大学生从自我这一主体出发而表白的心声。在对社会的消极感受与对自己的充分自信这两者的夹缝中，最易为大学生选择的自然是自我设计、自我奋斗的人生模式及人生价值实现途径，这一极大的选择可能性与市场经济对自我的认同、对个性的倡导、对个体本位主义的诱发等“大

① 沈壮海：《九十年代大学生人生价值观分析》，《中国青年政治学院学报》1995 年第 4 期。

气候”的融合，也必然地会促使选择的可能性与选择的必然性之间的距离越拉越小。

（五）积极的探索与复杂的人生态度

理想人格设计的开放性。理想人格，即人们对希望自己成为具有何种品格的人所设置的范型，也是人们对他人的人品、人格进行评判时所操持的重要标准和尺度。从相关数据可以看出，当时大学生理想人格的设计具有明显的开放性，其理想人格设计的出发点已开始从个体移向社会，由从“我”出发转化为从“我与他”出发，也就是说，大学生开始更多地从个体与他人的社会交往这一动态的层面来塑造自己的理想人格，而不再热衷于从封闭式的自我完善、自我发展这一静态层面来进行理想人格的设计。正因如此，大学生才更崇尚友善、无私、公正等在人际互动中所表现出来的具有更多“外放”性质的品格，而对“勤劳”“诚实”“艰苦奋斗”等具有一定“内倾”性质的品格则不甚关注。从某种意义上讲，理想人格设计中的这种“开放性”中也包含着一定的“功利性”，它说明大学生更关注自己在与他人的交往中能否得到“友善”“无私”“公正”的待遇。这里表露着大学生对自我的强烈认定与关注意识。[①]

大学生的理想人格设计又具有过浓的理想性色彩。相关数据也表明，当时青年大学生的理想人格设计又具有过浓的理想性色彩。对勤劳、诚实、艰苦奋斗等在现实生活中理应具备的优良品格的低认同率，对懦弱、懒散等在现实生活中理应戒除的品性的低否弃率，都表明了大学生进行理想人格设计时对现实的游离。对在市场经济条件下如何做人的问题，大学生的回答与市场经济的不断发展、高频节奏等现实情势形成了强烈的反差。市场经济的竞争原则，客观地要求人们不断地追求、不断地奋进，自我完善、调整与充实，有一种不满现状、勇于上进的搏击精神。问题在于，大学生对“知足常乐、祸莫大于不知足”这一自给自足的小生产经济形式下所孕育的人生态度仍抱有很高的认可度。这里的积极、上进与知足的心态，构成了大学生复杂的人生态度。

（六）邓小平的革命风格和崇高品德与高校师生的深切怀念

邓小平同志的逝世与高校师生的深切怀念。1997 年 2 月 19 日，邓小

① 沈壮海：《九十年代大学生人生价值观分析》，《中国青年政治学院学报》1995 年第 4 期。

平同志不幸辞世，举国同悲，华夏共泣，高校师生和全国人民一道，沉痛哀悼、深切怀念这位为人民贡献毕生精力与心血的伟大共产主义战士。高校师生在哀悼和怀念邓小平同志的过程中，深切地认识到，邓小平同志在70多年波澜壮阔的革命生涯中，为中国人民的解放和新中国的成立建立了不可磨灭的功勋，为中国的改革开放及求索建设有中国特色社会主义道路建立了不朽的丰碑。邓小平同志是20世纪中华民族追求伟大复兴的历史进程中最具影响力和个人魅力的领袖人物之一。他有着鲜明的革命风格和崇高品德。他一生多次历经磨难与挫折，但他从不消沉，无私无畏，不屈不挠，沉着坚韧，对党对人民无限忠贞，对革命事业的未来充满乐观。他尊重实践，敏锐把握时代发展的脉搏和契机，既继承前人又突破陈规，既借鉴世界经验又不照搬别国模式，总是从中国的现实和当代世界发展的特点出发去总结新经验，创造新办法。他尊重群众，时刻关注最广大人民的利益和愿望，总是把是否有利于发展社会主义社会的生产力、是否有利于增强社会主义国家的综合国力、是否有利于提高人民的生活水平作为制定路线、方针、政策的出发点和归宿。他目光远大，胸襟开阔，总是从大局着眼来观察和处理各种重大问题。他举重若轻，崇尚实干，行动果断，他以非凡的理论勇气、经验和智慧，从根本上改变了中国的社会面貌，改变了世界的格局，对20世纪中国和世界的发展产生了不可磨灭的巨大影响。通过对邓小平同志的沉痛哀悼和深切怀念，高校师生的世界观、人生观和价值观受到了巨大的震撼和洗礼。

（七）香港回归和“一国两制”科学构想与高校师生的新思考

香港回归和“一国两制”的科学构想极大地激发了高校师生的爱国热情。1997年7月1日，中国政府对香港恢复了行使主权，百年屈辱得以洗雪，神州儿女无不欢欣鼓舞。香港的回归，标志着中国向统一迈出了一大步，标志着中国国际地位的空前提高，标志着在未来的时日里中国将对全人类做出更大贡献。当时，高校师生深切地感受到，一百多年过去了，今天的中国已非昔日可比，政治独立自主，经济繁荣昌盛，国力强劲，民族和睦。中国从来没有如此的扬眉吐气，中国从来没有如此的充满自信心。香港的回归，始终是中国政府、中国人民希望得到圆满解决的问题。近代以来，西方列强强加给中国的种种不平等中最为突出的就是香港问题，香港成为中国近代史的象征，只有解决了香港问题，百余年来中国所遭受的屈辱才算是彻底洗雪。邓小平同志提出“一国两制”的伟大构想，使香港的回归终于成为现实。香港回到祖国母亲的怀抱，在那难忘的时刻，高校师生和全国人民一样，沉浸在巨大的欢乐之中，他们的爱国热情得到了极大的激发。

香港回归和“一国两制”的科学构想引起了高校师生的新思考。在进一步学习、研究邓小平“一国两制”伟大构想的有关理论中，高校师生思想活跃，提出的学术观点具有科学性和现实性。这主要是：“一国两制”科学构想是对马克思主义国家学说的新发展；“一国两制”科学构想是中国特色社会主义理论的重要组成部分；“一国两制”的提出极大地丰富了当代爱国主义的内容；“一国两制”科学构想对于解决澳门和台湾问题有着重大意义等。高校师生既探讨了“一国两制”的历史渊源和国际背景，也提出了一些新的理论问题，例如：香港顺利回归后，香港实行资本主义制度，内地实行社会主义制度，两种制度并存，这两种制度如何在共同的国际市场上求生存求发展？况且“一国两制”构想的内涵极为丰富，随着“一国两制”的实施，还有很多现实问题，例如，“一国两制”变成现实后，香港特别行政区实行资本主义，在香港如何消除殖民主义残余？如何强化中华人民共和国的主权观念？这些问题高校师生都进行了认真的思考和研究。

四　理智与务实期（1998—2008年）

这个时期在延续和保持上一时期相对平稳、健康的思想政治状态的基础上，高校师生在思想、政治、道德等方面的变化和特点更加明显，他们对政治的关注与参与更加理性，在价值取向上既能兼顾个人和社会、集体的利益，又更加注重个人利益的实现和自身的成长与发展，价值选择中功利化、个性化、务实化色彩更为明显，对关系到切身利益的问题更加敏感。

（一）抗洪精神深深地震撼着高校师生的精神世界

1998年入汛以后，长江流域和嫩江、松花江流域相继发生了百年不遇的特大洪灾。在以江泽民同志为核心的党中央正确领导下，军民携手，干群团结，顽强拼搏，战胜了长江流域8次洪峰和嫩江、松花江3次洪峰的袭击，取得了“98抗洪抢险”的伟大胜利。这不但有重大的政治、经济意义，而且给我们留下了“万众一心、众志成城，不怕困难、顽强拼搏，坚韧不拔、敢于胜利”的伟大抗洪精神。这次抗洪抢险斗争，把全党、全军、全国人民的心空前地凝聚在一起。洪魔撞击着大堤，也撞击着每个中华儿女的心。中华民族的传统美德在洪灾面前表现得淋漓尽致，爱国主义的伟大精神在亿万人身上得到充分的发扬，社会主义精神文明之花在抗洪前线四处绽放。伟大的抗洪精神，深深地震撼着高校师生的精神世界。在抗洪的前线，参加抗洪抢险干部群众有800多万人，人民解放军在抗洪中投入兵力是继抗美援朝以来最大的一次军事行动，是渡江战役后长江流域最大的一次兵力集结。再加上各部门、各地区直接服务抗洪抢险人员，足足上亿人，这不仅在中国历史上罕见，在世界抗洪史上也是闻所未闻。在这场抗洪斗争中从省委书记到支部书记，从省长到村长，从将军到士兵，各级干部，人民解放军和广大人民一起坚守在长江大堤上。在后方，从千里长堤到首都北京，从沿海城市到边疆民族地区，举国上下齐心协力。抗洪精神，对高校师生精神世界的震撼集中体现在："万众一心、众志成城"的团结协作精神成为营造校园凝聚力的着力点，"不怕困难、顽强拼搏"的英雄主义气概成为推动师生"三观"（人生观、价值观、世界观）教育的切入点，"坚韧不拔、敢于胜利"的坚强意志和必胜信念成为对师生"四爱"（爱党、爱人民、爱国、爱解放军）教育的最佳结合点。

（二）生活实践中的功利主义与"考研热"的悄然兴起

20世纪末以来，"考研热"在社会上悄然兴起。报名人数的连年攀升，"考研市场"的异常火爆，无不让人感受到这股热浪的冲击。据北京青年发展报告（2000—2001）中的调查数据显示：只有不足三成（28.5%）的大学生准备毕业后直接就业，43.8%的大学毕业生希望继续攻读硕士或博士学位。2001年全国报考研究生人数达46万人，2002年考研人数再创新高，达62.4万人，比上年增长35.7%。可以说，"考研热"已成为当时我国社会生活中引人注目的社会现象，其中也包含考研、读研过程中出现的一些负面现象，比如：大学里多了时髦和浮躁、少了深沉与宁静，多了顺从和阒然、少了独立与批判。这些负面现象的出现，从一定意义上可以说，是过分的功利主义导致理想旁落、迷失自我的结果。一些学生对知识持实用主义态度，对基础科学避之不及，更缺少"坐冷板凳""十年磨一剑"的精神，学习目的日益功利化、短期化。一些学生专业思想淡漠，择业讲求实惠。既然考研是"热门"，又可以提高身价，便选择考研，带有很大的盲目性和从众成分。一些研究生入学后不再专注于学业，他们有的热衷于参加各种社会活动，有的忙于考证，有的甚至大部分时间都在校外打工，对于他们千辛万苦得到的学习机会并不珍惜，结果形成研究风气淡薄，思考能力下降等不良现象。

（三）加入WTO给高校师生思想政治素质的修养提出了新的机遇和挑战

中国加入世界贸易组织，不仅给我国经济工作带来机遇和挑战，而且给高校德育工作和高校师生思想政治素质的修养带来新的考验。2001年12月10日，中国正式成为世界贸易组织的成员国，中国人15年的努力终于画上了一个圆满的句号。中国加入世界贸易组织，总的来讲肯定是利大于弊。加入WTO，震撼着整个中国教育，其有利影响和机遇主要是：大幅改善教育投入的经济环境、推动教育体制改革的深化、促进教育观念发生质的飞跃。同时，存在的不利影响和挑战主要是：教师资源的压力放大、德育将上升到更为突出的位置、教育“边缘”产业备受挑战。此外，中国教育还经受着喜忧参半的系列冲击：人才素质要求更高、教育功能结构重组、教育范式转型等。就入世给高校德育工作和高校师生思想政治素质的修养带来新的考验来看，在国际上，西方势力利用它们处于优势的有利条件，竭力对我国实施“西化”“分化”的图谋，它们企图通过经济活动、贸易往来、投资以及互联网，向社会主义国家渗透其价值观。在国内，随着改革的深化，特别是加入WTO后，社会经济成分、组织形式、物质利益、就业方式等日益多样化，在观念形态上也出现了诸如“自然论”“软硬论”“代价论”“彻底反传统论”“全盘西化论”等论调。这些资产阶级的个人主义、拜金主义和享乐主义的腐朽思想，影响着部分师生的思维导向，使一些人的生活方式、消费观念、价值观念发生严重倾斜，私欲、物欲极度膨胀，容易失去崇高的理想和信念。

（四）非典等重大公共突发事件考验着高校师生的思想道德素质

2003年4月，“SARS”在中国内地爆发。在抗击“SARS”的战役中，胡锦涛总书记号召全国人民要大力弘扬“万众一心、众志成城、团结互助、和衷共济、迎难而上、敢于胜利”的抗“SARS”精神，充分运用科学技术力量，驱散疫病的阴霾。这种抗非典精神，体现了奋发向上的民族之魂，它既是井冈山精神、长征精神、延安精神、西柏坡精神、大庆精神、两弹一星精神、98抗洪精神等中华民族精神的集中体现，更是新形势下英雄主义、人道主义、民主意识和科学精神的具体体现。

“SARS”危机使大学生的思想、意识、心理和行为都经受了重大考验。在对抗“SARS”的行动中，大学生在遭遇突发性公共卫生事件中的思想、心理、行为表现，备受社会关注。抗“SARS”斗争使大学生亲身感受了民族精神的深刻内涵和巨大力量，使他们目睹了民族精神的典范，为其弘扬民族精神提供了现实的榜样，也为其培育民族精神提供了良好契机。大学生在抗“SARS”斗争中的良好表现，更是培育和弘扬民族精神的具体实践。面对突如其来的非典的袭击，广大学生表现出了高度的政治觉悟和社会责任感，他们与全国人民一道，临危不惧、挺身而出，表现出了通情达理、顾全大局、团结互助、关爱他人、自强不息、迎难而上的良好精神风貌，反映了莘莘学子与祖国共命运、与人民同呼吸的高尚情怀，展现了与党和政府同心同德、同舟共济、共渡难关的精神面貌。他们用自己的信念、勇气和毅力，顶住了层层压力和风险，筑起了一道保护师生健康和安全的防护网，并以极大的热情与爱心回报了党和政府以及社会各界的关爱和保护。

（五）市场经济的一些负面因素严重影响着青年教师的价值观

青年教师是高等教育事业的生力军。青年教师是高校教师中最有活力、最富有创新精神的群体，他们不仅承担着学校大量的思想政治教育、教学和科研工作，而且肩负着党和人民的希望，担负着振兴中华民族的历史重任，是高校发展的后备力量，是未来高等教育事业发展的动力源泉，他们的价值观如何，不仅直接关系到他们自身的发展，而且关系到学校的办学方向和大学生的健康成长。

市场经济的一些负面因素严重地影响着青年教师的价值观。发展社会主义市场经济，有利于增强人们的自立意识、竞争意识、效率意识、民主法制意识和开拓创新精神。社会主义市场经济把社会主义原则与市场经济的固有特点结合起来，对高校师生思想观念的变化产生了巨大而深刻的影响。在世纪之交，我国还处于由计划经济向市场经济转轨的时期，由于市场发育不全，政策和法律有疏漏，市场经济的一些负面因素严重地影响着青年教师的价值观。西南师范大学研究生胡席玉在其题为《当代高校青年教师价值观教育研究》的学位论文中分析认为，这些影响主要表现在以下几个方面：第一，市场经济改变了青年教师的价值观念。市场经济追求经济效益，注重物质利益。在市场经济条件下，个人利益被充分肯定和承认，不管他是从事物质财富的劳动还是从事精神财富的劳动，只要是通过诚实的劳动、通过合法渠道而取得的经济收益都是应该肯定的，其人生价值就是积极的。这从根本上改变了青年教师传统的价值观念，在增强其主体意识，调动其主观能动性的同时容易引起青年教师的追求目标、评判是非标准、价值观念的变化，极有可能导致青年教师个人主义、功利主义、实用主义等价值观的产生。第二，市场经济多元化的价值观造成了积极的与消极的、正确的与错误的价值观并存的局面，容易导致青年教师产生错误的价值观。第三，市场经济改变了青年教师已有的人际关系。从某种角度讲，市场经济中冷酷无情的竞争把友情、正义等都抛进了冷冰冰的利害关系中，人与人之间的正常关系在功利魔掌的驱使下变得紧张和互不信任，失去了温暖的友情和团结的生机，异化成了猜疑、冷漠和嫉妒，影响着青年教师的价值观。①

（六）网络介入后的视野拓展与另外一种自我封闭

网络快速的介入人们的社会生活。1999 年，网络无情而凶猛的侵入人们的现实生活；2000 年，中国人的生活网络化全面开始；2004 年，博客走进并影响着我们的生活；2005 年，芙蓉姐姐在网络的飞速走红，使人们不能不惊叹网络的力量，随着 PS 软件和视频手段的普及，网络恶搞的“群众运动”掀起了新高潮。

便捷的信息渠道与网络“病症”的出现。随着高校校园网建设的飞速发展，高校师生在家里、宿舍、教室、机房随时都可以上网，互联网成为他们获取各种信息的重要渠道。相关调查表明，大多数学生上网的目的是娱乐和聊天，用来查资料、了解交流信息的还不到 40%。由于高校学生多数都住在学校，学生的管理又是以自我管理为主，因而，对于自我约束力较差的大学生来说，上网也存在许多不容忽视的问题。具体表现为：沉迷上网玩游戏，这不仅浪费金钱，而且严重地荒废学业；网上的不健康信息，对于自制力差和辨别能力有限、人生观和价值观正在形成的学生来说，轻者影响他们的心智，重者可能导致犯罪，危害社会；陶醉在虚拟的网络空间中，逃避现实，缺乏社会沟通和人际交流，从而出现性格孤僻、心理障碍等症状；不文明语言泛滥，一些学生在语音聊天室高声谩骂，语言不堪入耳，有的以做黑客、制造网络病毒等对社会造成危害的行为为

① 胡席玉：《当代高校青年教师价值观教育研究》，硕士学位论文，西南师范大学，2003 年。

荣，缺乏应有的道德自律和法律约束；迷恋网络但网络知识却欠缺，相关调查表明，仅有20%—30%的学生知道如何上网查找资料，其余学生或“一知半解”或“不知道”。

网络的介入，使大学生们的视野得到了极大的拓展，但同时又使一些学生在敞开心扉的幌子下进入另外一种自我封闭。虽然网络时代的一个突出特点是“OPEN”（开放）、“SHARE”（共享），但有些学生在接受网络的同时，却走向了另外一个错误的极端。在网上的开放、共享，却形成了对现实的不满，而在现实生活中又陷入自我封闭。其实，对网上的事情他们却没有确定的把握，于是成了“漂浮于网络与现实之间的游魂”。这些人在网络漂浮的过程中，逐渐形成了一个特殊的群体，他们在网上游刃有余，纵横天下，而且“盲目优越”，但在现实生活中由于缺乏文化底蕴和实际经验却显得不知所措、举步维艰。

（七）务实的人生态度与理想信念在现实中的徘徊

2006年前后，大学生的理想、信念处于一种“实惠”的包围中。不少学生更关注个人的发展，追求实际的心态比较明显，对国家和社会的责任意识有所淡漠，理想主义人生观基本为大学生所冷淡，价值观处于追求实际、立足现实的态势上。对事物的认识、对价值的选择比较实际，个性化的人生观仍占一大部分，这跟社会上的功利化和实用化倾向密切相关。学生中有相当一部分人思想空虚、精神虚无，性格偏激、脆弱，思想呈病态发展，同时，部分学生受社会不良风气影响，道德品质和公德意识弱化，有的出现沦丧趋势。校园内出现了吃喝族、恋爱族、舞迷、牌迷和电脑游戏迷等人群。“崇洋”心理在近年来极度泛滥的“出国热”中表现得淋漓尽致。一方面当代大学生极力否认自己“崇洋媚外”，可另一方面他们对外来的情人节、圣诞节、母亲节等事物又表现出极大的“热情”。一些学生由于就业压力等各种原因，对专业课和实用技能有着较高的学习热情，但对思想政治理论课、对现实政治动态和民主政治建设状况却普遍缺乏兴趣，政治情感淡漠，政治认识比较模糊，政治行为投入不足。对此，不少教育界人士感到，大学生精神状况堪忧。

大学生上述思想问题的产生有着深刻的社会根源。首先，市场经济的负面消极影响。社会主义市场经济体制的确立和发展，极大地推动了我国经济发展和社会进步，市场经济对广大学生正确思想观念的树立有促进的一面，如市场经济的利益原则、竞争机制、等价交换原则，对于当代大学生培养自立、自强精神，强化竞争拼搏意识，树立求真务实精神，以及敢于维护正当利益的行为都有着积极的作用。但不应讳言的是，市场经济自身的盲目性、自发性特点和利益原则、等价交换原则的消极方面，直接或间接地影响到大学生的人生价值取向。其次，社会不良思潮的渗透侵蚀。随着经济改革和对外开放的进一步深入，在商品大潮和各种思潮的冲击下，人们的思想价值观发生了巨大的变化；加之西方敌对势力一直未放弃对我国意识形态的渗透，部分大学生在纷繁复杂的各种思潮和信息传媒的影响下，迷失了自我，以致在人生价值观取向上出现了问题。再次，不正之风和腐败现象的影响。当前社会上存在的严重的不正之风和消极腐败现象也给当代大学生树立正确的人生价值观带来不良影响。一些大学生在理想信念上产生困惑和动摇，有的厌恶政治、玩世不恭，有的则强化了当官发财的思想意识。最后，大学生思想政治教育机制的不健全。随着社会主义市场经济体制的逐步建立，长期以来形成的一整套高校思想政治工作体系已不能适应新形势发展的需要，而适应新时代的科学的高校思想政治工作体系目前尚未完全建立起来，许多学校教育投入不足，文化娱乐手段落后，学校周边的影视厅、歌舞厅、网吧等社会低俗文化使许多学生深陷其中。

（八）弱势群体学生数量的增加与大学里社会角色的不能胜任

弱势群体学生数量的增加。“弱势群体”是一个相对的概念，是同强势群体或者正常群体相比较而言的。高校学生弱势群体是指由于先天或者后天原因，在高等教育教学和生活中处于相对不利或劣势境况的群体。随着社会主义市场经济的发展，多元化思潮的撞击，大学生的世界观、人生观和价值观随之改变，弱势群体学生的种类和数量随之增加。淮海工学院王改红、刘勇认为：主要有以下几类群体：思想迷茫者、经济困难者、心理脆弱者、学习吃力者和生理缺陷者。①

弱势群体学生不能胜任大学里的社会角色。弱势群体学生的现实表现主要是：政治思想方面——缺乏正确的世界观、价值观和人生观，政治觉悟不高，思想消极，没有回报意识和奉献精神，缺乏社会责任感，存在埋怨情绪，觉得社会不公平，没有人生目标，甚至把及时行乐作为人生幸福

---

① 王改红、刘勇：《浅谈高校学生弱势群体的现状、成因与教育对策》，《中国科教创新导刊》2007年第23期。

的标准，只关心眼前的利益和个人的事情，缺乏爱心。物质生活方面——经济拮据，省吃俭用，生活简朴，勤奋节约，买不起高档衣服，用不上高级文具，缺少课外书籍，更谈不上品牌手机和名牌电脑。学习实践方面——学习目标不明确，学习方法不当，文化基础差，不够用功，经常逃课，成绩低下，甚至受到学籍处理而延长学制，不能正常毕业或者到了退学边沿，学业压力很大，没有充足时间，也无心参加一些集体活动和社会实践活动，与人交流少，工作锻炼少，综合能力较低。心理生理方面——心理有问题或生理有缺陷的群体的共同特征是：性格内向，自私敏感，自卑孤僻，闭锁偏激，沮丧抑郁，失望脆弱，缺乏自信，有宿命感和无助感，依赖感强，意志薄弱，经不起困难、挫折的考验，恐惧外界，强烈排外，严重时会导致心理扭曲。行为举止方面——自制力不强，自理能力差，迟到早退，经常逃课，考试作弊，生活懒惰，举止不文明，有的特困生借贷不还，不讲诚信，有的打架斗殴，酗酒闹事，偷盗抢劫，违反校规校纪，甚至触犯法律。弱势群体学生的这些现实表现，使得他们不能胜任大学里的社会角色。

（九）大学生思想政治教育的新阶段

2004 年 8 月，中央颁布了《中共中央国务院关于进一步加强和改进大学生思想政治教育的意见》（中发［2004］16 号），这标志着我国高校思想政治教育工作进入到一个新的阶段。2005 年 1 月，中央召开了全国加强和改进大学生思想政治教育工作会议，胡锦涛总书记发表了重要讲话。随后，中宣部、教育部、共青团中央等部门先后颁布了 17 个配套文件，采取积极有效措施落实中央 16 号文件和胡锦涛总书记的重要讲话。一是加强和改进思想政治理论课课程体系和教学改革，把原来的 7 门政治理论课改为“4+1”（简称“05 方案”）。二是实施马克思主义理论研究和建设工程（简称“马工程”），设立马克思主义理论一级学科，重新编写教材、培训教师。三是坚持立德树人，把解决学生的思想问题和实际问题结合起来。如：设立国家奖学金、励志奖学金、国家助学金，关注学生经济困难、心理健康和就业问题；实施大学生成才成长计划和青年马克思主义者培养工程。四是加强辅导员班主任队伍建设，颁布了《关于加强辅导员班主任队伍建设的意见》和《普通高等学校辅导员队伍建设规定》，并于 2006 年 4 月在上海召开了首届全国辅导员队伍建设工作会议；在全国设立了 21 个高校辅导员培训和研修基地，从 2006 年起，每年招收

1000 名辅导员攻读硕士学位、100 名辅导员攻读博士学位。教育部思政司专门组织开展了辅导员骨干培训和国外研修，各省、市（区）也普遍开展了辅导员骨干培训。

中央 16 号文件颁布以来，大学生思想政治教育工作焕发出勃勃生机和新的活力。据近五年西安地区高校学生思想政治状况调查显示，学生对坚持党的领导和中国特色社会主义道路的认同度、对党和国家方针政策的支持度、对国家经济建设和社会发展的满意度，呈逐年上升的趋势，对国家和各地、各高校加强和改进大学生思想政治教育所采取的一系列措施也持肯定和赞扬的态度。大学生思想状况进入了理性务实的发展阶段。

第二节　改革开放以来高校师生思想变化的基本规律

从改革开放以来高校师生思想变化的一般轨迹就可看出，高校师生真、善、美美好人格的建构和追求、坚定的社会主义信念的养成和教育、为中华民族的伟大复兴而努力的进取精神、对科学人生观的认同与实践，既依赖于中国社会改革开放和社会主义市场经济建设的发展历程，又以马克思主义的基本理论为指导思想，呈现着规律性的发展和变化。

一　共产主义的理想信念直接决定着高校师生真、善、美美好人格的建构和追求

高校师生真、善、美美好人格建构和追求的现状，充分印证了共产主义理想信念的直接决定作用，而坚定的共产主义理想信念，则来源于对科学真理的执着追求，根源于对社会发展规律的深刻理解和把握。

（一）科学的理想信念是灵魂、是动力、是方向

共产主义理想信念是科学的理想信念。共产主义理想是马克思、恩格斯在深刻地研究了资本主义社会的现实矛盾和人类的整个文明史，根据客观社会历史规律提供的可能性和无产阶级及进步人类的利益和愿望得出的科学结论，是合乎社会发展的客观趋势并符合无产阶级和全人类的利益的科学思想。理想的确立是信念形成的基础，信念是对理想的支持，没有信念，理想就可能发生动摇。共产主义信念是以共产主义理想为基础的，是支持共产主义理想的。

科学的理想信念是灵魂、是动力、是方向。共产主义作为一种社会理

想，是人类最崇高的理想，是我们的奋斗目标和崇高事业，它为我们提供了强大的精神支柱和精神动力，同时给我们指明了前进的目标和发展的方向。一个人如果确立了崇高的人生信念，就能焕发出坚定的意志和坚韧不拔的毅力。就能具有无穷的力量和钢铁般的意志。邓小平同志在总结中国革命的历史经验时说："对马克思主义的信仰，是中国革命胜利的一种精神动力"，[①]"为什么我们过去能在非常困难的情况下奋斗出来，战胜千难万险使革命胜利呢？就是因为我们有理想，有马克思主义信念，有共产主义信念"。[②] 江泽民同志指出："一个民族、一个国家，如果没有自己的精神支柱，就等于没有灵魂，就会失去凝聚力和生命力。"[③] 如果没有共产主义理想信念，我们的各项工作将失去灵魂、失去前进方向和动力。

（二）高校师生真、善、美美好人格的建构和追求

高校师生人格的内涵。人格是指人的性格、气质、能力等特征的总和，它是遗传和环境因素共同作用的结果。高校师生的人格是师生在一定的生理基础上，通过教学科研等社会实践活动而形成和发展起来的性格、气质、道德、思想、灵魂、行为、态度及社会责任等因素的统一体。

高校师生建构和追求的真、善、美美好人格就是马克思的和谐人格。马克思的和谐人格就是全面发展的人，就是指人成为全面关系的占有者，成为全面需要和全面创造力的主体，是人的本真的存在状态。"和谐人格"指的是人在生理、心理、伦理、法律、经济、文化等多方面一系列素质与品质处于协调、平衡与统一状态，它是指将人、自然、社会相互协调的整体利益作为目的的一种人格行为。马克思的和谐人格思想体现出社会发展规律性与目的性的统一。马克思认为：和谐人格既是社会的产物，也是个人自觉追求、努力实现人的潜能的结果。在马克思的思想中，对社会规律的研究和对人的价值追求的关注是同时并存的，研究社会规律是服务于实现人的价值总目标的，和谐人格思想是建立在社会发展规律的基础之上的。和谐人格的思想体现出马克思主义的价值向度，和谐人格是社会发展的终极价值追求，充分体现人创造历史的主动性。

高校师生建构和追求的真、善、美美好人格就是健康人格。健康人格

① 邓小平：《邓小平文选》第3卷，人民出版社1993年版，第63页。

② 同上书，第110页。

③ 江泽民：《在全国抗洪抢险总结表彰大会上的讲话》（1998年9月28日），《十五大以来重要文献选编》（上），人民出版社2000年版，第549页。

即指人格和谐、全面、健康的发展。健康状态的人格，是与社会环境相适应的，它是为其他社会成员所接受而又充分展现主体个性特征的人格模式。健康人格是个人在其生活经历中以其生活方式和生活风格逐渐建立起来的一种自我意识，是人的世界观、心理素质、道德修养等因素的综合体现和重要标志，也是人能够准确地把握自己、寻找适合自己发展的社会位置以及获得他人尊重和好感的基础。具有健康人格的人，其最显著的特点是：他们能够有意识地控制自己的生活，掌握自己的命运，他们正视自己，正视过去，面对现实，注重未来，渴望迎接生活的挑战，在实践中充分发挥自己的潜能并实现自己的价值。

高校师生真、善、美美好人格素质和整体素质是辩证的统一。人格素质是整体素质的重要基础和组成部分，而人格素质的发展和提高对整体素质的发展和提高具有重要的促进作用。人的整体素质包括：思想政治素质、知识文化素质、心理素质、思维素质、人格素质等内在因素，基本风貌与静态礼仪、待人接物与动态礼仪等外在因素，实际能力、学历学位、职务职称、经济实力和政治面貌等综合因素。没有健康的人格作基础，就没有高素质的高校教师，也就培养不出高素质的大学生。

（三）高校师生真、善、美美好人格的建构和追求是由共产主义理想信念直接决定的

高校师生真、善、美美好人格建构和追求的现状，充分印证了共产主义理想信念的直接决定作用。就高校师生的总体而言，他们思想——真，情感——善，品德——美，他们理想信念的主流是积极、健康、向上的，他们热爱党、热爱祖国、热爱社会主义，对祖国的前途十分关心，认识到个人命运与国家的发展是紧密相连的。具体表现在：师生们普遍具有较高的政治参与意识和政治责任感；对中国特色的社会主义道路持有相当大的信心，对国家发展也持肯定态度；党团组织在师生中仍具有相当大的影响力。

高校师生坚定的共产主义理想信念，来源于对科学真理的执着追求，根源于对社会发展规律的深刻理解和把握。共产主义理想信念不仅是人类理想信念的一种，而且是迄今为止人类历史上最伟大、最富有活力和最具有广阔前景的理想信念，它适应无产阶级和人类解放的需要而产生，并越来越成为全世界无产阶级和人类进步的精神支柱。高校师生真、善、美美好人格的建构和追求，由坚定的共产主义理想信念直接决定，而坚定的共

产主义理想信念，则来自于理论上的清醒。高校师生能够认真地学习马列主义、毛泽东思想、邓小平理论，学习“三个代表”重要思想，能够用辩证唯物主义和历史唯物主义的立场、观点和方法分析问题、解决问题，能够从基本理论上划清是非界限，认清什么是真理，什么是谬误，什么是先进，什么是落后，什么是科学，什么是迷信，什么是文明，什么是愚昧，能够自觉地抵制各种非马克思主义思想的影响，对各种歪理邪说保持足够的警惕。可见，高校师生坚定的共产主义理想信念，是真正建立在对科学理论的正确理解和全面把握的基础之上的，是建立在对各种重大社会现象的透彻分析的基础之上的，是建立在对历史发展规律必然性深刻认识的基础之上的。

二　高校师生坚定的社会主义理想信念的养成和教育是以马克思主义关于社会发展的规律理论为支撑的

坚定的社会主义理想信念是高校师生的强大精神力量，而这种理想信念的养成和教育是以马克思主义关于人类社会发展的基本规律理论为支撑的，以对人类社会发展规律的深化和发展的“三个代表”重要思想为支撑的，以对加强执政党先进性建设、坚持科学发展观和构建社会主义和谐社会的“三大理论”与共产党执政、社会主义建设、人类社会发展的“三个规律”为支撑的。

（一）社会主义理想信念对高校师生具有重大作用

理想信念具有重要的作用。理想信念的作用主要在于：凝聚作用，共同的理想信念能够引导人们团结起来，为共同的目标而奋斗，正如邓小平同志所说：“最重要的是人的团结，要团结就要有共同的理想和坚定的信念。”① 激励作用，理想信念能够激发人们的动机，诱发人们的行为，使其发挥内在的智慧、潜力和创造力，为实现所追求的目标而努力奋斗。规范和约束作用，理想信念是凭着人的自我暗示，在潜意识中支配人的需要和动机，引导和控制人的行为的，理想信念能够规范和约束人们的思想、情感和行为，从而使他们自觉地超越自我，实现目标。社会主义的共同理想信念是高校师生的强大精神力量。共同的理想就是社会大多数人共同的价值追求、价值取向和价值目标。共同的信念就是对这些共同的价值追

① 邓小平：《邓小平文选》第3卷，人民出版社1993年版，第190页。

求、价值取向和价值目标的尊崇、信服和努力身体力行的行为指南和精神状态。共同的理想信念，是一个国家和民族奋勇前进的精神动力。对每个人来说，有了对未来美好生活和个人发展的预期目标和信服，才有努力追求的精神状态。对一个国家、一个民族来说，有了共同的理想信念，才能使社会大多数人为了国家富强和民族振兴的共同目标而同心同德、奋发图强。中国特色社会主义共同理想，就是实现社会主义现代化，把我国建设成为经济富强、政治民主、精神文明、社会和谐的社会主义现代化国家。这对高校师生来说，自然有着更为强大的感召力、亲和力和凝聚力。

（二）高校师生坚定的社会主义理想信念的养成和教育

高校师生坚定的社会主义理想信念的养成，涉及众多因素。对中国特色社会主义共同理想的认同，作为在中国特色社会主义政治生活过程中产生的一种情感和认知上的归属感，是通过一系列有关中国特色社会主义共同理想的价值判断和价值取向来实现的。对中国特色社会主义的前途命运的信心，是中国特色社会主义共同理想认同的基础，只有在有信心的基础上，才有把这一理想确立为追求目标的可能。中国共产党是中国特色社会主义事业的领导核心，对中国共产党执政及政府官员行政的满意程度和看法，是对党和政府认同的重要方面，也直接关系到高校师生参与政治、关心政治的热情和积极性。对西方思潮、西方民主、西方自由等价值观念传播的态度也是反映高校师生对中国特色社会主义共同理想认同的重要衡量尺度。

高校师生坚定的社会主义理想信念的教育。高校师生承担着人才培养和社会主义和谐社会建设的重任，共同的理想认同是维系高校师生团结合作的政治心理纽带，可见，加强高校师生对中国特色社会主义共同理想的认同意义重大。理想的认同，不是与生俱来的，也不能流于自发，高校师生对中国特色社会主义共同理想的认同，更要依赖于理想信念的教育。这种教育，不仅在于从进行中国特色社会主义理想认同教育的意义和途径入手，更要从心理和规律认同的路径着力。从高校师生对中国特色社会主义共同理想认同的心理过程来看，中国特色社会主义共同理想认同是在一定外界环境的影响下师生主体内在的知、情、信、意、行诸要素辩证运动、均衡发展的过程。在这个过程中，“知”是基础，“情”是酶素，“信”是关键，“意”是标尺，“行”是目的。“知”和“行”的统一至关重要。认同中国特色社会主义共同理想的行为，是在认识、情感、信念、意志的支配和调节下，在实践活动中履行共同理想的规范和原则的实际行动。高校师生对中国特色社会主义共同理想的认同，还受外部社会环境的影响。外部社会环境的影响是通过师生主体对客体因素的筛选、消化、吸收、应用，在于主体与客观因素之间的平衡与协调。在中国特色社会主义共同理想认同的过程中，主体与客观因素的相互协调、平衡要在社会实践的基础上，使主体获得相应的认识，再经过情感、信念、意志的催化达到真正的认同并进而转化到实际行动之中。从价值认同的规律及路径来看，高校师生要有强烈的社会主义核心价值观的辩护意识和辩护策略，注重建设意识形态的内在逻辑深度和连续性，注重隐性的技术策略，避免以往“实化形式，虚化内容”的状态。

（三）理想信念的养成和教育以马克思主义关于社会发展的规律理论为支撑

以人类社会发展的基本规律理论为支撑。人类社会发展的基本规律是：生产关系一定要适应生产力发展的状况，上层建筑一定要适应经济基础发展的状况。这两大规律，是社会基本矛盾即生产力和生产关系的矛盾、经济基础和上层建筑的矛盾运动的客观根源和必然结果。人类社会从原始社会、奴隶社会、封建社会、资本主义社会并经过社会主义到共产主义社会的发展过程，都是两大社会基本矛盾和两大基本规律作用的结果。这是不以人的主观意志为转移的客观必然。生产力是这两大基本矛盾和两大基本规律中最活跃、最革命、最具决定作用的因素。社会主义制度的优越性不在于没有矛盾，而在于生产力和生产关系的矛盾、经济基础和上层建筑的矛盾能够自我解决，在于生产关系在根本上适应生产力发展状况的基础上出现的一些不适合的方面，上层建筑在根本上适应经济基础发展状况的基础上出现的一些不适合的方面能够通过改革自我克服、自我完善。无产阶级及其政党，是当代社会先进生产力的代表者和推动者。高校师生坚定的社会主义理想信念的养成和教育，正是基于他们对马克思主义关于先进生产力理论和社会基本矛盾理论的深刻理解和投身于改革开放的自觉实践。

以对人类社会发展规律的深化和发展的“三个代表”思想为支撑。人类社会的发展规律虽然具有稳定性的特点，但社会在不同的历史时期又有不同的具体内容，理论就必须不断丰富和发展人们对原先规律性的认识或揭示新的规律。“三个代表”重要思想就是对人类社会发展规律在新的实践发展中表现出的新认识，是从治党治国的高度认识和发展了人类社会发展规律。“三个代表”重要思想集中体现了马克思主义关于人类社会发展规律的最核心的理论，具体来说就是：第一，“代表中国先进生产力的发展要求”，体现了马克思主义关于社会物质生产力是社会发展的最终根源和决定力量的原理，其实质是肯定了生产力的根本地位和遵循生产力发展的客观规律；第二，“代表中国先进文化的前进方向”，体现了马克思主义关于精神生产与物质生产相适应，两者相互联系、相互作用的原理，其实质是要求肯定精神文化的作用和遵循文化发展的客观规律；第三，“代表中国最广大人民的根本利益”，体现了马克思主义关于人民群众是社会生产力的主体和历史创造者的原理，其实质是充分肯定人民群众的历史主体地位和作用。高校师生坚定的社会主义理想信念的养成和教育，正是基于他们对“三个代表”思想的深刻理解。教学科研及多种渠道的学习研究，使他们深刻地认识到：“三个代表”重要思想，进一步回答了什么是社会主义、怎样建设社会主义的问题，创造性地回答了建设什么样的党、怎样建设党的问题，从而准确反映了中国社会主义现代化建设新阶段的客观需要。因此，“三个代表”重要思想是我们党的立党之本、执政之基、力量之源，是社会主义事业兴旺发达的根本保证。

以三个规律和三大理论为支撑。以胡锦涛为总书记的新一代党中央领导集体从全面建设小康社会、开创中国社会主义事业新局面的全局出发，提出并形成了加强执政党先进性建设、坚持科学发展观和构建社会主义和谐社会的“三大理论”。三大理论与共产党执政、社会主义建设、人类社会发展的“三个规律”一一呼应。先进性建设是深入认识政党执政规律的重大举措——党的先进性是无产阶级政党区别于其他政党的显著标志，党的先进性建设反映了共产党执政规律的内在要求，提出了执政党生存发展的根本性问题，而党的执政能力，归根到底是对执政党先进性的具体要求。科学发展观是认识社会主义建设规律的理论升华——科学发展观，提升了对发展的新认识，形成了发展的理论创新成果，它坚持以人为本，强调了人在社会进步中的决定作用，把全面发展观、协调发展观、可持续发展观有机统一，涵盖了经济社会发展、政治文化发展、人的发展、自然发展、人和自然和谐发展等多重关系，构成了一个崭新的综合发展理念。这一发展内涵深刻地揭示了社会主义建设发展的规律，也为全面建设小康社会、构建和谐社会指明了方向。构建社会主义和谐社会——表明党对人类社会发展规律的认识进入了一个新的境界，它从内涵、社会发展目标、社会建设等方面深化了对人类社会发展规律的认识。高校师生坚定的社会主义理想信念的养成和教育，正是基于他们对三个规律和三大理论的深刻理解。

三 高校师生为中华民族的伟大复兴而努力的进取精神是以唯物史观的社会动力论为基础的

中华民族的伟大复兴离不开高校师生为之努力的积极的进取精神，而这种精神的培育和释放，是以唯物史观的先进生产力理论、先进文化理论、群众史观理论等社会动力论为基础的。

（一）中华民族的伟大复兴

中华民族伟大复兴的历史传统。中华民族有着极其悠久的历史和丰富多彩的文化，是世界上的四大“文明古国”之一，它曾经雄居世界政治、经济、文化中心两千多年之久，为世界文明的进步和人类的发展做出了不可磨灭的贡献。在中国的历史朝代中，汉有“文景之治”、唐有“贞观之治”、清有“康乾盛世”，其国运民生为当时世界所羡慕。到了近代，它很快大大落后于从近代工业革命中迅速崛起的西方各国。自1840年鸦片战争，帝国主义列强用它们的坚船利炮一次次轰开中国的大门，中国逐渐沦为半殖民地、半封建社会，中华民族陷入遭受欺凌、备受屈辱的悲惨境地。救亡图存，实现民族复兴，成为中华民族志士仁人苦苦追求的目标。江泽民同志在中华人民共和国成立50周年时讲到了两个一百年。从19世纪中叶以来的第一个一百年间，中国人民的一切奋斗，都是为了实现国家的独立和人民的解放，彻底结束民族屈辱的历史。历史选择了中国共产党，共产党带领全国人民完成了近代中国第一步的历史任务，用人民群众的朴素语言来说，这叫作“中国人民站起来了”。然而，站起来了的中国人民必须继续前进，实现国家的繁荣富强和人民的共同富裕，实现中华民族的伟大复兴，也就是从新中国的成立开始，再用一百年的时间，到新世纪中叶，基本实现富强、民主、文明的社会主义现代化国家。现在我们党已经领导全国人民奋斗60多年，进入全面建设小康社会，中国特色社会主义现代化建设也正蓬勃发展，焕发出勃勃生机。

中华民族伟大复兴的当代特征。（1）中国共产党是领导中华民族伟大复兴的核心力量。80多年来，为着民族解放、社会进步和人民幸福，中国共产党英勇奋斗，为中华民族的伟大复兴谱写出一曲又一曲凯歌。实现中华民族的伟大复兴，是一个很有感召力的口号，也是一个内涵丰富的目标。在中国共产党的领导下，我们正在朝着这个目标奋勇前进。(2) 中国特色社会主义伟大旗帜是中华民族伟大复兴的根本保证。中国近现代历史证明，坚持中国特色社会主义道路和中国特色社会主义理论体系，是历史的选择、人民的选择，是实现民族复兴、国家富强、人民幸福、社会和谐的根本保证。(3) 改革开放是实现中华民族伟大复兴的必由之路。改革开放是决定当代中国命运的关键抉择，是发展中国特色社会主义、实现中华民族伟大复兴的必由之路。只有社会主义才能救中国，只有改革开放才能发展中国、发展社会主义、发展马克思主义。(4) 民族精神是实现中华民族伟大复兴的强大精神动力。要实现中华民族的伟大复兴，必须弘扬和培育以爱国主义为核心的团结统一、爱好和平、勤劳勇敢、自强不息的民族精神，同时，弘扬和培育民族精神还必须吸取中外优秀文化成果。(5) 民族凝聚力是实现中华民族伟大复兴的根本途径。增强中华民族凝聚力是完成全面建设小康社会各项任务，达到全面建设小康社会的伟大目标，实现中华民族伟大复兴的根本途径。凸显中华民族凝聚力的特征，强化中华民族凝聚力的功能，促进中华民族凝聚力各要素的成熟，优化中华民族凝聚力的结构，对于全面建设小康社会、实现中华民族的伟大复兴具有重要的作用。

(二) 高校师生为中华民族伟大复兴而努力的进取精神

中华民族的伟大复兴需要高校师生具有积极的进取精神。进取精神就是努力向上的精神。进取精神的核心是开拓创新，包括创造新的、更大的价值，创造新的、更先进的观念，创造新的、更丰富的现实，创造新的、更合理的方法等。进取精神是人进步的世界观、人生观、价值观、理想以及较高的文化素养、知识水平和创造能力等在事业上的集中体现。进取精神体现了人的历史主动性，对人类社会发展起推动作用。人类肩负着改造自然和改造社会的双重任务。在改造自然活动中，人类总是不断总结经验，有所发现，有所发明，有所创造，有所前进，进取精神推动着人类不断从必然王国走向自由王国。在改造社会的活动中，尽管社会的运动和发展是一个自然历史过程，它与自然规律一样，遵循着不以人的主观意志为转移的客观规律。但是这些规律并不排除人的活动，而恰恰是通过人的有意识的活动来实现的。中华民族的伟大复兴，是一个合乎客观规律的自然历史过程，自然也是通过中华民族的有意识的活动来实现的。高校师生作为知识群体，强烈的进取精神是其显著特点。他们所从事的教学科研活动，是社会总劳动中的特殊部分，知识生产和交流的突出特点是它的创造性，它要以提出新见解、新思想为目标。不断创新是科学劳动的生命，只有在取得科学成果的基础上进一步创造，才能有所作为，而科学劳动是一项艰苦的劳动，只有具备强烈的进取精神，才能促使高校师生克服重重困难，攻克科学的堡垒。在中华民族伟大复兴的光辉历程中，高校师生扮演的重要角色和承担的艰巨使命，需要高校师生具有积极的进取精神。

爱国主义和爱国主义教育是高校师生为中华民族伟大复兴而努力的进取精神的集中体现。爱国主义是自有国家以来所产生和发展起来的人们对自己祖国的一种极其深厚的感情。中华民族是富有爱国主义光荣传统的伟大民族。爱国主义是动员和鼓舞中国人民团结奋斗的一面旗帜，是全国各族人民共同的精神支柱，是民族精神的核心。爱国主义教育是全面建设小康社会、构建和谐社会的根本思想基础，是实现中华民族伟大复兴、推动我国社会历史前进的巨大而共同的精神力量。邓小平同志指出："必须发扬爱国主义精神，提高民族自尊心和民族自信心。否则我们就不可能建设社会主义，就会被种种资本主义势力所侵蚀腐化。"① 加强爱国主义教育，在当今中国具有极强的现实意义，将会推动全党全社会更加自觉地维护我们共同的思想基础。爱国主义教育紧紧抓住了我国社会主义意识形态建设的关键，适应了现阶段人民群众思想观念变化的新特点。爱国主义是高校师生为实现中华民族伟大复兴而努力的进取精神的集中体现，高校师生不仅要真正成为爱国主义教育的重要力量，而且还要走在爱国主义教育的前列。要加强对爱国主义教育丰富内容的研究，不断深化对这一教育的认识，切实提高教育的效果。

（三）高校师生的进取精神以唯物史观的社会动力论为基础

以先进生产力理论为基础。马克思和恩格斯认为，生产力和生产关系的矛盾是历史上一切矛盾冲突的根源，而历史上各种矛盾的发生，归根到底是要解决生产关系不适应生产力发展的矛盾。生产力和生产关系的相互作用，构成了它们的矛盾运动。生产力的发展引起生产关系的变革，生产关系的变革又为生产力的发展开辟道路，促进生产力向前发展。当生产力

① 邓小平：《邓小平文选》第2卷，人民出版社1994年版，第369页。

发展到一定程度，原来的生产关系与生产力的性质由基本适合变为基本不适合，当严重阻碍生产力的发展时，就要求变革旧的生产关系，建立新的生产关系。新的生产关系一旦产生并确立起来，又出现了生产关系与生产力在新的基础上的基本适合，开始了生产力和生产关系之间新的矛盾。生产力与生产关系之间这种由基本适合到基本不适合，再到新的基础上的基本适合，不断地推动人类社会向前发展。

列宁提出生产力的发展是社会进步的最高标准。他认为，社会发展的决定因素是生产力的革命性变革。新的社会制度要战胜旧制度，尤其是在经济文化比较落后的国家，要建成并巩固社会主义，首要任务就是迅速发展生产力。毛泽东在领导中国革命和建设的实践中，认识到发展生产力对尽快摆脱中国贫穷落后状况的极端重要性。为此，在我国生产力的发展方面从理论上提出了一些重要见解：将是否有利于发展生产力作为判断一个政党得失成败的根本标准，将发展生产力作为社会主义社会的头等任务，提出“不搞科学技术，生产力无法提高”。邓小平在总结我国社会主义建设正反两方面经验教训的基础上，实现了对生产力理论的突破和创新。他根据我国生产力发展水平的实际提出了社会主义初级阶段理论，认为生产力发展水平是划分社会主义社会发展阶段的重要依据；社会主义初级阶段的主要矛盾是人民日益增长的物质文化生活需要同落后的社会生产之间的矛盾，社会主义初级阶段的根本任务是发展生产力；把发展生产力与社会主义的本质结合起来，将解放和发展生产力与实现人民的共同富裕结合起来，指出解放和发展生产力的根本目的是消灭剥削、消除两极分化，最终实现人民的共同富裕；提出“科学技术是第一生产力”的著名论断；通过改革解决社会主义基本矛盾，只能在坚持社会主义根本制度的前提下进行，改革的实质是解放和发展生产力，提高人民的生活水平。[①] 江泽民面对新的形势，提出“三个代表”重要思想以及“科学技术是先进生产力的代表”的著名论断，把我们党对生产力的认识提高到一个新的水平。在“三个代表”重要思想中，把“代表先进生产力的发展要求”置于首要地位，明确表明“代表先进生产力的发展要求”是中国共产党保持自身先进性的首要条件。先进生产力是人类社会发展的最终决定力量和社会

---

① 冯杰文：《马克思主义社会发展动力理论的形成和发展》，硕士学位论文，宁夏大学，2005年。

进步的最高标准。所谓先进生产力是指那些现代科学技术和知识含量比较高的生产力。在现代社会中，先进生产力在经济和社会发展中居于重要地位并具有决定性的作用。把先进生产力同中国共产党的本质相联系，极大地增强了中国共产党发展先进生产力的自觉性和坚定性。江泽民还认为，在当今社会推动生产力发展的最大的力量是科学技术。高校师生的进取精神正是以对唯物史观的先进生产力理论的深刻理解为基础。

以先进文化理论为基础。毛泽东同志曾经提出“文化力”，认为文化也是一种力量，是推动社会历史前进的力量。邓小平同志认为精神文明能够给物质文明建设提供智力支持和精神动力。江泽民同志曾经指出，文化是综合国力的重要标志。综合国力不仅包含物质力量，而且包含民族精神、民族凝聚力等精神力量。文化作为综合国力的重要标志，就是通过民族凝聚力来体现的。文化具有巨大的民族认同功能，一个国家、一个民族，只有凭借共同的文化才能形成凝聚力。中华民族在一定的自然条件和历史发展进程中，形成了一定的血缘关系、地缘关系和文化形态，这三者结合的精神产物就形成了民族情感，由此而产生的民族维系力就是一种客观的内凝力。

对中华民族的遗产、传统进行发掘、总结，对现实需求和未来发展方向进行分析、认定，就会形成对一定的信念、目标的追求，这是主观的情感感召力。文化更是通过对人的教育、陶冶和塑造，来发挥它对综合国力要素的潜在支配力和巨大影响力的。文化既然是综合国力的重要标志，那么只有大力发展有中国特色的社会主义先进文化，才是提高综合国力、实现民族复兴的最有效的途径。有中国特色的社会主义先进文化，是对中国传统文化、外国优秀文化和我国革命与建设时期文化的创新与发展，而文化创新正是文化的生命力之所在，是文化的最高要求。高校师生的进取精神正是以对唯物史观的先进文化理论的深刻理解和自觉实践为基础。

以群众史观理论为基础。马克思、恩格斯认为，既然物质资料的生产是人类社会存在和发展的基础，作为物质资料生产者的主体的人民群众，必定对历史的发展起积极的推动作用。人民群众不仅是物质财富和精神财富的创造者，而且是社会变革的决定力量。列宁指出，人民群众是历史的创造者，但是人们并不是随心所欲地创造历史，人们创造历史的活动必然受到既定历史条件的制约，是在前人创造的既定的生产力和生产关系基础上继续创造历史。同时，不能否认个人在历史上的作用。毛泽东认为，从根本上推动历史前进和社会发展的，既不是外在人的先天理性，也不是绝对的自由意志，而是人的自主活动，而且这种人的自主活动并不是少数人的，而是千百万人民群众的社会实践。毛泽东说："人民，只有人民，才是创造世界历史的动力。"① 要使群众成为推动历史发展的强大动力，必须坚持正确的群众路线和群众观点。毛泽东根据中国革命和建设的具体实践，把马克思主义的群众观点集中概括为"一切为了群众，一切依靠群众，从群众中来，到群众中去"的群众路线。邓小平在社会主义现代化建设过程中，对人民群众的主体地位和首创精神非常重视。在邓小平看来，社会主义事业是亿万群众的事业，需要依靠人民群众来建设，群众是我们党智慧和力量的源泉，是我国改革开放和现代化建设的绝对依靠力量，中国共产党只有充分尊重人民群众的主体地位和首创精神，紧紧地依靠群众，密切地联系群众，充分地信任群众，才能顺利完成自己的历史任务。要充分尊重人民群众的首创精神，就必须特别注意调动人民群众的积极性和创造性。江泽民指出，人民群众的实践和创造，既是革命理论的源泉，又是推动我国改革开放和现代化建设事业的不竭力量。江泽民强调："我们党要始终代表中国最广大人民的根本利益，就是党的理论、路线、纲领、方针、政策和各项工作，必须坚持把人民的根本利益作为出发点和归宿，充分发挥人民群众的积极性、主动性、创造性，在社会不断发展进步的基础上，使人民群众不断获得切实的经济、政治、文化利益。"② 这些论述充分说明了江泽民把人民群众当作我国社会主义现代化建设的主体，把人民群众的实践和创造作为改革开放和社会主义现代化建设的力量源泉，把人民的利益作为社会主义的最高利益。高校师生的进取精神也正是以对唯物史观中的群众史观理论的深刻理解为基础。

四　高校师生对科学人生观的认同与实践是以马克思主义关于人的本质理论和集体主义原则为指导的

科学的人生观既是一种内涵丰富的哲学观，又是一种社会生活的现实观念引导，它既体现了人类的愿望，又体现了个体人生的现实选择。高校师生对科学人生观的认同与实践，是以马克思主义关于人的本质理论和集

① 毛泽东：《论联合政府》，《毛泽东选集》第3卷，人民出版社1991年版，第1031页。

② 江泽民：《在庆祝中国共产党成立八十周年大会上的讲话》，《江泽民文选》第3卷，人民出版社2006年版，第279页。

体主义原则为指导的。

（一）科学人生观的内涵

关于人生观的内涵，学术界大体有广义和狭义两种看法。广义的如邱伟光等人认为："人生观的内涵包括人生、人生目的、人生态度三方面主要内容，人的本质、人生理想、人生价值等理论问题的认识，还包括对公与私、生与死、苦与乐、荣与辱、美与丑、恋爱与婚姻的看法和态度。"他们还认为："关于人的本质的理论是人生观的理论基础，人的理想和信念是人生的精神支柱，人的价值理论是对人生意义的评价。公私观、幸福观、荣辱观、审美观、生死观，则是人生观的具体表现。"① 吴灿华等人认为："人生观的基本理论部分，主要研究人的本质、人的需要、人生与自然的关系、人生与社会的关系等，基本的范畴有人生目的、人生理想、人生态度、人生价值、人生责任、人生道路等，人生基本课题主要是：信仰问题、人际交往问题、爱情婚姻问题、人格审美问题、成才问题。"② 狭义的如陈秉公认为："人生观一般包括人生目的、人生价值和人生态度三个基本内容。"③ 罗国杰认为："人生观就是人们对于人生目的、价值和道路的根本看法和态度。"④

科学人生观有多种维度。万斌、罗许成在《当代人生观问题的哲学反思》一文中认为，科学的人生观既是一种内涵丰富的哲学观，又是一种社会生活的现实观念引导；它既体现了人类的愿望，又体现了个体人生的现实选择。⑤ 当代科学的人生观应该有多种维度。科学求真维度——人的自我意识的萌生使人发现了包含自身生命在内的"自然生命"。"自然生命"的关键问题是生命世界之间、生命世界与无生命世界之间能否联通，能否成为和谐的一体。人的伟大、力量和价值就在于不断地以自觉的方式联通自然，正确认识和对待人与自身的自然关系和人与自然世界的关系。因此，人必须向"自然生命"求知求真，科学把握自然世界的内在规律，科学求真，创建关于自然的和人类自身的科学和理论，不仅是人类认识、把握和遵循"自然生命"规律的表现，也是人的本性成长、人生

① 邹学荣：《共产主义思想品德教育》，四川人民出版社 1983 年版。

② 吴灿华：《人生哲学》，北京师范学院出版社 1987 年版，第 18—21 页。

③ 陈秉公：《大学生修养》，吉林人民出版社 1984 年版，第 180 页。

④ 罗国杰：《伦理学》，人民出版社 1989 年版，第 319 页。

⑤ 万斌、罗许成：《当代人生观问题的哲学反思》，《哲学研究》2006 年第 2 期。

观不断科学化并高尚起来的前提，更是人生的一个重要内容和使命。感性幸福维度——人类向周围世界求知求真，在一定意义上是为了自身的“感性生命”即肉体生命的存在和幸福。从人的感性幸福维度来看，人生观的首要的内涵应该是，任何一个个体都必须追求自身个性化的生活方式，其感性幸福的内容、形式和价值方向都有一定的现实性和合理性。这是人生观的最基本的价值层面。伦理道德维度——人作为一种类存在，必然要受个体和群体之间政治、经济、社会等各种关系的纠缠和困扰。伦理道德是人生观的一个关键维度。它包括：人生责任、人生信仰、人生价值。审美乐感维度——人在认识和改造对象世界的活动中，当把握了客体的形式、属性和规律并把它们纳入到人的生命时空之中，且能与人的感性相结合或相对应时，人就获得了一种心理愉悦和满足，这就是人生的科学求知之美即真的美。人的生活还应追寻伦理道德之美即善的美。人的本性的那种超越性并不仅仅停留在感性生活所谓的充实之美上，否则人就可能屈从或迁就于个体的感性情欲的任性，而出现个体“人格卑劣”和社会“道德沦丧”的恶果。

（二）高校师生对科学人生观的认同与实践

高校师生对科学人生观的认同。高校师生深刻地认识到，科学的人生观就是为人民服务，就是以建设有中国特色社会主义为人生信念，以全心全意为人民服务为人生目的，以革命乐观主义精神为人生的基本态度。科学的人生观教育是高校师生素质修养的基础，这具有很强的现实针对性。首先，这是中华民族伟大复兴的时代要求。时代和社会都要求高校师生树立科学的人生观，把追求幸福、追求高尚的生活境界与为社会主义建设事业而奋斗统一起来，把自我价值和社会价值统一起来，把个人理想、社会共同理想与共产主义远大理想统一起来，从而担负起报效祖国、振兴中华的历史重任。其次，这是应对市场经济挑战性影响的要求。社会主义市场经济的发展，使得人生观成为具有挑战性的问题。市场经济冲击了自然经济社会的道德观念和习惯，更新了人们的价值观念和荣辱观，促进道德规范的产生。再次，这是大学生人生观形成关键时期的要求。大学生正处于人生观形成的关键时期，其人生观的形成过程是认识社会、认识人生和认识自我的过程，是对各种人生矛盾的认识和统一的过程，是一个激烈的思想矛盾与斗争的过程。它不是人的生理上的成熟结果，而是个体意识发展到一定阶段的产物，是社会的影响和教育下的结果。必须引导学生正确认识社会，认识人生，认识自我，树立起正确的人生目的，形成对事物科学的评价标准，保持积极向上的人生态度，从而形成科学的人生观。

高校师生对科学人生观的实践。科学人生观的实践，主要包括积极向上的努力和对错误人生观的抵制。从积极向上的努力来看：首先，高校师生树立着为祖国奉献的崇高人生理想。树立崇高的人生理想，既是科学人生观的基本要求，也是党和人民对高校师生的殷切希望。高校师生在教学、科研和服务社会的过程中实现着崇高的人生理想，他们开拓奋进，为国家、为人类的兴旺发达而努力，他们具有坚定的信念，勇往直前，吃苦耐劳，不畏艰辛，实现着自己的人生夙愿。其次，高校师生树立着全心全意为人民服务的人生目的。全心全意为人民服务，是对一切旧的人生目的的革命性变革，是人类历史上最先进、最高尚的人生目的。高校师生在日常的工作、学习和生活中，选择和确立全心全意为人民服务的人生目的，是对人民群众伟大历史作用的充分肯定，符合历史发展的客观规律，符合无产阶级的阶级本质，反映了社会主义新型的人际关系，符合社会主义经济基础的客观要求。再次，高校师生将爱国主义作为自己的最高人生价值取向。建设小康社会，全心全意为人民服务，既是我国社会主义初级阶段道德建设的核心，又是我国现阶段社会主导的价值目标。高校师生深切地懂得，人生的价值在于奉献，奉献可以是物质上的，也可以是精神上的；可以是政治、经济和文化上的，也可以是道德、科学和艺术上的。无论是人类的生存还是社会的发展，客观上都要求每个社会成员有所奉献。高校师生在不断地奉献中创造着自己有价值的人生，在奉献中提升爱国主义的情操。从对错误人生观的抵制来看：高校师生在树立和践行科学人生观的同时，能自觉地认清错误人生观的实质和危害，并自觉加以抵制。错误的人生观，脱离现实社会的实际，违反社会发展的客观必然性，具有唯心主义倾向。在现实生活中，高校师生能够自觉加以抵制的错误人生观主要是：拜金主义的人生观、享乐主义的人生观、极端个人主义和利己主义的人生观。

（三）以马克思主义关于人的本质理论和集体主义原则为指导

高校师生对科学人生观的认同与实践以马克思主义关于人的本质理论为指导。在人生观问题上，首先要了解人的本质是什么。高校师生深刻地认识到，马克思主义关于人的本质观，包括对人的类本质和现实本质的理解。人的类本质是“自由自觉的活动”，这将人与动物相区别；人的现实本质是“一切社会关系的总和”，这将人与人区别开来。二者辩证统一，构成了完整的马克思主义关于人的本质观。在马克思主义看来，既能和动物区别开来，又能使人成其为人的内在根据，就是人的自由自觉的创造活动，即劳动，劳动是人类存在的深刻本质和坚实基础。人的本质是社会关系的总和。马克思在《关于费尔巴哈的提纲》中得出人的本质的科学论断：“人的本质并不是单个人所固有的抽象物，在其现实性上，它是一切社会关系的总和。”① 这个论述蕴涵着丰富的内涵。人的本质是现实的、具体的。人的本质是由社会关系决定的，这个社会关系包括物质的和思想的社会关系，其中物质的社会关系起主导作用的是生产关系。人的本质是在社会实践活动中形成的，也是在社会实践中表现出来的，并且是在社会实践中改变和完善的。人的本质随着社会历史的发展而发展。事实上马克思关于人的本质理论反映的是人的个体性与社会性的结合，也就是反映人与社会的关系。人的本质问题是人生观以及其他问题争论围绕的焦点和轴心，是研究人生观及其他问题的逻辑分析的起点。人生是什么？人生包括人的生命体和人的生活两个方面。人的生命体是指生活的载体，人的生活是指人的生命体存在的方式。人生是生命和生活的过程，过程的源泉是运动，运动的动力是矛盾。主要矛盾是人与社会的矛盾。这一矛盾由两方面构成：一方面是社会决定人生，有什么样的社会经济条件就会有什么样的人生，社会经济条件改变，人生也会改变；另一方面，人生影响社会，人类创造社会，个人促进或者阻碍社会。可见，人的本质是劳动、社会关系、社会性与实践性的统一。

高校师生对科学人生观的认同与实践以集体主义原则为指导。高校师生同样深刻地认识到，理论和实践都已证明，在我国，集体主义是科学人生观的核心。集体主义原则主要包括相互联系、相互补充、相互促进的三个层次递进的价值规定，即：集体利益的优先性和首要性；个人利益的正当性和合理性；个人利益的协调性和结合性。关于集体主义原则的这一科学内涵，既在学术界达成了基本共识，同时党的有关决议也对其做出了明确规定。在社会主义市场经济条件下，集体主义要求可以分三个层次：公私兼顾、先公后私、大公无私。集体主义作为一项基本的伦理原则，主要表现为它的价值导向性和道德约束性，而不应成为各个领域的干涉性原

① 《马克思恩格斯选集》第1卷，人民出版社1995年版，第56页。

则。集体主义原则是社会主义道德建设的核心观念。在新的历史时期，要继续坚持和弘扬集体主义，就必须对传统集体主义价值观进行扬弃，赋予其时代与实践的新内容，实现从单向命令与服从型的集体主义原则向融合型的双向互动集体主义原则的根本性转变，侧重于打开伦理的智慧，而不仅仅是要求一味的服从。集体主义原则本质上是社会主义制度的内在要求。应该看到，集体主义作为社会主义道德的基本原则和价值导向，不完全是计划经济的产物，而是发展和巩固社会主义经济制度与政治制度、适用于社会化大生产与公有制经济关系的客观要求。之所以把集体主义作为社会主义道德原则，原因之一就在于集体主义精神在中国有着深厚的文化传统与思想基础。集体主义原则是已被我国社会主义革命和建设的实践证明了的适合中国国情的道德建设原则。实践证明，集体主义是科学人生观的核心，只有以集体主义原则为指导，才能更好地解决如何对待物质享受、如何对待人生理想、如何正确处理人际关系等诸多人生问题。

正是有马克思主义关于人的本质理论和集体主义原则作指导，高校师生才有对科学人生观的认同与实践。

第四章　高校师生“三观”变迁的轨迹和规律

第一节　“三观”的理论视阈

一　“三观”的内涵

（一）人生观

人生观，是人们对人生的根本看法和观点，包括人生目的、人生意义和人生态度三个基本内容。其中，人生目的是人生观的核心，即人为什么活着，是为自己，还是为社会，以及如何认识和处理个人发展和社会进步的关系问题。人生观至关重要，它是一种巨大的能动的精神力量，指引着人生道路，制约着人生价值，决定着人生方向，对人的一生产生重大作用。因此，亦称人生观是人们思想和行为的总开关。人生价值观指一个人评价人生目的和人的社会行为特有的基本标准和尺度，它包含人生价值取向、人生价值评价标准、对人生认识与追求的一致性和实现人生价值的途径等问题。

（二）价值观

价值观是一种外显的或内隐的，关于价值的一定的信念、倾向、主张和态度的基本观点，是关于现实的人对全部生活实践所产生的意义的一种评价标准、判断标准和取舍标准的思想体系。价值观对社会的存在与发展有着重要的作用，它具有驱动功能、导向功能、统摄功能、选择功能，等等，它规范和调节着人类的行为。从微观角度说，价值观念是人心中的一个深层的信念系统，在人们的价值活动中发挥着行为导向、情感激发和评价标准的作用，构成个人人生观的重要内容，制约着人生活动的方方面面，是一个无形而有力的世界；从宏观角度说，价值观念是社会文化体系的内核和灵魂，代表着社会对应该提倡什么、应该反对什么的规范性判断，社会通过各种手段把这些观念灌输和传递给个人，内化为个人的行为规范；与此同时，价值观还是群体认同的重要根据——共享的符号系统，因此又是重要的群体社会心理现象。价值观念的内容，一方面表现为价值取向、价值追求，凝结为一定的价值目标；另一方面表现为价值尺度、评价标准，成为主体判断客体有无价值及其大小的观念模式和框架。

（三）世界观

世界观是指人们对生活在其中的世界以及人与世界的关系的总体看法和根本观点。一般地说，任何一个思想健全的人都在其生活实践中形成一定的世界观。世界观包括两种形态，一是社会意识形态的世界观，它是指对自然、社会和人类思维的观点体系，是社会存在的反映。社会意识形态世界观是完整的、系统的，但有科学与非科学，正确与错误之分；另一个就是个体的世界观。生活在社会中的每个人在他成长的过程中，不管他愿意不愿意或是否意识到，总是要形成一定的世界观。但个体的世界观却往往是零碎的、肤浅的、不全面的、不完整的、不完全科学的，有正确与错误之分，并带有一定的自发性。个体世界观形成的过程，也是通过个体的主观努力学习掌握社会意识形态世界观的过程，因此要受到社会意识形态世界观的影响和制约。

二　“三观”的相互关系

在我国，“三观”的提出有一个不断发展的过程。最早是世界观一词单用阶段（从建党始到 1976 年“文化大革命”结束），世界观一词的基本含义为“人们的根本观念体系”。其次是人生观、价值观二观概念的普遍适用阶段（1977—1988 年）。具有明显的“拨乱反正性”和改革开放的特点，是在对改革前“只讲世界观改造、不讲人生观的塑造、不讲人生价值的实现”的反思基础上提出的，但却将“价值观”看作人生观的一部分。第三阶段是世界观、人生观、价值观“三观”并用时期，它是在 1989 年的“政治风波”之后，党的十四届六中全会关于《社会主义精神文明建设的决议》中强调“要引导人们树立建设有中国特色社会主义的共同理想和正确的世界观、人生观、价值观”。三词单用时，一般都作

“根本的思想观念”之意；“世界观、人生观”并用时，取“马列理论、思想方法”之意，“人生观、价值观”并用时，取“思想道德观念、是非观念”之意；三词同用时，与一词单用取义相类似，取“某方面的根本思想观念”。①

价值观、人生观、世界观三者密切相联不可分割。价值观是人们精神领域的核心，它直接反映了人们对人生意义的理解和对人生所持的态度，主宰着人们思想的变化，左右着人们的抉择和追求。人生观则是人们对于人生目的和意义的根本看法及态度，它是世界观的重要组成部分和具体表现。世界观内在地包含着人生观，人生观也内含着价值观。从整体上看，世界观是人生观的基础，人生观是价值观的罗盘。世界观支配着人们对人生价值和人生道路的选择，制约着人生观的树立。

人生观是一定的世界观在认识处理人生问题的应用和表现。一方面，有什么样的世界观，就会产生什么样的人生观，人生观从属于世界观；另一方面，人生观积极作用于世界观，给予世界观的形成和发展以一定影响。人生观虽然从属于世界观，但二者不完全是整体和部分的关系，还有一般与特殊的关系。比如具有唯物主义世界观的人，其人生观未必是科学的；同样，世界观是唯心主义者，在对待人生态度上也可能是讲求贡献、力主行善的人。这主要有两点原因，第一，人生观回答的根本问题与世界观的根本问题不同。世界观主要回答世界的本质是什么、世界的状况怎样等关于整个世界的根本问题，而人生观不回答这些根本问题，它回答人的本质是什么、人应该怎样活着才有意义等人生重要问题。人生观回答这些问题时虽然以世界观根本问题为基础，受它的指导，但二者毕竟有许多明显的不同。第二，人生观同社会经济的关系不同于世界观同经济的关系。世界观同社会经济的关系，不那么直接，往往通过其他中间环节的中介作用发生联系，而人生观同社会经济基础的关系比较直接，内容比较现实具体，不像世界观的许多问题那样抽象。因此，辩证地看待三者之间的关系，既可以开阔我们的视野，又可以避免认识上的片面性，防止在强调一个方面的时候忽视了另一个方面。不从世界观的角度解决人生观问题，就站得不高，不从人生观入手

---

① 唐建华：《刍议“三观”概念含义及其变迁和适用规律》，《有色金属高教研究》1999年第2期。

解决世界观问题，就站得不牢。

只有树立正确的世界观、人生观、价值观，才能坚持理想与现实的统一，才能坚持物质利益与精神追求的统一，反对拜金主义，才能坚持个人利益和集体利益的统一，反对个人主义。

鉴于人生观和价值观是世界观的核心和外在表现形式，“人生观、价值观”并用时，取“思想道德观念、是非观念”之意的惯例，再结合本课题——高校师生思想变化轨迹和规律研究的实际，下文对“三观”的论述就主要从人生观和价值观的角度来分析，把世界观的内容融合在其中。

三　高校师生“三观”的地位及其研究意义

高校是社会生活的一个特殊领域，高校师生属于思维密集型和知识密集型群体，其既具有高文化、重理性、善思考、慎选择、奉真理的特点，也富有高标准、严要求、强烈示范或者辐射性，发挥着肇始和引领作用。在任何一个社会里，高校师生都是思维活跃、富于创新的高智力群体。他们有极其敏锐的感受力。高校师生“三观”极易受社会环境变迁的影响，在社会急剧变化和转型期间，他们不是在口头，而是在心理结构与行为方式上多大程度地认同了西方或现代的价值理想、价值观念、行为模式，又在多大程度上背离了传统的价值观念和行为模式实在值得疑惑和研究，其“三观”变迁趋向时常成为社会变迁的晴雨表，而高校师生在社会转型中的心路历程，又常常为人们观察和认识一个时代的发展特征提供极为独特的视角。在中国，师生的价值取向可以说就是中国社会转型的思想折射。

知识分子是我国社会中受教育层次最高的群体，随着科教兴国的实施和我国社会的不断发展，我国知识分子队伍不断壮大。他们的价值观如何，在相当大的程度上影响着我国社会主义思想道德建设的现状和未来，特别是高校教师他们不仅是我国知识分子最集中的群体之一，而且担负着教书育人的重要任务，又是知识分子的培育者。高校教师的价值观，对知识分子和整个社会的影响是巨大的、深远的。高校师生“三观”变迁的轨迹和规律的揭示，就会使他们在认识和利用这些规律的过程中，自觉自愿地认识和把握社会的思想政治品德要求和规范，做到知行的统一，实现思想政治素质和整体素质的可持续性提高。

第二节　高校师生人生观变迁的轨迹及其特点

一　第一阶段（1978—1984 年）：反思与觉醒时期——从怀疑迷惘到追寻自我，重点是思考人生的意义

1978 年以来的大学生，除了部分工农兵学员外，大部分是恢复高考后的学生，他们中应届生很少，绝大多数都是有一定工作经历甚至拖家带口的学生，他们都有“文化大革命”的经历。同时，在“左”的年代，高校被认为是“黑线专政”，大学教师的地位和待遇相对比较低，他们中的许多人在“文化大革命”中还受到冲击。十年“文化大革命”，留给人们的不仅是濒临崩溃的经济和荒芜萧条的文化，更有深重的心理创伤。虚幻抽象的集体、国家，在一个声音、一种思想的“大同”中达到了极端的异化，人的基本权利几乎丧失殆尽，人的尊严被肆意践踏，人的存在连同人本身都无足轻重，毫无意义。随着“文化大革命”的结束，思想大解放的大潮涌动（主导价值观对非主导价值观的宽容），这为高校师生反思“文化大革命”，展望未来，追寻人生提供了自由驰骋的空间。

（一）人生目标

单一的为国家、集体的社会目标中分蘖出自我价值（从传统导向型人格向自我导向型人格转变）。

首先，通过反思“文化大革命”对个人利益及其人性压抑，师生对传统的革命理想、英雄主义和整体主义发生偏离，开始追寻人的存在、人的尊严、人的价值。关于“潘晓的来信”的大讨论，给广大师生特别是青年学生“应该怎样看待人生？怎样对待人生？一个人生命的价值何在？”等关于人生意义提供了倾诉和探寻的平台。潘晓信中提出了“什么是人生的目的？”“人的本质是不是自私的？”“主观为自己，客观为他人”的人生信条对不对等问题，引发青年一代“自我奋斗、自我完善、自我实现”的人生价值观念的形成和发展，追求思想的精神与激情十分高涨。“潘晓的来信”的讨论第一次打破了长期的思想禁锢，引发了师生对自我存在的重新认识，对自身价值的深层思考，对个人与他人、自己与社会的关系重新审度。

其次，家庭联产承包责任制和“浮动工资制”的实施，让师生看到

个人价值存在的可能和实现的路径。知识成为实现自我价值的有效工具。经济体制改革已经逐渐拉开序幕，农村联产承包责任制的成功，企业中奖金制度的施行，技术职称、学位制度的推广，长期以来被忽视甚至被扼杀的个人利益开始受到保护和尊重，人们被压抑的积极性被激发出来，社会初步开始形成一个尊重人的价值和利益、尊重人的聪明才智和创造热情的氛围，这一切恰恰与过去那套建立在集体主义基础之上的、以泯灭自我、泯灭个性为特征的人生观发生矛盾甚至冲突，广大师生在困惑和苦恼之余，学会用自己的眼睛观察世界、用自己的头脑思考人生。

（二）人生价值取向：由无私奉献向立足社会，思考人生倾斜

思想大解放让大学生既思考社会，也思考人生。不少学生能把个人纳入社会，把对社会的贡献和个人发展结合起来考察人生价值，把个人命运与祖国的繁荣联系起来。除了在个别人身上发展出中国传统的自私自利的“个人主义”之外，大多数自觉或不自觉地将社会公认的基本道德规范内化为个人的价值准则，只不过各自的哲学内蕴与表现形式不再整齐划一而已。从一份大学生应该具备的素质的调查显示：67.1%大学生们认为“读书是既为国家也为自己”，热烈地推崇“积累、创造型”的人生价值，欣赏“真理型”和“集体型”的人生兴趣；选择“道德型”“集体型”“无私型”的理想生活方式。[①] 但是，也有部分师生坚持合理利己主义人生观，认为应该把利己与利他结合在一起，利己不损人。“在利他中利己，在利己中利他”，“主观为自己，客观为别人”，这是“做人的规律”。再者，少数师生对传统人生价值观表现出强大的逆反心理，使本来具有积极意义的批判、怀疑的理性精神打上了非理性的色彩，表现出对以往“集体主义”“理想主义”“无我”的盲目反叛。他们从只注重社会与群体的极端走向，极端，走向只注重内心与个人的极端。一切都不可信，唯有自己才真实，从个人崇拜到自我崇拜。

（三）人生态度：由消极彷徨到奋发有为

迷惘、悲观、怀疑、逆反是改革初期师生人生态度的典型状态。“文化大革命”后，国家不断对“文化大革命”进行拨乱反正，对改革开放的方向和政策逐渐细化。由于社会重构的需要，尊重知识、尊重人才的气

① 赵子祥等：《关于大学生的人生观状况和特点的研究——对十七所大学1762名学生的调查报告》，《科学战线》1984年第1期。

氛被带动起来，恢复高考后的大学生理所当然的被视作填补十年知识断层的中坚力量。他们非常珍惜这来之不易的求学机会，崇高的历史和时代使命感使他们如饥似渴地汲取着科学知识和各种精神食粮。这种社会的强烈期待意识，使他们胸怀壮烈，自然地把祖国前途与自身前途结合在一起，并萌发出对整个社会的感恩之情。80 年代初随着“尊重知识、尊重人才”口号的提出，“成才”成为学生的奋斗目标，掀起了新一轮“读书热”。1980 年 4 月，清华大学化工工程系 77 级二班的同学率先喊出了“从我做起，从现在做起”，随后更多的大学生喊出了“自我设计，立志成材”等口号，这是他们舔着伤痕反思后发出的呐喊，这是他们人生的觉醒和理想的追求的体现。

知识分子政策的落实，为高校教师摆脱历史羁绊，实现人生理想提供了可能和条件。1979 年 6 月，邓小平指出，知识分子是工人阶级的一部分。1982 年 1 月中央第一次完整提出对知识分子的“政治上一视同仁，工作上放手使用，生活上关心照顾”的方针，批判和抛弃了“团结、教育、改造”的旧方针。广大教师放下了沉重的历史包袱，满怀着热情和信心，走上了教学、科研等各个工作岗位。伴随着思想解放和一系列知识分子政策的落实，大学校园文化中充满了理想主义与奋发向上的精神气质。

二　第二阶段（1985—1992 年）：激情与彷徨时期——理想人生观的现实追求与困惑，重点是思考“人究竟为什么而活着”

1984 年 10 月党的十二届三中全会召开，中国社会转型、体制转轨实质性启动，农村改革向城市改革全面展开，发展有计划的商品经济成为整个社会普遍关注的热点问题，十二届六中全会《关于社会主义精神文明建设的决定》的通过与实施，使得高校师生对经济、政治体制，特别是教育、科技、文化体制的改革倾注了极高的热情和期待。校园成才，社会成人，实现自我价值与社会价值是主流。高校教师十分注重自身的内在价值的外化与物化，希冀得到社会与公众的承认。1986 年后，由于改革开放中所出现的一些困难，以及理想与实践中的差距，特别是学潮后，大学生开始困惑，反思，理想衰落、功利性凸显。广大师生于是又经历了从凯歌高奏到彷徨、困惑。

（一）人生目标：自我完善与社会发展

80 年代初，改革开放从农村到城市全面展开，社会呈现出前所未有的蓬勃景象。知识分子也把责任感更多地同改革开放的历史趋势相联系，并且是以日益觉醒和增强的主体意识为基础的，他们对自身与改革共命运的现实，有了一个比较清醒的认识。虽然传统的克尽义务顺应趋势式的责任感已有所下降，但他们还怀有较强的个人效能感和责任感，具有强烈的成就欲望和积极的献身精神。

当时，由于建设需要大量的人才，社会以“天之骄子”的称呼赋予了一代大学生一个美丽的光环。这无形中隐含着对未来的承诺：良好的经济待遇，受人尊敬的社会地位，等等。同时，改革开放所逐渐张扬的物质利益不仅驱动着大学生重新思考人生的意义和价值，而且也激发了他们对读书的热望和对成才的渴求。当代青年在以旁观者的角色对现实社会政治、经济、文化发展作观照的同时，也从实践者的角色参与到社会活动中去，其人生价值观的结构也逐渐趋于完善。

与此同时，由于国家对高等教育的重视，教师社会地位的尊崇，重视知识和人才的社会风尚逐步形成，教师也积极投身教书育人事业，在所钟爱的事业中发奋钻研，不倦奋斗并努力有所成就，是当时知识分子的主要人生价值取向。尽管当时知识分子的物质生活水平不高，然而这并没有使他们放弃对事业的追求。他们也常常困惑于自己高学历与低收入的强烈反差，但他们仍无法在自己的专业之外寻到精神的慰藉与愉悦，他们十分注重自身内在价值的外化与物化，企望得到社会与公众的承认。

80 年代前期与中期的在校大学生，在人生价值目标究竟是为了自我完善、求得自我发展，还是为了中国社会主义制度的不断完善与发展，已经求得了相对的统一，解决了个人价值与社会价值、个人理想与社会理想能否协调与发展的问题。但是，从 1986 年起，这种价值目标选择出现了逆转。种种社会现实与矛盾，尤其是资产阶级自由化所制造的思想混乱，使大学生感到自身的社会价值开始“掉价”，他们原来编织的“理想花环”似乎成为“瞬间的梦幻”，开始为自己的前途命运而困惑：“我们，是为了生活而学习、还是为了学习而生活?”因此，师生在人生追求中的功利性开始出现。其主要体现在两个方面：第一，功利追求精神层面。比如“但求耕耘，莫问收获”的默默无闻的价值观已普遍遭到冷落。注重成就欲，注重自身价值的外化而获取社会普遍承认的价值取向。第二，越来越多知识分子已不再讳言自己在物质层面上的追求，以至出现了“造导弹的不如卖茶叶蛋的”愤懑与不平。

（二）人生价值取向：日趋多维化和个性化

1. 自我价值觉醒

一方面广大师生基于对“文化大革命”的进一步反思，另一方面改革带来的利益多样化的格局，导致个人利益与国家、集体利益同样合法存在的事实，高校师生的自我价值地位也日益突出。一项有关“人为什么而活着”的调查证明了这个结论。在“A.金钱 B.名誉和地位 C.实现自我价值 D.为了自己和家人的幸福 E.为祖国的繁荣富强 F.为全人类的解放 G.不清楚”的人生价值选择中，大学生认为人生最重要的目的是“实现自我价值”，其次是“为了自己和家人的幸福”，再次是“为了祖国的繁荣和富强”，而为了“金钱”“名誉和地位”“不清楚”的比例都很低。同时，由于受西方人本主义思潮的影响以及对传统价值观的过度排异，部分师生的自我价值观出现变异，出现了唯我与私我。他们忽略了所谓自我价值总是而且只能存在于个人同社会的互相依存关系之中这一根本要义。

2. 人生价值评价标准的多样化

对人生价值的评价一般可划分为两种取向：个人取向与社会取向。个人取向重视个人在社会中所发挥出来的潜力和作用；社会取向是从社会需要的角度看问题，不管个人尽了多大的努力，重要的是看个人是否还有适应于社会的某种需要，个人努力是否得到了社会的承认。①

人生价值评价标准	选择比例（%）
1. 拥有金钱、财富的多少	1.7
2. 社会地位的高低，权力的大小	3.6
3. 社会声誉、社会名望的高低	8.0
4. 整个生活经历是否充实、愉快	42.9
5. 为他人所做好事的多少	3.0
6. 为社会所创造精神财富和物质财富的多少	34.7
7. 是否创造了人间奇迹	2.7
8. 自填其他	3.4

从上表可以看出，(1)人生价值的评价标准开始出现多样化，除了为

① 陈科文：《当代大学生人生价值观调查》，《青年研究》1985年第4期。

社会和他人的奉献以外，个人的生活感受、社会声望、甚至金钱也开始成为人生价值评价标准。(2)自我价值的地位突出，人生价值实现途径出现个人倾向性。问卷中对“自己生活经历是否充实和愉快、社会声誉社会地位”等的追求占到近60%。

3. 人生价值取向由道德伦理价值取向向科学价值取向偏移

随着对“文化大革命”的拨乱反正和改革开放的深入，高校师生的人生哲学发生了巨大变化。原来中国传统的人生哲学模式是“好人”模式（即道德伦理价值取向），每一个人的行为与观念都是以“良心、良知”为基点而展开，人们强调自律、强调容忍。随着改革开放，商品观念和竞争意识的迅速增强，文化进化论思想成为大学生行为的主要依据。于是，“强人”（科学价值取向）哲学一度成为人生哲学的主要内容。1986年以后，改革遇到了巨大的困难，随之而生的各种弊端也开始显现，与师生相关密切的如“脑体倒挂”，大学生投入产出比的失调，分配中的关系本位等都使师生日益认识到“强人”哲学的不合时宜性，于是转向对“完人”（道德价值与科学价值的结合）哲学的思考，即：“不是以做好人为摹本价值，而是以实现自我为核心，强调在事业上要较成功，在个人生活上要较美满。”

（三）人生态度：从激情参与到晦暗迷失

80年代中期的大学生，许多没有“文化大革命”的重负，思想相对单纯。改革成为时代不可逆转的潮流，大学生以巨大的热情投身改革洪流。与前一阶段不同，他们是抱着急切的心情去学习，盼望投身到火热的改革生活中去。这一阶段大学生群体心态似乎少有暗流，他们的心态是积极向外辐射的。他们带着崇高的目标，带着对改革的高期望，向生活的各个方面进行冲刺。

1986年后社会上出现的一些不尽如人意的现象，尤其是腐败现象和社会缺乏公平的竞争机制，出现“脑体倒挂”“知识贬值”，知识分子生活水平虽有提高，但在整个社会中的经济地位却在下降等现象。这直接影响到大学生们对改革的评价和他们学习工作的积极性。在当时的社会现实下，科学主义的旗帜消失了，社会现实打破了大学生“天之骄子”的神话，非理性的思潮占了上风。于是大学生群体心态从积极向外张扬的心态开始退为次要，而矛盾、困惑、消沉、向内闭锁的心态逐渐成为主流。

1989年之后，师生由自我失落转向实用与功利。随着“八九政治风波”平息，大学生盲目冲动的热情在实践中化为泡影，进入了心理与情感的低谷，导致青年的“进取人生”转变为逃避现实的“灰色人生”。80年代初青年们的困惑是人生道路窄，没有选择余地。而80年代后期学生的尴尬和迷惘竟是无法穷尽的选择使他们眼花缭乱，举棋不定。面对“米字路口”的多元选择，他们内心最大的惶惑与冲突是：究竟该走哪条路？选择的痛苦相对于无可选择的痛苦是一种进步，多样化选择的可能拓宽了人们思维的空间——多元化的思维。① 随着商品经济的进一步发展，受社会上拜金主义、享乐主义的影响和知识贬值、“脑体倒挂”等现象的强烈刺激，大学生开始认同以功利为目的的实用主义价值观或个体本位价值观，甚至陷入“自我”的泥淖，走向个人主义。在1990年4月的一份调查中，有1/3的大学生自认为前途无望，万念俱灰。不少大学生失去了人生价值目标，也就失去了精神支柱。②

大学生在痛苦的思索和追求中发现，沉醉于个人价值的追求必然要同改革开放的进程发生激烈的冲突，脱离社会价值的自我设计和自我追求、自我奋斗不可能摆脱“人生道路越走越窄”的境地。

三　第三阶段（1992—2002年）：理性与世俗化时期——实用主义人生观凸显，重点是思考“人怎样活得更好”

（一）人生目标：由理想化到现实化

1. 理想主义衰退，出现理想的低层次与模糊性

人生理想是人们的人生观在奋斗目标上的集中表现，表示人生对未来的追求和向往。“八九政治风波”、东欧剧变、西方国家对中国实行封锁和制裁，导致师生对共产主义理想和西方理想的双重削弱，师生的理想由最高理想向共同理想（实现现代化）和生活理想偏移，师生的关注重点由政治领域转向经济领域，人生价值也由终极性向工具性价值观转变。

90年代对学生实现共产主义远大理想的调查中，仅有8.9%的人选择共产主义终究要实现，而79.9%的人选择共产主义渺茫得很，不一定能实现，9.6%的人选择共产主义是一种空想，无法实现。同时对“中国实现现代化的看法”的问卷调查中，76.4%的学生选择一定能实现现代化，

---

① 李春玲：《“潘晓讨论”是非功过评说》，《青年研究》1993年第9期。

② 王殿卿：《对80年代大学生价值观念变化的分析》，《高等教育研究》1992年第3期。

有 18.2%的学生选择“能否实现社会主义现代化很难预料”，仅有 0.3%的学生认为不能实现现代化。这表明有相当多数的同学不能正确认识共产主义运动的曲折发展，产生了共产主义社会制度“不一定能实现”和“无法实现”的看法。然而，值得高兴的是，在我国改革开放的大好形势下，有 76.4%的大学生坚信能够实现我国各族人民的共同理想——社会主义现代化。另一方面有许多学生选择“说不清”“难以预料”，体现出其彷徨与价值模糊性。2002 年高校师生思想政治状况滚动调查的结果再次证明其理想的模糊性。在“社会主义终究可以战胜资本主义”的选项中，虽然有 50.7%的教师和 51.9%的学生表示同意，但有 36.9%的教师和 33.2%学生选择“说不清”。

2. 人生目标朝实惠的理想主义、渐进的功利主义和短视的实用主义方向发展

世俗化充分地肯定了现世追求、物质享受、大众生活，表现出强调个体、现实、利益的价值取向。世俗化引发人们的精神世界发生深刻嬗变。80 年代在部分青年中已出现重物质待遇的倾向，而这种倾向在 20 世纪 90 年代有较大的发展。由中国社会科学院社会学研究所承担的“当代中国青年价值观念演变”的课题研究，① 向我们提供了 80 年代青年对理想与物质的追求在总体上倾向于精神追求的结论，虽然那时理想主义已经淡化，而物欲正在抬头。据其 1988 年的调查，有超过 3/4 的青年对“理想的追求高于金钱”的说法持赞同态度，其中 45.92%的人持“赞成”态度，“有点赞成”的占 30.05%，持“反对”态度的仅占 6.38%，17.65%的青年“不太赞成”。1992 年对这一说法再度调查，发现赞同的比例下降（仍高达 63.82%），反对的比例上升了一倍（陆建华，1992）。而 1996 年的调查中发现，青年对物质的追求已经强于对精神的追求，这是一个很大的变化。

在 1999 年高校教师思想政治状况滚动调查中，针对“你选择高校工作的最主要原因”（可选择三项）：选择职业比较稳定占 54.5%，选择有比较多的自由支配时间占 41.1%，有良好的氛围占 33.6%，有进修的机会占 21.3%。这足以说明师生人生观世俗化、个性化的发展程度。

---

① 中国社会科学院“当代中国青年价值观念演变”课题组编：《中国青年大透视——关于一代人的价值观演变研究》，北京出版社 1993 年版，第 86 页。

（二）人生价值的追问逐渐转向了对于实际人生的探讨

80年代的青年虽然对过去的理想和信仰幻灭，但是仍然相信人生应该是有意义的，其全部困惑和苦恼是“人为什么要活着”，一旦自信找到了生命和存在的意义，他们的内心就重新得到充实。然而，对90年代青年来说，“人为什么要活着”这个形而上的问题已被全然消解，代之以一个更具操作性、实际性的疑惑：“人究竟怎样生活了”。1992年1月，大学生“梅玲”的来信就“我该怎样选择生活”提出了一系列非常实在的人生问题。上海《青年报》就此发起一场新的有关人生观问题的大讨论。虽然这场讨论的影响波及面远不如十年前潘晓提出的那场人生观讨论，但它揭示的哲学命题——“人怎样活得更好”，标志着20世纪90年代青年人生价值观的新发展。从这些讨论中我们不难看出，20世纪90年代的青年力图从浮躁走向务实，从冲动走向理性。他们积极或消极地接受了1989年的政治教训，下决心少谈些主义多研究些问题，关于人生价值观的思考少了些坐而论道的东西，多了些世俗实在的内容。在1999年高校学生思想政治状况滚动调查中，针对“你学习动力的来源”：有35.7%的学生选择谋求自己的美好生活，28%的学生选择报答父母养育之恩，有14.1%的学生选择报效国家。同时，他们被新一轮改革大潮及取得的成就所鼓舞，因而再一次把关注的视线从乌托邦式的政治梦幻转向了与自己密切相关的实际利益。实用主义思潮在新的层次上和更大的范围内被青年一代所接受。当然，他们普遍要求增强自己的竞争能力，努力使自己成为有用的人，不能不说这是青年的自我实现观的崭新回归。

（三）现实自我的凸显：从个人价值追求的功利化与实用化到自我认识客观化

伴随着政治上动荡后的拨乱反正和现代化建设步伐的加快，高校师生更加面对现实，反思自我、反思社会，更踊跃地投入到火热的社会生活。这一时期大学生关注的视野从国家大事转向个人生活领域，从抽象理论问题转向具体生活问题，从国家哲学转向生活哲学、人生哲学，谋求实现个人发展。其价值目标也从理想转到现实上来，价值取向从单一走向整合，兼顾个人与社会共同发展，但基础仍在个人发展上。

首先，大学生自我意识方面发生了巨大转变，最明显的就是抛弃了“天之骄子”的标签，把自己世俗化到平凡的人群中，他们认为自己是社会上“普通一员”的占85.7%，而认为是“天之骄子”的仅占8.3%。在

1999 年高校学生思想政治状况滚动调查中，针对“你对大学生的评价”：86.6%的学生认为“奉献精神”不强，78.7%的学生认为“艰苦奋斗精神”不强，73.6%的学生认为“实践能力”不强，63.1%的学生认为“社会责任感”不强。这与问卷中高校教师对学生的评价相吻合，反映大学生对自己的认识、剖析的客观化，为人生选择和实践提供条件。

其次，越来越多的师生强调自我与社会融合，索取与奉献并重，兼顾国家、集体、个人三者利益而又比较重视自我、注重实际、推崇竞争、敢冒风险、追求物质利益，这种人生价值观似有日益成为大学生人生价值观主导的趋势。在 1999 年高校教师思想政治状况滚动调查中，针对“主观为自己，客观为别人”的观点，仅有 29.8%的教师选择同意，有 48%的选择不同意；而针对“我为人人，人人为我”的观点，有 76.7%的教师选择同意，仅有 8.3%的教师选择不同意。然而，虽然他们追求奉献与索取的平衡或统一，但它强调“自我”，并把社会对个人的回报作为价值取向的条件，这与无私奉献的个人价值观有一定差距。

进入 90 年代，中国的政治趋于稳定，经济快速增长，两种经济体制并存的格局开始走向单一的市场经济体制，这是不同于 80 年代的相当显著的特征。面对纷繁复杂的社会生活，面对不断涌现的现代生活方式和观念，青年人如何学会选择便成了他们人生道路上的一个新课题。我们不难看出，青年人关于人生价值观的思考少了些坐而论道的东西，多了些“俗”而实在的内容。从宏观思考向微观思考转变，从追求理念到强调操作性，在本质上是宏观思考的深化。因此，思考“人怎样活得更好”并不意味着不再思考“人为什么活着”，只不过中国青年在今天更多地思考前者而非后者，只不过在思考生命的形而上的本质意义时更加现实而非浪漫。某种程度上，学会了生活选择，就等于拓展了人生道路。当代中国青年的人生价值观经历了新的矛盾和困惑而趋于现实和成熟。

四　第四阶段（2002—2008 年）：理智与务实期——从发展社会中发展自己，又从发展自己中发展社会，重点是思考“人怎样活得更幸福”

（一）多维人生目标的动态整合

人生的河流是由为自己和为社会等各种源泉合力作用而成，多维人生目标内嵌于责权利相统一的主体意识。人考虑自我是正常的，解决的思路应该是“主观为社会，客观成就我”。大学生经过了改革开放的熏陶，在社会主义市场经济大潮的影响下，更注重知识的实用性和自身价值的有利实现性；注重实际，而摒弃虚无；注重自身利益而又不损人利己。这是一种既讲原则又讲实用的人生观。2006 年教育部高校学生思想政治状况滚动调查中，对“认为一个人的价值”（可选三项）应表现在：有学生认为，“人格是否高尚”占 83.15%，“对社会贡献的大小”占 72.63%，“是否干出了一番轰轰烈烈的事业”占 52.63%，“社会名望的高低”占 30.52%，“生活是否舒适、潇洒”占 23.15%，“权力的大小”占 9.47%，“金钱的多少”占 9.47%。在谈及自己的人生价值观时，48.42%选择“我为人人、人人为我”，28.42%选择“人人为我、我为人人”，8.42%选择“人过留名、雁过留声”，5.26%选择“金钱万能”，4.21%选择“人不为己、天诛地灭”。2006 年教育部在对“个人只有在集体中才能更好地得到发展”的问卷调查中，81.7%的学生表示同意，79.8%的教师表示同意。2004 年教育部高校学生思想政治状况滚动调查中，对“你在选择工作时，主要考虑下面哪些因素”（可选三项）的选择中，排在前三位的分别是发展机会（占 76.7%），收入及其他待遇（占 76.4%），兴趣、爱好（占 49.5%）。① 这表明大学生的自我意识强，重视自我价值，人生价值取向更加多维化。在个人与社会的关系上，社会本位的观念进一步回升，多数师生认可在实现社会价值的同时，个人价值也得到实现；在判断人的价值标准上，倾向于以对社会贡献的大小来作为判断个人发展的价值标准；在知识与金钱的关系上，渴求二者的有机结合，但偏重于知识。在人生目标上，既有理想，也着眼现实，但与改革开放之初的大学生更习惯于理想主义的生活相比，当时的大学生敢于从现实出发，甚而有极端功利倾向。

（二）人生价值取向：由追求物质财富为主导向追求自身的全面发展转变

在 90 年代，高校师生都把物质财富的多少作为衡量人生价值的重要标准，特别是大学生择业时都把收入及其待遇的多少放到核心位置，因而到三资企业，到外贸金融机构成为其首选。然而，随着社会物质财富的增长，人的身心健康、舒适幸福等因素凸显。2006 年教育部高校教师思想

---

① 教育部思想政治工作司编：《新时期高校师生思想政治状况研究（1998—2006）》（内部资料）。

政治状况滚动调查中，对“你生活中最重要的是”的选择：在事业上取得成绩占 43.9%，身心健康占 29.5%，建立一个美满幸福的家庭占 12.4%，自己的特长和兴趣得到满足占 9.7%，而多赚钱，生活富裕则占 4.2%。而 2006 年教育部高校学生思想政治状况滚动调查中，对“你在选择工作时，主要考虑下面哪些因素”的选择中，是否符合自己的兴趣、爱好和专业是否对口占 42.9%，发展机会占 28.8%，收入情况占 12.4%，社会或国家需要占 2.8%。而 2003 年的大学生在选择工作时主要考虑的因素（最多三项），发展机会排在第一（占 79.6%），收入排在第二位（占 71.8%），挑战性排在第三（占 20.7%）。这一方面反映了高校师生的价值追求中自我价值仍然占主导，同时也表明对物质价值的追求下降，对精神价值的追求上升。这种个人取向的人生价值观正在由建功立业、拼搏进取逐渐向追求自我的舒适与快乐转变。

（三）就业和工作压力凸显，积极人生中的现实选择

当今大学生已从依附走向自主，从被动走向主动，从自我压抑走向自我表现。他们在价值观问题上主张独立思考，自主判断，自我选择。这是个体主体意识增强的进步表现，既是社会主义市场经济发展影响的结果，也是社会主义市场经济发展的需求。然而，当代大学生正处在改革开放和发展社会主义市场经济中出现的各种矛盾的交织点上，处在个人成才与社会需要，正确的理性认识与社会上出现的消极现象的矛盾冲突之中。调查表明，学生感到最苦恼的问题主要是就业压力和学习压力。1997 年以来，就业压力和学习压力在该项调查内容中一直突出，持续困扰学生。其中就业压力持续增大。教育部高校师生思想政治状况调查显示，认为就业压力大 1998 年占 22.4%，2002 年占到 31.4%，2006 年占到 33%，2008 年占到 40%。许多学生认为就业压力是目前最主要的压力。持续就业压力，再加上社会贫富差距拉大，教育、住房、医疗的持续改革，使学生的压力增大，原有的激情和理想，不得不面对未来的现实，因此，学生们的学习就更体现实用化了。参加各种有利于考证的培训班，参加各种有利于就业的社会实践，核心目的是解决就业问题。由于从 2006 年开始出现研究生就业形势不好，2007 年开始出现研究生的就业率首次低于本科生，所以许多学生放弃考研的想法，把重点放在考公务员，村干部（公务员成为中国第一考），以及其他资格考试（司法考试、人力资源师考试等），对专业的学习带来一定的冲击。而对教师来说，经济收入和工作压力也很突

出。2006 年教育部高校教师思想政治状况滚动调查中，对“你目前主要的生活困扰是”的选择中，经济收入占 29.4%，工作压力占 27.4%（而工作压力中，教学科研经费不足占 25.0%，工作负担太重占 20.0%，专业技术职务晋升困难占 17%），住房占 20.6%。因而，在教书育人的同时，教师们积极开辟第二职业，弥补生活的困窘。由于职称评审、岗位津贴以及各种获奖都以科研为主，所以部分教师对教学不是很投入，完成任务成为一种常态。这就是在师生积极的人生态度过程中所长期存在的阴影，影响其人生价值取向与价值实践。这些问题实际也是从 20 世纪 90 年代就出现的，它是社会问题，需要政府和师生之间的联动。

在对待人生价值，个人价值与国家、集体利益的关系上，青年教师和老年教师，教师和学生的价值观有一定的差异。一般来说，35 岁以下教师对于奉献精神、集体主义原则等传统价值观认同的比例要比 50 岁以上的教师低 10 个左右百分点，而教师比学生要高 15 个左右百分点。这主要是由代际价值观差异形成的。

第三节　高校师生价值观变迁的轨迹及其特点

“文化大革命”引起党和政府与普通百姓同时都在反思。最有代表性的是关于“实践是检验真理标准”的讨论，由“潘晓”的来信引起的关于“人生道路的讨论”，学术界关于人道主义和异化问题的讨论，以及各种西方思潮的传播，等等。这一切都在不同程度地消解蒙蔽人们的那一层“共同的纱幕”，引起了社会结构不同程度的改变。作为“文化大革命”的直接影响甚至受害者，作为思维敏捷和对新思潮反应灵敏的引领者，高校师生的价值观开始揭开新的篇章。

一　第一阶段（1978—1984 年）：价值观的批判与分蘖期——价值主体意识萌动，价值观开始由单一向多维发展

（一）价值主体意识萌动，由抽象的自我向现实的自我转变

改革开放前，“人”这个主体不断地被虚化，特别是在“文化大革命”中，主体甚至被消解掉，人完全成了一种政治工具而被客体化和异化。然而，如果说那时还存在所谓主体的话，也只是作为唯一的、最高的和整体化的主体——国家。国家通过自上而下的单向行政控制来强化自己

的作用，国家代替了一切社会主体和个人主体。因此，不仅社会结构，而且人们的价值观都显示出“铁板一块”的状态，社会价值观是高度一元。当时中国的主体价值观就是单一的集体主义，或称为个体不自觉的价值观。

在改革开放新形势下，充分发挥社会成员的主观能动性和自主意识成为一种客观需要，思想的解放为价值主体意识的萌动，对追求自我价值、实现价值的多维化提供了自由空间。社会主导价值观对个人利益的认可使多维价值的出现存在可能。社会承认存在国家、集体、个人三者利益，党的工作方针也提出要兼顾三者利益。集体主义已经不再对个人的意愿和个性的发展完全排斥，集体的奋斗目标也容纳了个体选择和个人成才的目标。正是在这样的时代背景下，高校师生开始寻找迷失的自我，重塑主体的价值。由于社会出现国家、集体、个人等不同主体，同一主体也有不同的需求，而不同需求导致不同价值观的产生，所以价值观开始出现多元化。关于“潘晓的来信”讨论中所出现的不同声音，既是价值观由单一向多维发展的典型体现，也是大学生价值主体意识增强的结果。

（二）价值取向由重义轻利、贵义贱利向重义言利、不耻言利转变

改革开放之前，高校师生的价值观与其他社会阶层的价值观一样，都是以集体、社会为本位的整体主义价值观，强调“大公无私”“甘当革命的螺丝钉”。改革开放初期城市的“浮动工资制”和农村的“家庭联产责任承包制”改革，使经济利益直接地与个人的劳动和付出挂钩，打破传统“大锅饭”体制，带来了利益格局新变化，促使师生重新思考人生的意义和价值；组织部门提出“学历和学习成绩同工作经历、工作成绩一样，作为使用和提拔干部的重要依据”，于是，单一的整体利益开始松动，个人利益开始萌芽。一是要求社会承认求利的合理性，让“义”本身就包括“利”；二是希望取得、占有更多的社会资源。有人赞同合理利己主义，“潘晓的讨论”中的“主观为自己，客观为别人”就曾经在当时得到许多高校师生的赞同。但多数师生仍然从国家、集体利益出发评价社会和自我，他们在奉献于社会的同时，也注意到个人的利益和权利。从重义轻利到不耻言利，虽然这还只是一种不成熟、不完备的价值观，但却充满了新生的活力，打破了“贵义贱利”一元化的局面，并最终推动和促进了高校师生价值观的向前发展。

（三）价值目标中自我价值和个人价值的成分增加

改革开放前社会典型的价值目标是“自己活着，就是为了使别人过

得更好些”。而改革开放初期高校师生的价值观发生了明显的变化，崇尚自我价值成为他们的显著特点，不少人在反思批判后发出了重视自我价值、实现自我价值的强烈诉求。

1978 年全国“关于真理标准问题”的讨论和 1980 年“潘晓来信”的讨论，标志着价值主体意识的觉醒——对人的个体价值的肯定与张扬，标志着师生从对政治、社会的关注转向了对自我的思考。青年们提出“社会应重视‘人的价值’，集体应重视‘个人价值’，个人应自觉地按照社会需要提高自我价值”。① 在一定意义上，这场讨论促使个人意识、自我意识、价值意识特别是自我价值意识，逐步进入社会的视野。但在怎样看待自我价值上，有不同的选择：一种主张应该纠正“文化大革命”中忽视自我价值的极端倾向，强调自我价值与社会价值的一致性。五六十年代的大学生强调的是“大河有水，小河不会干”；80 年代初大学生强调的是“小河有水，大河才会有水”。也就是说：前者认为离开了集体，个人的价值等于零；后者认为，离开了个人，也就无所谓集体价值可言。另一种是极端“自我”。他们认为“你应该去发觉自我，只有自我才是绝对的。历史是由人的活动组成的，所以每个认识到自我价值的个人都可以问心无愧地说：‘我就是历史。’”②

（四）价值评价标准：由单一的整体主义转向了社会和个人的结合

随着改革开放和社会主义商品经济的发展，经过批判与反思，多数师生开始从集体本位出发评价社会和自我，他们在奉献于社会的同时，也注意到个人的利益和权利。他们既注重社会对个人的意义，也注重个人对社会的意义，力图以自主、自觉的奋斗过程来为社会做贡献。人活着，就要有价值，而人生的价值只有在所从事的事业上才能展现出来。但也有部分师生在群己观念上发生了向个人本位和利己主义的偏移，从自我本位出发评价社会和集体，凡事从自我利益出发，以交换的原则处理个人和集体、社会，自己与他人的关系。

二　第二阶段（1984—1992 年）：价值观的多元分化与冲突期

（一）价值观的多元分化

1984 年后中国社会转型、体制转轨实质性启动，西方社会思潮也开

① 郭楠柠：《潘晓讨论的前前后后》，《当代青年研究》1994 年第 2 期。

② 李春玲：《“潘晓讨论”是非功过评说》，《青年研究》1993 年第 9 期。

始大量在中国传播。高校师生的价值观正处在“时空压缩”的交汇点上，表现出“多元并存，新旧互动”的特点，师生的价值观已由单一走向多维。在价值内容上，中国传统的价值观念、建立在计划经济基础上的价值观念、过去“左”的一套价值观念、西方传入的价值观念，以及改革开放实践中新生的价值观念同时并存。在价值标准上，有的“唯书”，有的“唯上”，有的“唯实”，有的“跟着感觉走”，有的跟着“时髦”走；有的以社会利益为标准，有的以小团体利益为标准，有的以个人利益为标准。在价值取向上，有的重钱，有的重义；有的重享乐，有的重事业；有的重原则，有的重“关系”；有的重理想，有的重现实。还有更多的人是兼顾。多元化的价值观既给师生多种选择，但也容易导致师生的价值困惑和价值冲突。

（二）价值冲突凸显

这一代的大学生跨越了“文化大革命”和“改革”两个不同的时期，理想与现实的反差导致的价值冲突。而且随着中国改革开放全面推进，社会矛盾凸显，新旧价值观念激烈碰撞，使师生处于一个价值眩晕期。

价值主体意识的觉醒导致价值观的多维化，即价值观的多元性、多层次性、多样性。多元化的价值观既给价值主体更多选择，导致高校师生对各种价值观采取一种宽容和各取所需的态度。但由于社会主导价值观功能的弱化，新的社会主导价值观没有及时重塑，这就导致价值观念的整合程度不高（即一致性程度不高），甚至常常显示出剧烈的矛盾、混乱和冲突。价值冲突主要表现在两个层面：一是社会主导价值观与高校师生的主体价值观的冲突。社会主导价值观念倡导的“大公无私”“无私奉献精神”“动机与效果合一”“共产主义理想的价值目标”，在师生中认同下降，反之，“个人利益”“自我意识”“多奉献多索取”“个人奋斗”等价值观凸显。1988 年，《中国青年》刊登朗朗的来信引发了关于“寻找丢失了的‘草帽’”的讨论，反映了大学生社会化与世俗化的价值冲突。社会化要求他们成为“道德人、伦理人”，而世俗化则肯定及时享乐——现在的快乐就是未来的理想，这便导致他们不仅找不到真正的快乐，反而陷入更深的迷茫。二是高校师生自身的多维价值取向和价值评价标准的冲突。主要表现为价值认知与价值行为的冲突。具体反映在：（1）对不同事物或现象的价值判断依循不同的标准，造成各类价值判断之间缺少较高程度的一致性。比如，与婚姻性爱方面价值观变化比起来，青年对家庭关系、国家政治事务的价值评价，显得更加传统一些。（2）价值选择常常自相矛盾，这是缺乏稳定性的表现。在职业选择与评价方面这种矛盾表现得较为明显，选择与评价的依据一会儿被定在“收入”上，一会儿被定在“声望”上，或是被定在“自我实现（发挥特长）”上。（3）价值评价具有明显的双重性。“他们往往在观念上认同集体主义价值取向，在行动上却主要从个人利益出发；以集体主义的价值标准要求别人，对自己却采取利己主义的价值标准；对学雷锋活动、见义勇为等行为，在观念上认同，但却没有转化为自己内在的行动；对自我采取肯定性评价，对他人却采取否定性评价，等等”。①

（三）价值取向：自我价值凸显，世俗化初见端倪

改革的实质是对社会资源和利益的重新分配和调整。1984 年后体制改革特别是经济体制改革的深入给全社会价值观的变化带来了最直接最有力的影响，这种影响表现在三个方面：第一，经济改革最本质的特征是经济利益日益个人本位和小集团本位。第二，经济结构的调整导致“脑体倒挂”的格局，造成了知识分子的社会地位和经济地位的严重分离。第三，在利益分配严重不公、失衡的情况下，国家进行较大幅度地触及个人利益的商品价格制度、住房制度的一系列改革，对低收入的知识分子来说，在心理和利益层面无疑是更大的冲击。这一方面导致师生的主体意识、自我意识凸显，同时也导致高校师生的价值取向进一步世俗功利化。他们在从事一项行为时，开始理性地考虑行为对于自己发展的意义，并且毫不讳言自我设计是实现自我价值的有效途径。

在认知层次上，多数仍能认同集体主义的观念，承认国家利益优先的原则。但在对待个人主义的态度上，与以往集体主义观念相对的是，激烈的批判主义的态度正逐渐转向公开的同情和保护。既为国家，又为自己，“主观为自己，客观为别人”这种实用理想主义是当时师生占多数的自我价值观。到了 80 年代末期，不少大学生在“红道”“黑道”与“黄道”之间，选择了“黄道”。一项调查显示，71.2%的学生坚持“按劳取酬”，13.2%的学生坚持“任何劳动都应有报酬”，46.2%的人认为“大学生应理直气壮地争取个人功利”。更令人关注的是，在申请入党的学生中，竟

① 陆建华：《论青年价值观念的整合机制》，《当代青年研究》1992 年第 4 期。

有 42.1%的人把谋取个人利益和自我实现，作为入党的动机。①

特别是 80 年代后期，由于参与社会受挫以及社会中的不公平因素和西方社会思潮的影响，他们对改革开放和国家发展的前景，对个人的前途都产生了困惑。在彷徨与苦闷的思考中，在经商热、厌学风和出国潮的冲撞中，他们又转向了崇尚自我。这打破了自我与社会、个人本位与社会本位的关系在 80 年代中期一度出现的和谐，而且向个人本位方向的倾斜度，远远超过了 80 年代初期。

（四）价值评价标准的西方化、物质化

首先，价值评价参照体系：从国内转向国外，从纵向转向横向。改革开放前和改革开放初期，高校师生的价值评价参照体系是传统价值体系和新时期的社会主导价值体系，而随着开放的深入，特别是 1984 年后西方社会思潮的涌入，为高校师生认识和改造社会，认识和重塑自我提供了新的参照体系和分析工具。高校师生是这场社会思潮的引入者和传播者，他们因长期的封闭及其对传统反思的基础上，以西方的价值体系为参照，来指导和评价中国的改革开放，来指导自己的行为。而西方价值体系的个人主义核心价值观就纷纷浸润高校师生的心灵，对传统的整体主义价值体系带来巨大的冲击。80 年代高校师生中的自由化思潮及其对中国政治体制改革的方向性倾向就是其用西方价值体系来评价、指导中国改革开放实践的典范。

其次，由于知识价值的贬值，知识作为评价的标准受到挑战，金钱等世俗价值受到推崇。在现代社会，知识已成为一种最有价值的财富，而对知识和掌握知识的优秀人才的尊重（包括给予知识分子以较优厚的经济待遇）也是世界范围内的普遍趋势。我国也一再地强调知识的价值和改善知识分子待遇，但由于知识分子的价值未能得到充分的肯定（这里的肯定并非指口头上的重视和鼓励，而是指在社会系统中得到的价值报偿）。与此同时，出现了知识“贬值”、知识分子的相对地位和待遇下降、新的“读书无用论”抬头等现象。于是人们之间相互评价和衡量的价值坐标系也同样发生了倾斜。人们常常用挣钱多少、社会关系网络的疏密等世俗价值观衡量别人的价值。在这个坐标系下面，具有很大社会价值并理应受到人们尊重的专家、学者、教授，在不少人眼中失去了光彩。不少大

① 刘德寰、杨力伟：《改革开放对大学生价值观念的影响》，《青年研究》1992 年第 1 期。

学生认为上大学吃亏，书读得越多得到的价值补偿反而越低。

三　第三阶段（1992—2002年）：价值观的个体化与世俗化时期——价值观从终极性价值理性向工具性价值理性转变

（一）价值本位上，由社会—个人取向向个人—社会取向转变

在计划经济体制下，传统的价值主体是立足集体和社会本位来建立人生坐标的，忘我和奉献是价值选择的根本特征。随着社会主义市场经济体制的推行，竞争原则、利益原则正在影响着人们的思维方式和行为准则，作为价值选择的主体其人格结构正从计划经济的依附型人格向社会主义市场经济的独立型人格转变，并以相对独立的身份参与社会。他们注重自身价值，主张自我价值的实现。师生的价值本位虽然仍然以社会本位为主，但其价值观已明显向个人本位偏移，倾向于把社会作为个人发展的现实条件。强调人人为我，我为人人的价值评价标准。在1999年高校学生思想政治状况滚动调查中，针对“大学生择业的主要考虑”因素，选择“兼顾国家需要与个人兴趣”的占39.3%，选择“有利于个人的发展”占32.6%，选择“自我设计、自我选择”的占22.9%。从这三项就可以看出大学生的自我价值和个体价值的重要地位。在2001年高校教师思想政治状况滚动调查中，针对“当有人需要你的帮助时，你可能”的选择时，有40.5%的教师选择“在不损害自身利益的前提下可以帮助”，有33.1%的教师选择“无条件地尽力而为”，12.8%的教师选择“视关系密切程度而定”。这也表明他们虽然追求个人与他人、社会的统一，但其是在基于自我基础之上，把社会对个人的回报作为价值取向的条件的，与传统的无私奉献，以及社会本位基础上追求个人利益是不同的。

（二）价值取向由理想价值观向世俗价值观，精神价值观向物质价值观倾斜

1992年以后，中国的改革开放进入新阶段，即以政策改革为导向向以体制改革为导向，建立社会主义市场经济体制作为改革的方向和目标，引发高校师生心理嬗变，突出体现在心理的自我调整和行为的积极适应。在反思学潮和顺应体制转型的基础上，师生的价值取向普遍从社会转向自我，关注视野从国家大事转向个人生活领域，从抽象理论问题转向具体生活问题，从理想转为现实。价值观开始向个人本位、功利化倾斜。

如果说80年代高校师生的世俗化倾向还主要停留在价值观的浅层，

还主要停留在意识层面上（价值观应该包括五个层面：意识或者认知、信念、信仰、理想、实践），那么90年代开始，社会转轨的方向已基本清晰，谈论和言辞的时代已经终结，代之而起的是行动时代的到来，世俗价值观开始上升到信仰层面，并开始指导实践。即世俗化和物质主义价值取向逐渐从表层和话语层面深入到内在和行动层面。

高校师生讲究务实，注重实惠，这一方面使人们的价值目标从虚无缥缈的“理想王国”走向贴近实际的“现实王国”，使目标的实现具有更大的可操作性，这对于正确认识和评价自己的能力与价值，不断校正其人生追求是有利的。但另一方面，世俗价值观所导致的最明显后果不仅表现在人文精神的失落及对终极意义和价值的淡漠，同时还导致了与此密切相关的作为三位一体的拜金主义、享乐主义和消费主义的盛行。一项调查显示，大学生在选择工作时考虑的重要因素依次为：经济收入（78.4%），能否实现个人价值（59.6%），权力和社会地位（55.6%），工作舒适、位于城市（53.7%），出国深造机会多（32%）。同期对上海重点学校大学生择业观的一项调查发现，73%的毕业生概括自己的职业选择是所谓“新三到”（到国外去，到沿海去，到赚钱最多的地方去）。[①] 这些都充分说明，大学生的主体自觉的人格特征中渗透了许多功利性、实用性和浮躁心态，实行以个人需求为中心，以“实用”为标尺进行自我发展设计的取向。大学生择业从追求职业的社会地位、声望向实际利益转化。

同时，大众文化的兴起，导致校园和社会公共价值的衰落和文化相对主义的出现，使得社会的主流思维模式从传统社会的价值理性逐渐转向现代社会的工具理性。人们考量生活和行动的重心，不再是衡量其有何终极性意义，而是作为达到特定世俗目的之手段，是否有效和合理。市场的标准成为了价值评价的标准，流行和时尚内化为大多数人的审美观念和价值准则。

再者，由于改革政策缺乏稳定性，导致高校师生对未来的社会预期模糊，而且由于价值取向由理想型向实用性转化，高校师生的价值目标出现短期化，突出表现为急功近利。追求短期利益的价值倾向是当前价值体系的又一特征，从宏观的经济活动到一些社会成员的价值行为，都带有一定程度的急功近利、只顾眼前实惠的偏向。曾经有那么一段时间，大学里的

---

① 苏颂兴等：《分化与整合——当代中国青年价值观》，上海社会科学院出版社2000年版，第84页。

基础专业纷纷迎合功利化的社会风气之所需，改为社会热门的经济管理、计算机技术、广告设计、文秘等专业。

（三）价值主体更加理性化

改革开放后，高校师生的价值困惑主要体现在两个方面：一是对“文化大革命”时代“左”的价值观的困惑；另一个是后来面对多元价值观的困惑。1992年之后，社会心理呈现出日益开放状态，其重要标志就是标准多元化、理性化了。

首先，价值标准由单维的、非此即彼式向多维宽容互动。过去人们判断事物的标准大多是单维的、非此即彼式的，而现在人们看待事物时更多地呈现出以下态势：第一，更趋向于强调事物的客观性、多样性；第二，标准的多维性导致了人们心态的宽容性。在2000年高校学生思想政治状况滚动调查中，针对“你认为当前处理人与人之间利益关系应该遵循的原则”：有41.0%的学生选择没有固定的原则，根据具体情况而定；30.1%的学生选择利己而不损人原则，15.9%的学生选择先利人后利己的原则。而在2001年高校教师思想政治状况的同类调查中，有28.5%的教师选择没有固定的原则，根据具体情况而定；29.7%的教师选择利己而不损人原则，25.5%的教师选择先利人后利己的原则。这足以反映师生价值选择和评价的理性化。

其次，在价值选择和评价上，师生的主体意识明显增强了，追求和取向日趋多样化了。人们用自己的好恶判断事物，不再盲目听从统一的评价，个人的价值取舍也不再盲目服从统一意志的安排。进入20世纪90年代初期，基于国内的“八九政治风波”、东欧剧变以及西方国家对中国的封锁制裁，高校师生开始静下心来反思前一段的所作所为。经过反思之后，他们开始从前一阶段的盲目、经验、感情用事走向了主体的自觉、理性和现实，这也说明高校师生逐渐走向了成熟。一项关于“对成功者的看法”的调查显示：“命运自主、个性洒脱”占22.1%，“事业顺利、收入可观”占15.72%，“人品高尚、富有魅力”占14.59%，“婚姻美满、幸福”占12.05%，“知识渊博、品味高雅”占11.2%。从中可以看出，各项之间差距不大，没有一项占绝对优势，这反映出其价值评价标准的自主性、多样化。①

① 刘平：《多元趋向，崇尚个性，自信自省——上海青年价值观调查分析报告》，《当代青年研究》1995年第2期。

再次，现实主义代替了未来主义或理想主义。现实主义只重于现实的创造，主张以现实的事实支配人的生活，它把未来置于现实的基础上。现实主义并不排斥理想，它只排斥那种脱离现实实际的空想。当代师生不再热衷于大规模的政治参与或者坐而论道的政治学习，但并不是说他们不关心政治，他们更关心经济发展、公共政策等，这是关心政治的另一种形式，这种对政治的关心更加理性。当代大学生不再偏激逆反，他们倾向以理性的心态面对政治现实中的矛盾问题。但我们也必须承认，他们趋于冷静理性的政治认知更多的是建构于显而易见的事实判断基础上的，而与抽象的真理性追求无关。

(四) 价值取向：价值整合的趋势出现

20 世纪 80 年代既是一个各代人价值观相互碰撞和冲突的年代，也是一个各代人的价值观进行历史调整的年代，而市场经济观念和体制的适时而至，又正好使这一整合从根本上成为现实。20 世纪 90 年代以市场经济为根基的社会价值观的整合是“动态的整合”。动态的整合意味着不是使价值观成为铁板一块，而是在价值观的动态整合过程中，价值观的分化和碰撞可能会更加激烈；动态的整合更不是以消除多维价值观的差异为前提的整合，而恰恰是以价值观的差异和多元为前提的，是以非对抗性的宽容、协商为基础的。

在 90 年代后期，整合趋势渐显：学生从比较注重理想和追求，到比较注重现实和功利，把理想追求和现实功利结合起来；从注重奉献的理想主义，转向注重实惠、实用和物质享受的现实生活，倾向于奉献与索取并重；从注重知识的价值、理性的追求，到注重金钱的价值、感官上的享受，认为即使是追求理性和知识的同时，也需要金钱和物质享受。在不损害他人利益的前提下谋求个人发展，成为大学生中比较普遍的价值取向。在 1999 年高校学生思想政治状况滚动调查中，同意“正当地索取，积极地奉献”占 90.3%，而教师对该项的选择也高达 87.7%；而学生在择业时的考虑因素排在第一位的是“兼顾国家需要和个人兴趣”。多数被调查者仍然不同意“个人利益最大限度的满足是实现社会整体利益的前提”这一说法，绝大多数被调查者仍然认为“市场经济也需要雷锋精神”。总之，师生从否定传统取向转向辩证看待传统取向，从机械地选择现代取向转向实现传统与现代取向有机融合的取向，使现代价值取向更具有时代精神和中国特色。

四　第四阶段（2002—2008年）：价值观的多元整合与回归超越期

进入新世纪，社会主义市场经济体制及其运行机制日趋完善，中国的改革开放成绩斐然，中国的大国地位和风范日趋突出，创新型国家与和谐社会的构建，既为广大师生提供了广阔的施展舞台，又让师生对改革开放后的日趋完善的社会制度、政策及其主导价值观认可增强。特别是社会主义核心价值体系和“八荣八耻”对社会的引领与整合，高校师生的价值观也由分化开始走向整合，与社会主导价值观由偏离开始转向回归和超越。微观上多维，宏观上一致特征渐显。

（一）价值取向：多元取向中现代性价值观继续发酵，后现代价值观初见端倪（由拜物教意识——对异化之物的崇拜转向以人为本）

1. 世俗化进一步凸显

世俗化包括两个方面的内涵，一是指随着科学的发展，普遍主义与理性原则取代神学教条；二是指一种消费主义和享乐主义，注重现世善的生活，而不是来世的生活，世俗化表明信仰力量的消解和宗教禁忌的瓦解。[①] 其价值取向体现为以追求现世具体功利为目的，以感官的愉悦为满足，以短期利益为目标。20世纪末，中国卷入了经济全球化的行列，本土性的物欲主义价值观得到了全球消费主义意识形态的强烈支援，使中国世俗化的步伐加快。同时，信仰层面的“真空”使得物欲主义甚嚣尘上，无所阻挡。在当代中国人的精神世界里面，由于宗教性的终极价值之匮乏，随着社会主义市场经济的推进，世俗化也进一步演变，从社会生活层面向精神层面延伸。

一方面，大学生更加务实。随着大学生中独生子女的增多，大学生对自我本位的思想达到一种极致，广大学生正渴望通过“大跃进”来实现自身价值。特别是本科和研究生扩招带来的学历高消费和就业压力，大学生“天之骄子”的地位更是一去不复返了，学生们对自己的前途有了更加清醒的认识，价值追求更加理性、务实。另一方面，世俗化所追求的效果最大化的思维方式和价值取向，弱化甚至瓦解了以信仰为基础的崇高感和道义感，导致知识分子丧失激情冲动，批判意识削弱，以及以天下为己

① 吴忠民：《发展社会学》，北京高等教育出版社2002年版，第157页。

任的使命感的淡化。① “经济理性人”是其真实写照。大学教师中出现急功近利，研究生导师“老板化”，学术失范、学术垃圾和造假泛滥突出，一个重要的原因在于独立学术精神的缺失，追求真理的学术理想被世俗、物质的价值观所裹挟、同化。

但随着社会功利性、短期性的价值追求所带来的负面影响（诸如资源浪费、环境污染、扩招带来的学生培养质量的下降），国家适时推出科学发展观，师生们也注意自身和社会的和谐发展，追寻长期目标。“非典”“5·12大地震”对师生心灵带来强大震撼，他们不再盲目的物质化，有了更多的精神追求，终极性价值理念开始增强。

2. 后现代主义价值观初见端倪

传统观点认为，价值观变迁遵循传统—现代的单向度的现代化理论分析范式，而英格尔哈特根据1990—1993年对40多个国家所做的“世界价值观调查”的横贯数据分析后提出，当今世界各国的价值观变迁实际上存在“两个维度”：一个是“现代化”维度，它反映的是从“传统价值观”向“现代价值观”转变的程度；另一个是“后现代化”维度，它反映的是从“生存价值”向“幸福价值”转变的程度。此外，他还依据近20多年来的纵贯数据，令人信服地揭示了当今世界发达工业社会出现的从“物质主义价值观”向“后物质主义价值观”、从“现代价值观”向“后现代价值观”转变的文化变迁趋势。②

后现代主义是20世纪60年代主要是80年代以来盛行于西方世界的一种泛文化思潮，是对工业文明以来的西方文明包括以启蒙、绝对理性、主体、民主、自由等现代社会基本理念和运行机制的检讨与深层次反思。其基本倾向是用多元性反对统一性、用不确定性和模糊性等取代确定性（反基础主义），用破碎性、边缘性取代中心性（即反中心主义），用情感和冲动反对理性（即反理性主义）等。后现代主义所具有的批判否定精神、异质多样的文化意向、冲破僵化保守的等级秩序、提出新的时代课题、建立新的思想体系、呼唤人的尊严等方面具有积极意义。

① 萧功秦：《世俗化与无根化：变革时代知识分子的困境》，萧功秦的博客，http://user.qzone.qq.com/622007818.

② ［美］罗纳德·英格尔哈特：《现代化与后现代化——43个国家的文化、经济与政治变迁》，严挺译，社会科学文献出版社2013年版，第201页。

与西方现代化进程相比，中国的现代化是迟滞的。然而，现代化的反现代性后果在中国已趋于显著。因此，20世纪90年代以来，当后现代主义思潮在西方因解构之风向新的建构之风转换而走向式微的时候，在中国却找到了生存的土壤，其放逐真理、肆意享乐、当下即是的平面化的生活观和价值观深深地影响着中国的大学生。但由于中国仍然是发展中国家，中国式的后现代主义不是以严肃地反思、批评现代的态度出现于中国社会，而是以形形色色的“现代”的面目通过各种模仿和生活方式，特别是通过大众传媒传入我国城市社会，极大程度地侵染着我们的大学校园。高校师生的后现代价值观主要体现在以下几个方面：

第一，主体意识的增强与主体意识的弱化同在。市场经济体制的日趋完善，以人为本的核心价值理念的确立及其实施，社会发展进入马克思的摆脱人对人的依赖和人对物的依赖时期，人的主体意识增强，权利意识、自主意识、个人奋斗意识浓厚。高校师生逐步摆脱了社会义务本位的主流价值，由传统的政治化、道德化的价值倾向转变为以经济为基础的功利实用倾向，开始全面重新审视并高度重视自我价值，显示出强烈的“自我”意识，崇尚价值主体的自我化。然而，世俗化和大众文化的进一步加强，将使师生特别是大学生裹挟在大众文化的价值洪流中，缺少思维的空间和理想价值的维度，导致主体不能自主。

第二，价值评价出现模糊性甚至错乱。教育部高校师生思想政治状况滚动调查中，针对“社会主义终究可以战胜资本主义”，1999年有18.0%的学生选择“说不清”，2002年有33.2%的学生选择“说不清”，2006年有30.9%的学生选择“说不清”。同样，1999年有21.2%的教师选择“说不清”，2002年有36.9%的教师选择“说不清”，2006年有36.3%的教师选择“说不清”。否认社会历史发展的规律性和发展趋势，主张社会历史进程的碎片化和不确定性，正是后现代主义的基本主张。受后现代主义中的相对主义和非理性主义思潮的影响，一些大学生误认为只有彻底否定才能有所革新和创造，因而对我国传统的价值观念和文化采取一概排斥的态度，对现行的一些合理的价值观念也抱冷漠、抵触的情绪。于是，正常的道德教育被视为“伪善”，对违纪悖德的行为感到的不是耻辱，反而是“个性”。诚实、厚道是“无能”，艰苦朴素是“寒酸”“老土”。不少大学生把追求“报效祖国、建设祖国、辛勤奉献”等崇高理想视为过时，认为是“出风头”“作秀”“迂腐”。当这些情绪与社会占主导地位的价值观念发生冲突，再加之社会政策方面的偏差等外在因素，一些大学生就由对现状强烈不满转而心灰意冷，悲观失望，不知所措，进而听天由命，满足现状，不思进取。

第三，责任意识功利化甚至责任消解。在中国传统儒家的价值体系中，一直内嵌着一个“我—家—国”的逻辑，但自我理想与家国梦想交织的责任感终于在后现代的语境中轰然倒塌。首先，大学生群体自觉将责任与前途等同起来，将义务与道德私有化。大学生群体赋予“责任”以新的含义，“如果指的不是法律意义上的责任，我觉得责任是一种习惯吧，我权衡一下怎样是更合算的，我破坏这种习惯的成本和我维持这种习惯的成本，如果我觉得继续维持下去比较合算的话，就是我尽责任了”。[①] 责任，已不再具有群体意义和道德评判，转而呈现出一种个体性——对于国家、民族、社会的责任都转化为对于自我的责任。其次，他们从博弈论出发，认为整个社会都处在一种博弈之中——以最小成本来获取道德上的“善”。为了自己的利益，很多人并不会选择道德上的善。但是，正是由于道德判断和选择的自由，使一种强迫人们为了拯救自己、为了自己的幸福或者为了自己的利益而行善的外部力量成为可能。责任承担在这样一种道德悖论中实现救赎。基于博弈论而建立的交往理性彻底毁灭了中国传统的人情社会，在这种背景下，师生的责任承担成为一种建立于成本—收益模型上的社会经济学，交往成为一种检测有用性的功利主义诉求。

（二）价值目标：公平的基础上实现个人与集体、社会的关系和谐、共赢（集体主义的回归与超越）

改革开放之后，中国社会价值观实现了从一元价值观向一元价值观与多元价值观互动的变化，从整体价值观向整体价值观与个体价值观融合的变化，从理想价值观向理想价值观与世俗价值观共存的变化，从精神价值观向精神价值观与物质价值观并重的变化。这种价值观处于一种张力关系之中，一方面构成一种相互依赖的对应关系，另一方面却又存在着某种紧张状态。[②] 要实现高校师生多元价值和谐，就必须实现上述价值观之间张

① 张帆、沈旭：《当代大学生价值观新动向——后现代语境下的大学校园亚文化》，《中国青年研究》2006 年第 3 期。

② 廖小平等：《改革开放以来中国社会的价值观变迁》，《湖南师范大学社会科学学报》2005 年第 6 期。

力关系的平衡。

改革开放后，高校师生的价值本位发生了巨大的变化，但从整体上看，并没有对我国传统的、集体主义的、社会本位意识的完全否定，只是对计划经济体制下将人们的道德价值观过于定位于社会道德价值体系的反弹，是对过去过分片面强调社会本位的一种纠正。

首先，师生对“集体”有了新的认识。在传统意义上，我们一直认为集体是介于个人与国家之间的一个范畴。然而，介于个人与国家之间的是社会，而不是传统意义上的集体。集体与社会是两个不同的概念。集体是一个组织内的概念，任何组织其内部都有一个整体利益的问题，从而要求一种集体主义或大局意识。但是，从某种意义上说，并不是打上了集体的旗号以后，任何行为就都会高尚和合法起来。特别是社会对“特殊利益集团”或者既得利益集团（指称那些利用公共权力获取本集团内部个人利益最大化的公共部门或集团）的揭露和愤恨，更促使师生对传统“集体”概念的反思。

其次，师生对集体主义有新的见解。集体主义是我们的一项基本道德原则，是社会主义核心价值观的主旋律。高校师生认为新型的集体主义，既不是中国传统意义上的整体主义，也不是西方传统意义上的个人主义，而是对两者的整合与超越。改革开放前的集体主义（革命集体主义）强调整体至上，强调义务轻视权利，强调责任轻视自由，强调集体轻视个人，甚至有时把个人利益与个人主义弄混淆了，平均主义倾向，自觉不自觉地将竞争与互助、效率与公正等对立起来；而集体主义则主张权利和义务相结合，自由和责任相结合，集体和个人相结合。在集体利益高于个人利益的总原则下，要重视个人的正当利益，维护个人的尊严、价值和权利，促进个人的进步和发展，这是社会主义的集体主义的应有之义。在访谈中，绝大多数教师和同学都赞同“个人只有在集体中才能得到更好的发展”，赞同“多奉献，多索取”和“积极地奉献，正当地索取”。也有同学说，我们可以坚持集体主义，但我们不希望在我们坚持集体主义的同时，别人在搞个人主义，并且是有特权的个人主义。

最后，在如何处理集体与个人之间的张力上，高校师生更加理性化。他们认为，在社会生活、公共领域应该以社会本位为主，在个人生活、私人领域应该以个人本位为主。在集体取向与个体取向并存的同时，在个人生活上则表现出强烈的个体本位取向。如果说现代意义的个人主义是时代赋予他们的被动选择，那么后现代话语中的个人主义则是他们的自由意志。“任何人的行为，只有在涉及他人的时候才须对社会负责；如果仅仅涉及本人，那么他的独立性就是一种绝对的权利。对自己、对自己的身心来说，个人是最高主权者。”① 在社会组织多元化的情况下，要保证各个集体中的每一个个人的利益都能够得到关心和保护，实现全社会意义上的公平正义，就要求通过公平的制度来进行规范和调节，从而不仅使得每一个集体内部的成员个人利益得到保护，而且使得各集体之间的个人利益关系得到公平合理的规范和调节，实现全社会每一个成员在一定约束条件下的个人利益最大化。

因此，在当代中国，个人与集体的关系正处于重构阶段，体现为集体主义的压倒性优势，逐渐被个人与集体关系的平等基础上的互利所取代。

（三）价值本位：实力本位为基础，权力本位有所上升

随着市场经济的逐步完善，能力和业绩成为评价个人成功的核心标准，“实力本位”成为社会的主导价值本位。社会提供了多种多样的实现价值的机会和舞台，只要自己有“本事”，有“实力”，就不难找到实现价值的途径。但是，由于社会上公共权力仍然处于强势地位，特别是经济发展和社会建设的实施，政府的智能和作用更加凸显，再加上事业单位的企业化改革方向的全面展开，在一定程度上又强化了社会的官本位意识。从学生的角度看，天下第一考——国家公务员考试是最突出的表现。虽然部分学生是由于就业难而参加公务员考试，但是，许多有条件找到工作的学生都把参加公务员考试作为首选，大部分学生至少参加了两次公务员考试。甚至有博士生参加大学生村干部考试，来实现“曲线救国”的梦想。（因为村干部两年后参加公务员考试可以加分，或者有单独的招生指标，或者部分地区经考察合格后可以直接转化公务员）作为高校教师也如此。由于高校内部行政权力与学术权力的张力，导致在一定程度上行政权力处于强势地位。于是，一部分教师参加公务员考试，一部分教师积极参加校内各行政岗位的竞聘，部分学校出现副教授参加科级干部竞聘、教授参加副处级干部竞聘的现象。

① ［英］史蒂文·卢克斯：《个人主义》，阎克文译，江苏人民出版社2001年版，第58页。

第四节 高校师生价值观变迁的趋势及其预测

一 高校师生价值观预测的依据

（一）高校师生价值观变迁轨迹及其规律研究的梳理

为了展望未来的大学生价值观变迁的趋势，以此指导我们的价值观教育和价值实践，部分学者曾做过专门的研究，有代表性的主要有：宋惠昌认为，中国价值观将由国家本位走向公民本位。具体表现为由封闭走向开放、由一元走向多元、由单纯的“国家本位”走向“公民本位”、由“拜物教意识”走向“以人为本”。[①] 彭建标等认为，中国青年价值观的演变趋势将从封闭到开放、由浪漫到实际、由绝对到相对、由一致到多样、由不变到多变。[②] 黄凯锋认为，从价值观内容本身的角度看，高效、公正、互利将成为未来中国青年追求利益的基本价值原则；从价值观基本取向的角度进行预测，自我与社会的冲突和调适仍将是未来青年价值观走向的主流。中国青年价值观将延续在高度分化基础上逐步走向整合的趋势；从价值观特性的角度进行预测；不确定性与非均衡性作为青年价值观发展的特点还将继续存在较长时间。[③] 王绍玉等认为，当代大学生价值取向的未来趋势是：社会选择与主体选择的辩证统一，集体主义与尊重个人的辩证统一，道义原则与功利原则的辩证统一，科学理性与人文精神的辩证统一，全球意识与民族意识的辩证统一，法制意识与平等观念的辩证统一。[④] 苏颂新等认为，中国青年价值观变迁的趋势是：冲突和调适、开放性和先锋性、趋近与背离并存，并且出现生态伦理的新思维。[⑤]

总的说来，上述预测从研究范式上，主要是传统—现代，个人—社会

---

① 宋惠昌：《由国家本位走向公民本位》，新华网，2008 年 5 月 12 日。

② 彭建标、陈勇：《中西青年价值观发展的共同趋向及其原因探究》，《山东科技大学学报（社会科学版）》2002 年第 2 期。

③ 黄凯锋：《21 世纪初青年价值观预测》，《当代青年研究》1999 年第 6 期。

④ 王绍玉等：《跨越转折——当代大学生价值取向报告》，企业管理出版社 2002 年版，第 114—118 页。

⑤ 苏颂新等：《分化与整合，当代中国青年价值观》，上海社会科学院出版社 1998 年版，第 276—299 页。

的二元模式，缺乏“全球化”视角，未能将中国大学生的价值变迁置于全球化的时空背景来加以考察。而事实上，当代中国青年的价值观变迁，是在实行对外开放的情景下发生的。因此，它无疑要受到全球化浪潮的影响。换句话说，国外青年的价值观，尤其是在发达国家青年中出现的后现代价值观，无疑会影响到今日中国大学生价值观的变迁。从内容上，“以个体本位为核心”“集体主义的复归”“多元倾向不可逆转”等趋势为主，各有各的实证资料支持和理论阐述。但最有代表性的是由“二元”性向“两重”性（即融合性）为代表。即从一元价值观向一元价值观与多元价值观互动的变化；从整体价值观向整体价值观与个体价值观融合的变化；从理想价值观向理想价值观与世俗价值观共存的变化；从精神价值观向精神价值观与物质价值观并重的变化。值得思考的是，多元价值观究竟是否能够统一、怎样达到统一、如何在二元之间做出取舍、统一的机制是什么？这些方面很少涉及。

（二）西方价值观变迁的轨迹及其规律

西方价值观变迁的轨迹及其规律，我们立足于三个方面来考查与借鉴。第一，发达国家主导价值观变迁的轨迹；第二，发达国家大学生价值观变迁的特点及其规律；第三，中西方大学生价值观变迁的轨迹及其特点的异同。大学生价值观的变迁以西方大学生价值观的变迁为参考，教师的价值观以西方主流价值观的演变为参考。

在西方，社会主导价值观经历了从古希腊罗马的幸福主义价值体系到中世纪以上帝为轴心的价值体系，从近代以个体为轴心的价值体系到当代以个性自由发展和整体有序为指向的价值体系演变。① 在当代西方，由物质主义向后物质主义的转变不仅是代际之间的价值转换，也是社会主导价值观的发展趋向，还意味着人类进步与发展方式和观念本身的变革。“二战”结束以来，由于发达国家社会近30年的持续繁荣，使几代人中出现了越来越强的后物质主义价值取向。战前一代人注重人身保障和安全的物质主义价值观，而出生于1946—1965年（生育高峰期）一代有意识地与父母决裂，他们要求个性解放、街头“造反”等“改造世界的理想”。出生在1965—1981年期间“X一代”甚至不在乎财富和成功。由于在少年时代经历过70年代的经济衰退和新的繁荣，他们虽然对未来信心不足，

① 江畅：《西方价值观念与当代中国》，湖北人民出版社1997年版，第2页。

但是行为较为自主，也较为远离物质主义价值目标。现在，全球化一代（G一代）人又向我们走来，大多出生在1977—1994年，他们比生育高峰期的那一代理想主义者更务实，比“X一代”更有信心，更有个体自觉，并更具全球环境关怀。同时，他们又不像前辈那么反叛，与上一代人没有“代沟”。他们崇尚“生活质量”和个人自由，是后物质主义价值观天然的社会基础。① 总之，西方社会主导价值观的总趋势是人们改变对消费、金钱、人身安全等物质主义目标的单一追求，从关心经济和人身安全转向关心“生活质量”，从关心物质价值转向关心“后物质价值”。年轻一代比老一代更重视人的“生活质量”，包括个人自由、个人选择和环境等“后物质的”主客观指标；老一代人则更多看重人身安全、物质生存和保障等纯客观的“物质的”指标。

现代化发达国家青年面临物质利益重新配置、社会关系调整等一系列重大问题，在不同国家中表现出价值观方面一些共同的特征。如：在社会与个体之间求共识，在主流与亚文化中求平衡，在求是务实与享受生活中求合理，在政治意识与政治行为间求认同，等等。多样分化并逐步走向整合也是贯穿其中的态势。我们对中国21世纪大学生价值观走向的分析预测将建立在中外青年价值观演变历史轨迹的基础上，并且将是它们合理的延伸和发展。

发达国家大学生今天的价值观，不一定完全是中国大学生明天的价值观。这是因为，中国大学生价值观的变动，还受到中国传统文化和中国的现实社会制度及其实践的影响。然而，面临全球化突飞猛进的趋势，我们还是不得不承认，发达国家目前正在发生的某些变化，在不远的将来，也会在中国大学生中发生。而且，由于大学生的价值观形成受传统观念影响较小，其较强的思辨力及对各种思潮的敏感性使其更容易思考和消化新的思想，接受新的社会事物和社会变迁。现实中大学生对基础文明、传统道德不甚重视，对外来文化却是兼收并蓄就是典型体现。而大学生的价值观变迁的轨迹表明，发达国家某些目前正在发生的变化，在中国大学生中就已经产生。

（三）大学师生的需要的变迁

公民的个人利益是与公民的个人需求密切相关的。心理学家的研究结

---

① 周穗明：《“后现代”的选择：西方兴起后物质主义价值观》，《马克思主义与现实》1999年第1期。

果表明，人的需求至少有五个方面：生理需求、安全需求、社交需求、受到尊重的需求、自我实现的需求。在这五个需求中，前两个是最基本的需求，后三个是较高级的需求。从这五个层次的需求来看，人的个人利益的实现不断地和层层递进地在增加个人对于他人和社会的依赖和关联程度。因此，自我价值和“主体间性”是其未来的发展诉求。

（四）多元价值整合的“平行四边形”合力原则

价值观的形成既受人的意识在内的主观因素的影响，也受社会物质因素的制约。它是主体和客体动态互动作用的结果。在价值观形成过程中，每个人受认识能力、自身利益以及环境因素等的制约，他的价值取向形成多种多样的甚至相互冲突的力，并参与到人类多元价值取向的历史整合的总过程中，按照物理学中“平行四边形”原理形成了“总的合力”。

当代大学生价值观的变化是大学生特殊的社会历史境遇和自身心理发展状况综合作用的结果。具体地说，历史文化的积淀，是大学生价值观形成和发展的文化前提，对“文化大革命”的历史性反思是促使大学生价值观嬗变的思想契机，社会主义市场经济的发展是大学生价值观变化的根本动力，是高校体制改革和高校思想政治工作的变迁的直接动力，西方社会思潮在我国的传播是大学生价值观嬗变的催化剂，青年时期的人格重塑是大学生价值观变化的心理条件。在上述诸原因中，历史的原因是其次的，现实的原因是主要的；国外的原因是第二位的，国内的原因是第一位的；思想自身的原因是从属的，社会存在方面的原因是根本的。

社会变迁决定价值观的变迁。把握住影响社会历史发展的主线，抓住社会历史发展的主要矛盾。我们可以依据我国政治经济文化诸领域在未来发展的基本情况来预测价值观变化的可能性。在影响价值观形成的诸多因素中，经济利益是最根本、最核心的因素。它是人们从事生产互动和其他社会活动的动因，既是人们价值观形成的基础，也是价值观发展的重要因素。经济利益决定主体的基本价值取向。

二 高校师生价值观变迁的趋势

（一）新集体主义为主导，实现个人与社会“互构的嵌入性”

社会多种所有制形式共同发展，社会主义市场经济的开放性以及社会意识的相对独立性，使全球化背景下的中国价值观念越来越彰显多样化的态势，但这并不能表明社会不需要主导价值观，社会主导价值观是社会文化的核心，是社会秩序的基石。集体主义是新时期社会主导价值观和师生主体价值观的主要内容。

实行社会主义市场经济体制必须弘扬集体主义价值观。许多人认为，市场经济凸显的是个人价值、个人利益，重视的是个人的物质需求、物质利益，因而个人主义价值观应代替集体主义价值观的主导地位。这种将集体主义价值观与计划经济体制联系在一起，而将个人主义价值观与市场经济联系在一起的观点是错误的。经济体制本身只是存在着产生集体主义或个人主义的可能性，并不必然导致集体主义和个人主义。改革开放 30 年实现了由计划经济体制向市场经济体制转型的伟大变革。这场变革是为了巩固完善以公有制为基础的社会主义制度而进行的经济体制、经济运行机制更新，而不是社会主义根本经济制度的变更。因此，社会主义制度仍然内在地要求集体主义价值观与之相依存、相观照和相协调。同时也只有坚持集体主义价值导向，才能把市场经济本身的负效应限制在最低程度，以保证社会主义市场经济的健康运行。

然而，社会主义市场经济条件下需要的集体主义是对中国传统价值观和自由主义价值取向的超越，实现道义原则与利益原则、外在功利价值与内在精神价值以及道德的工具性与目的性三者的统一。新集体主义是双重性复合型的集体模式，其植根于社会主义现代化实践，渊源于中国的传统文化，扬弃了西方市场经济的价值观念，以个人与集体利益关系为轴心，以互利互惠为前提，以公平和公正为杠杆，以功利原则为动力，以奉献精神为导向，以竞争务实为实现手段，以人民群众的根本利益为评判标准。在个人利益与集体利益、功利性与奉献性、主导性与宽容性、民族性与普适性等各价值诉求之间保持适当张力与动态平衡。只有以集体主义为本质，才是社会主义市场经济条件下多种价值变换的现实基础，才能真正实现对当代社会中种种价值取向的超越。

而实现上述价值张力平衡的手段是重塑个人与社会“互构的嵌入性”。其突出特征为以个人自我实现形式为外显形式，以社会整体利益为外显形式的衬底。所谓社会互构论中的“互构”，是指社会关系主体之间的相互建塑与型构的关系。社会互构论强调互构关系中互构主体多元性、互构时空多维性、互构内容二重性之具体同一，互构形成的同时、相应、协变，互构效应的不确定性特征等。个人与社会并不是在两个平行的轨道上运行，而是镶嵌在一起。个人嵌入社会，社会也嵌入个人。个人与社会不仅相互嵌入，而且在嵌入中互构：个人建构社会，社会也建构个人，二者同时、双向建构。① “嵌入”表达了个人与社会紧密相连、融汇共存的状态（相对静态）；“互构”则表达了个人与社会相互建构的动态过程（相对动态）。嵌入与互构的统一基础是生活世界，是一个人们自在的生活于其中的世界，是人以自主的地位、自主的选择同其他具有同样自主性的人们交往的世界，嵌入并互构的个人与社会都是自主的，个人与社会相融合为“社会—人”或“人—社会”。当然，个人与社会的融合统一并不意味着二者的矛盾与冲突将消失殆尽，相反，矛盾与冲突仍然存在，它们是事物发展的动力和常态。只是这种矛盾与冲突统一于个人与社会的和谐一致。

（二）现代性持续张扬的基础上，后现代主义价值观将凸显

随着社会的变迁，价值范式继续在依赖—独立、维持—发展上演绎，价值观在世俗化和个性化上持续走高，人生观在延续进取的基础上向幸福进军。一项针对亚洲七个国家调查显示：“一个国家的现代化程度越高，人们就越会强调享受、幸福、自我表达等，而成就、获取、物质所得在人的生活中的重要性越低。也就是说，当社会进入现代化和随着后现代化水平提高之后，人们就由看重成就和物质所得转为看重享受、幸福、自我表达等后现代价值。并且教育水平更高的人和收入更丰厚的人明显有更强的后现代价值观。”②

1. 价值观在世俗化和个性化上持续走高。

高校师生的主体意识更加凸显，继续张扬以个人价值为主导，注意协调自身，实现与社会的整合。改革开放30年高校师生价值观演变的轨迹已经彰显出其张扬主体价值，重视自我价值的实现特点，这个特点在社会主义市场经济体制下仍然会延续下去。市场经济所要求的主体意识将进一步得到发挥和重视。但是强调以个人价值实现为主导的个人取向同以往在具体侧重点上有所区别。首先，张扬个人价值过程中会进一步表现出多样性、多层次性。其次，以个人价值张扬为主导的未来取向又以“社会”“整体”利益的调适与整合为支撑和基础。随着社会主义市场经济体制的

① 郑杭生、杨敏：《社会互构论的提出——对社会学学术传统的审视和快速转型期经验现实的反思》，《中国人民大学学报（哲学社会科学版）》2003年第4期。

② 王正绪：《经济社会发展和现代与后现代价值观念的出现——中国与东亚各儒家社会的轨迹》，中国社会科学出版社2008年版，第227—232页。

逐步完善，随着社会主义主导价值观的形成并发挥作用，高校师生对社会、整体利益的认同将大大提高。总之，在价值观上，是以个人自我实现为外显形式，以社会整体利益为外显的衬底。即以社会整体利益为基础，以个人利益为目标，实现二者的有机契合。

2. 以追求物质利益和自我幸福实现为鲜明特质，以对传统的怀疑、批判和否定为主要手段的后现代价值观凸显。

如果说“物质主义”的主要目标是经济、政治和安全的需要，那么，“后物质主义”的主要目标则是归属、自我尊重和个体自我实现的需要：即人的全面自由发展与和谐。由工业化发达国家所创造的经济力量会逐渐转变面向大众的价值目标。在这个过程中，对经济保障的强调会逐渐减弱，而归属、自我尊重和个体自我实现的需要会变得愈益重要。虽然此时个体仍关注社会经济政治上安全保障的价值，但他们显然增强了对自由、自我表达、提高生活质量方面的要求。经济和安全的需要，也就是所谓“物质主义”的价值目标仍然存在，但它们将不再占绝对优势，因为成长中的一代对“后物质主义”（自我实现、提高生活质量）有了更强烈的偏好。

后现代主义所倡导的创造性、批判性，对师生转变思维方式有很大的启迪作用。后现代主义文化思潮中所具有的自我意识、自我感受等主体性体验，有助于师生敢于直面现实社会，大胆地剖析社会弊病，在批判中让主体意识增强，独立性强，有创造性，个人奋斗意识浓厚。但同时，体现出更多的消极影响，理想失落，价值失衡，责任消解，行为失范。主要表现在：行为上，以自我为中心，追求享乐，缺乏艰苦奋斗精神；精神上，缺乏远大的理想与抱负，缺乏精神支柱与坚定的信念，甚至对主导价值观持怀疑和否定态度。

3. 价值范式将由依赖性向独立性、自由个性转变。

从价值观的角度看，马克思揭示的人类社会三大形态的转变，就是人类价值观念三大范式的转变。在以自然经济为基础的第一大社会形态即前资本主义形态，“依赖性”是它的价值观的总范式，道德价值是其核心。在以商品经济为基础的第二大社会形态（主要是资本主义形态，也包括社会主义形态），“独立性”是它的价值观的总范式。这种价值观强调个人自身的价值，肯定个人的主观性和创造性，并由此发展出一套以个体性、进取性、开放性、竞争性为取向的价值观念。当然，以“独立性”

为范式的价值观并非尽善尽美，它的最大缺点是导致人的异化。因为它使人的关系表现为物的关系，人被物所统治和奴役。按照马克思的见解，社会发展只有到了未来的共产主义形态，以“独立性”为范式的价值观才会向以“自由个性”为范式的价值观转变。从马克思所提供的以三大社会形态为视域的时间观来看，中国社会的转型当处在从第一大社会形态向第二大社会形态的转变中，价值观范式的转变，也处在“依赖性”价值观向“独立性”价值观的转变中。

(三) 价值观多元分化与整合趋势凸显

高校师生价值观将延续在高度分化基础上逐步走向整合的趋势。中国青年价值观一方面将延续20世纪80、90年代多样化、分化的丰富性，另一方面又呈现整合态势，在分歧中求共识，在对立中求妥协，在冲突中求共存。

1. 多元分化仍然是主旋律

首先，中国社会转型并未结束，社会结构和文化变迁还在变动之中。社会主义市场经济体制还没有完全建成（世界上只有少数国家承认中国是市场经济国家，特别是美日欧世界三大经济共同体都没有承认），社会阶层分化还没有到位（突出表现在社会阶层意识不明显），文化转型仍在继续（社会主义核心价值体系仍然处于重构之中，社会主导价值观的引领作用还没有有效发挥），社会仍然处于分化之中。

其次，价值观的多元化与主体的多维分层紧密相关。价值观是一个主体性的概念，不同主体的不同需要和同一主体不同侧面的需要使价值观念呈现多元丰富的特征。从教师角度看，教师之间本来年龄差距就大，存在代际分化；而且随着社会的日趋分层化，教师群体也有不同的阶层，因而阶层意识和价值观念就多维化。从学生的角度分析，大学生由于其自身青春性、时效性特征，导致需要的多维化。现在不仅低年级和高年级的观念差距较大，就连相近年级的观念差距也较大，更不用说代际之间了。

2. 回归和趋同

对青年大学生价值取向逐步走向整合的预见，是依据我国政治经济文化诸领域在未来发展的基本情况，以及大学生自身价值领域的理性思考所得出的。

首先，随着中国改革的深入，社会主义市场经济体制逐步建立，社会结构的变迁日益稳定，社会阶层分化大致定型，阶层意识凸显。特别是新一代中央领导集体提出社会主导价值观的重构，并适时推出社会主义核心价值体系，对各价值主体的多元价值观进行整合，实现一元导向与多元取向的统一。其中，大学是社会主义核心价值观教育与实践的主战场，高校师生则是社会主义核心价值观教育的重点。因此，必须加强大学师生对社会主义核心价值体系不断内化认同、外化实践，并积极地宣传、教育，引导其他主体对社会主义核心价值体系的认同，从而实现主导价值观对多元价值观的价值整合。

其次，在日趋发达的社会环境中，高校师生的人格更加成熟与健康。随着中国独生子女一代大学生开始成熟，伴随着市场经济所带来的竞争与流动的社会结构，追求自我价值实现的观念在 20 世纪 90 年代已基本定型，他们对中国改革开放和社会发展进行的思考将更为实际，既不是完全从为社会作贡献来考虑自我的价值取向，也不是完全脱离市场的需要，以绝对自我导向来衡量自我价值。未来青年价值观一方面将延续多元化、分化的丰富性，另一方面又呈现综合、回归和趋同态势。做“双料人才”(集专业技术知识和管理技术知识)、做“通才”理应成为未来青年共同的价值追求。未来青年也会注意寻求自我与社会的统一协调。

3. 主体的觉醒导致整合的趋势成为一种可能。

文化的转型带来自我价值和主体意识凸显。90 年代中国文化开始发生重大的转型，即由老年本位文化向青年文化转型。老年本位文化是一种伦理型文化，青年文化则是一种身体型文化；青年本位文化是一种个体文化，重视个体的自我价值实践、自我独立；而青年社会的标志就是整个社会应以创造、自由、开放为主导性的心态。

改革开放以来主体意识的觉醒和高扬，以及市场经济之作为多元主体经济的作用，首先就使高校师生价值观从一元价值观向一元价值观与多元价值观互动的变化成为一种必然。价值观的多元化首先就是价值主体多元化的必然结果。只有一个价值主体即一元价值主体的社会是不可能存在多元价值观的。而在价值主体多元化的情况下，每一个作为主体的个人和群体，其价值标准和价值取向必然就是多元的、多向的、多层次的和立体化的。其次，主体意识的觉醒和高扬所带来的直接结果，就是“价值主体既对理想目标和精神生活有强烈的向往，又对世俗生活和物质利益表现出极大的热情。这两方面的有机结合共同丰富着主体的价值内涵。为了实现这种结合，价值主体将力求在理想价值观与世俗价值观、精神价值观与物质价值观之间寻求某种平衡”。①

（四）“三观”变迁的取向在公正的基础上寻求多维价值之间的动态平衡

从高校师生价值观念变迁的轨迹我们发现，由于文化的传承性等因素，新旧价值观并不是简单的非此即彼，旧价值观有的仍有相当的市场，有的改头换面成为新价值观的一部分，有的仍凭借其惯性在某些方面保持着优势。因此，当价值观念发生变化时，并不意味主体完全抛弃了前一方面而向后一方面极端地倾斜，而是在个体与群体、自我与社会、功利与道义、传统与变革、多元与一元、理想与现实中寻找平衡。在许多表层观念较容易受到生活潮流影响而发生变化或进行更新的同时，一些轴心观念在深层次上仍然保留着社会主导文化长期形成的重要影响。

我们可以从个人与社会的关系，理想与现实，个人与家庭这三对核心关系来考查内在张力与平衡。

首先，现在高校师生在关注“自我价值”的同时，并没有否定社会价值，他们追求的是“兼顾”而不是“损害”，是在不妨碍他人利益和不损害社会公共利益的前提下，实现个人价值。即所谓“公私兼顾”“积极地正当地索取”。因此他们的道德价值选择是积极的，这种进取的价值观与“损人利己”“自私自利”的个人主义是根本不同的。但他们的价值观虽然追求个人与社会的统一，但其是在基于自我基础之上（即从社会—个人本位向个人—社会本位），把社会对个人的回报作为价值取向的条件的。与传统的无私奉献，以及社会本位基础上追求个人利益是不同的。

其次，世俗化是高校师生价值观变迁的重要特点和趋势，并不意味着理想主义在师生特别是青年心目中毫无地位，他们对理想的追求和执着并未减弱，他们的心灵深处仍然涌动着对生活意义的追问和对超越世俗生活的理想的追求，只是没有了过去的那种宏大叙事般的空洞理想，而是师生根据社会发展的需要，在使理想现实化和价值判断标准实用化的过程中，将抽象的理想转化为现实的理想，将社会理想与个人理想有机结合形成新的价值目标和价值判断标准。这样以实现在物质欲望增强，对精神生活的要求也空前提高的基础上，在心灵深处力求实现物质欲望和需求与精神生

① 廖小平：《改革开放以来我国价值观变迁的基本特征和主要原因》，《科学社会主义》2006年第1期。

活的和谐、达到义与利的平衡。这与“功利主义”的价值判断标准有着本质的不同。

再次，家庭是中国社会所有道德行为的出发点，温暖的家庭和事业的成功被青年看作是同等重要的，高校师生认为赡养老人、尊敬老人是年轻人的基本义务和品德，不赡养父母和尊敬老人是最不文明的行为，但也应该在尊敬的内涵上与时俱进。比如在“与父母意见不一致时，您首先想到的做法”一题中，我们在问卷中主张说服父母的占45%（自己说服或者请他人说服），其次为顺从父母，占17%。这说明对父母的顺从程度在降低，代际之间一种平等的家庭关系正在形成。但大学生在择业对父母的依赖高出择偶对父母的依赖，可能的理由是大学生一方面对工作岗位了解少，一方面是由于现存就业制度的不完善，“关系”在就业中仍然占重要地位。总之，他们就是根据社会的变迁和自我的需要不断调焦与对焦，期望实现动态平衡。

（五）双重性仍然是其变迁的主旋律

中国高校师生在社会变革的不同时期，思想变化呈现出明显的二重性、内在冲突性交融共生的特点。由于中国社会的转型还有很长的路要走，社会主义核心价值体系的建成并发挥作用还有一个历史过程，再加上大学生社会身份的“未定论”，自身的身心健康的发展不成熟，处于价值观的生成、内化、实践的阶段，因而其观念变迁中“双重性”仍然存在。他们在价值取向的选择上往往呈现关心与冷漠相容，希望与困惑并存，进取与惰性同在，认同与失落交错的心态。他们在求新与守旧、优越与自卑、求异与从众、贡献与索取、个人与集体等价值上存在着并存、混杂的状况。从变迁主线上，其交织着两条不同的主线：一条是激昂的、奋进的、积极地向外辐射的心态；一条是消沉的、困惑的、矛盾的向内闭锁的心态。从价值取向与行为选择方面来看，“观念超前，行为滞后”仍然存在，存在着师生知德能力较强，在观念上认可道德要求的合理性，却并不付诸行动或不按道德要求去行动，即所谓“知而不行”“知而错行”许多脱节现象。从世界观的角度来看，大学师生的世界观的主要趋向是唯物的、科学的，但是我们也必须承认，许多大学师生还不能都变成彻底的唯物主义无神论者，其世界观中存在着唯心主义有神论的成分，特别是还存在一些迷信思想，表现出明显的二元倾向。

第五章　高校师生政治观、道德观、法制观变迁的轨迹和规律

第一节　政治观、道德观、法制观内涵及其相互关系

一　政治观

政治观是指处在社会政治关系中的政治行为主体在阶级斗争、政治生活的社会实践过程中，逐渐形成的对以国家为中心的全部政治现象的总的看法和根本观点。它由多种因素构成，包括政治认识、政治情感、政治信念、政治行为等。在人的成长发展过程中，政治观支配着个体的政治命运和前途，决定着个人的奋斗方向、理想追求和精神支撑。政治观涵盖了整个政治的主观领域，它是人们世界观形成的基础和组成部分，对一个人的人生观和价值观也会产生影响和制约。它与世界观、人生观、价值观、道德观、法制观等构成完整的思想政治教育内容体系。

政治观具有阶级性特征、社会历史性特征和普遍性特征。政治观是随着阶级和国家出现而出现的，是一定社会阶级关系的产物。这直接而集中地反映一定社会的经济基础，表现一定阶级的根本利益与利益关系，体现一定阶级的思想感情和愿望要求，因而具有阶级性特征。政治观是对政治现实、政治关系、政治生活过程的能动的意识反映，它作为社会存在的反映，受当时社会条件和历史条件的制约，并随着历史条件的变化而变化。而产生这种意识的主体——人，本身就处在一定的社会历史条件下，本身就具有一定的社会历史性。因而，政治观具有社会历史性特征。人是社会关系的总和，每一个人从出生起就置身于包含着一定政治关系的社会关系之中，每一个人在社会生活的过程中总要或多或少参与政治活动、接触政

治问题。国际政治风云、国内重大政治事件都会给人以影响，并且毫无例外地使人产生反映政治生活的意识活动。因而，政治观不是只有政治家和政治活动者拥有的专利，而是人人都有、普遍存在的。

二　道德观

道德观是指人们对道德的根本看法，是个体理性、情感和实践的有机结合。具体涵盖了道德思想、道德信念、道德选择、道德行为和道德评价诸多方面，影响、指导并反映着人们的道德行为。一个社会是否和谐，一个国家能否长治久安，很大程度上取决于全社会成员拥有怎样的道德观。道德观具有导向功能、激励功能和调节凝聚功能，它有助于在一些繁杂的道德境遇中迅速作出道德评价和合乎道德要求的行为选择；有助于人们主动调节自己的心理状态，并使之由不适应、不平衡向适应、平衡转化，从而建立起新型的人际关系，保持和促进社会的稳定与发展，形成安定有序的社会局面。

和政治观一样，道德观的产生和发展离不开一定历史条件下的人及其阶级关系和具体的历史环境，因而，具有阶级性特征、社会历史性特征。同时，道德观还具有广泛性特征和自律性特征。道德是一种具有广泛社会性的社会意识形态。从时间上看，它贯穿于整个人类社会，与人类社会共存亡，而且还会愈来愈得到全面的发展和完善。在阶级社会中，统治阶级有统治阶级的道德观，被统治阶级有被统治阶级的道德观。从空间上看，道德作用的范围极为广泛，它不仅存在于一切时代，而且渗透于各时代社会生活的一切领域，无论是政治、经济、文化、科学，甚至还是军事等领域，只要有人与人的关系发生，人们之间的关系都在不同程度上受道德规范的约束和调节，因而，道德观具有广泛性特征。从道德和道德观的形成和发展来看，对道德的认知、情感、选择等都是人的自觉选择，对道德规范的遵守也是自觉的。因此，可以认为：自律是道德观的核心，它强调人对道德规范的自觉遵守，是对人的社会性的自我约束和心理约束意识。

三　法制观

法制观是人们对于一定社会的法律制度、法律现象的根本看法和态度。它具体涵盖了人们对法律的要求（探索法律现象的需求）、法律价值观（对现行法律的评价和解释）、法律感（遵守法律、执行法律、监督法律实施的义务感和责任感)、公民的法律知识以及对法律现象的评价以及信仰和追求等，它内在地影响、指导并反映着人们的法律行为。正确的法制观，有利于人们正确认识和处理民主和法制的关系，正确行使民主权利，自觉遵守国家的法律和纪律，维护社会的安定和团结。

和政治观、道德观一样，法制观具有显著的社会历史性特征、阶级性特征、普遍性特征。因前边已经分析阐述，这里不再赘述。

综上阐述可以看出，政治观、道德观和法制观三者之间是紧密联系、相互渗透的，政治观是道德观和法制观的基础，道德观和法制观又内在地体现着政治观。政治观是人们分析、观察政治问题和处理政治关系的出发点，是一定阶级根本利益的体现，因而具有指导社会发展的主向性。正如马克思所说的那样，“统治阶级的思想在每一时代都是占统治地位的思想。这就是说，一个阶级是社会上占统治地位的物质力量，同时也是社会上占统治地位的精神力量”。[①] 先进的、进步的政治观，对社会发展起着巨大促进作用，落后的、消极的政治观，则起着阻碍作用。这里也包含着对道德观和法制观的产生、形成与发展的促进或阻碍作用。政治情感、政治信念等不仅决定道德观和法制观的立场，而且影响着道德观和法制观思想内容及其外在表现。反过来讲，人们的道德情感、道德信念、道德选择、法律情感、法律言行选择等都无不体现着政治立场和政治信念。

第二节　新时期高校师生政治观、道德观、法制观变迁的历史轨迹

一　新时期高校师生政治观变迁的历史轨迹

(一) 觉醒与反思时期 (1978—1984 年) 高校师生的政治观

在“文化大革命”中，由于林彪、江青反革命集团的操纵和破坏，有的人，也包括一部分青年知识分子，对当时极“左”的政治表现出较大程度的盲从与狂热。党的十一届三中全会以后，我们党恢复了实事求是的思想路线，确立了改革开放的战略方针。加之中共十二大提出“走自己的道路，建设有中国特色的社会主义的重要思想”、十二届四中全会通

① 《马克思恩格斯选集》第 1 卷，人民出版社 1995 年版，第 98 页。

过了《中共中央关于经济体制改革的决定》，加快了商品经济的建设步伐。对高校大学生，党和国家加强了思想政治教育，1979 年 5 月教育部政治理论教育司印发《高等学校政治理论课基本情况和存在问题》，强调了政治理论课的性质、作用和任务；1980 年 4 月教育部和共青团中央印发《关于加强高等学校学生思想政治工作的意见》，强调要求切实改进和加强马列主义基本理论教育；1980 年 7 月，教育部印发了《改进和加强高等学校马列主义课的试行办法》，重申了高等学校马列主义课的地位和任务，规定了教学方针、教学制度和教学方法；1982 年 10 月教育部印发《关于在高等学校逐步开设共产主义思想品德课程的通知》；1984 年 9 月 4 日，中共中央宣传部和教育部印发《关于加强和改进高等院校马列主义理论课教育的若干规定》，再次强调了加强马列主义理论教育的必要性、重要性、地位与作用，规定了教学方针、课程设置等。国家政治生活一系列的变化和思想政治理论教育的加强，各高校也根据形势的变化和党中央的要求，认真落实马列主义理论教育，促使高校师生解放思想，提高政治觉悟和政治理论水平。十一届三中全会后的纠正错误、平反冤假错案等措施，促使广大的青年知识分子和全国人民一道，进一步认识到了什么是真正的马列主义，什么是社会主义的政治。对坚持党的领导、坚持四项基本原则等有了正确的认识，拥护党和国家的方针政策和路线。但由于“文化大革命”影响和林彪、“四人帮”在思想上的流毒的影响，在少部分青年知识分子中也出现了一种淡化社会主义政治，疏远政治问题的倾向，忽视政治，对政治理论课不感兴趣，“如沈阳某高校政教系的一个学生来信说：‘我们学的政治理论好像没有多少用处，是可有可无的。对于现在的功课不像入学时那么热心了，有时甚至想抛弃他去，但又觉得束手无策，陷入痛苦的彷徨中。’”① 极少数的人受西方思潮的影响，在政治观的问题上认同追求所谓“自由”“民主”的资产阶级“自由化”思想。

（二）社会与自我时期（1985—1992 年）高校师生的政治观

中共十二届四中全会通过了《中共中央关于制定国民经济和社会发展第七个五年计划的建议（草案）》、六中全会通过了《中共中央关于社会主义精神文明建设指导方针的决议》、七中全会提出了“关于党政分

① 教育部社会科学司编：《普通高校思想政治理论课文献选编（1949—2006）》，中国人民大学出版社 2007 年版，第 75 页。

开”的政治体制改革思想。中共十三大提出“沿着有中国特色的社会主义道路前进”。中共十三届三中全会通过了《关于价格、工资改革的初步方案》、四中全会撤销了赵紫阳总书记职务并选举江泽民为总书记、五中全会作出了《中共中央关于进一步治理整顿和深化改革的决定》、七中全会通过了《中共中央关于制定国民经济和社会发展十年规划和“八五”计划的建议》。随着国家政治形势的变化，党和国家也加强了高校思想政治理论教育。针对 1985 年后社会上出现的“全盘西化论”“马克思主义过时论”“社会主义失败论”等错误思潮对大学生的影响，1986 年，中共中央宣传部和国家教委印发《关于对高等学校学生深入进行形势与政策教育的通知》；1987 年 3 月，国家教委印发《关于在高等学校马克思主义理论课（公共课）教学中旗帜鲜明地坚持四项基本原则反对资产阶级自由化的通知》；1987 年 11 月，国家教委印发《关于高等学校思想政治教育课程建设的意见》，明确提出：根据新时期对思想教育提出的要求和高等学校学生的实际情况，现规定设置如下五门课程：《形势与政策》《法律基础》两门为必修课，《大学生思想修养》《人生哲理》《职业道德》三门可因校制宜有选择地开设。1991 年 8 月，国家教委印发《关于加强和改进高等学校马克思主义理论教育的若干意见》。这一时期，高校思想政治教育的开展，党和国家政治生活的变化，尤其是 1992 年春天，邓小平南方谈话提出了不讨论姓“资”姓“社”问题等观点，极大地推动了思想解放，深化了改革开放，促进了高校师生政治情趣、政治态度和政治心理的变化。在高校师生的政治观表现方面呈现出良好态势，大到对于国际政治、国内政治态势的关切，小到班级、寝室民主意识的渗透，对党的领导有客观正确的评价，拥护党的各项方针、政策和路线。大学生们的参政热情更多地表现出与党、政府和人民利益及需要的一致性。考虑问题的立足点和方式也有了更多的冷静和现实。在大学生中，对国家大事不闻不问的人仍是极少数，递交入党申请书的人数逐年增多。大多数同学对于国家和政府部门的决策工作表现出颇大的兴趣和关切，毕业从政的人数比例有所提高，调查结果表明，有 41.18 %的同学选择党政部门，高于“三资”企业、国有企业、私营企业、科研机构和教育部门的比例。关注党的理论发展和创新，如对党提出的“社会主义初级阶段理论”等有比较深刻正确的理解和认识；对改革开放实践的正向评价比例呈上升趋势，基本上是同我国经济发展变化趋势相一致的；对党的领导及政治局势有比较客观的认识与评价，认为坚持共产党的领导是社会主义事业成功的根本保证，大多数人认为在中国搞多党制必然混乱加混战，只有坚持党的领导，并不断完善党的领导，共产党才能完成自己的重任；对党的民主政治建设有肯定的评价和不满意评价并存，对西方国家在人权问题上指责中国的用心有比较清醒的认识，绝大多数的学生认为“人权问题是西方国家搞和平演变的策略和手段”。

由于当时的一些领导人和基层党组织忽视党的建设、精神文明建设和思想政治工作，在坚持四项基本原则、反对资产阶级自由化思潮等一些重大问题上没有坚持正确的立场和方向，导致在一部分青年知识分子，特别是高等学校的某些教师和青年大学生中，政治观点模糊，政治理想淡漠，政治方向不明，政治立场摇摆，对政治问题反应迟钝，政治辨别力不强，社会主义和资本主义的是非界限不清，共产主义的信仰淡薄，有些学生思想明显向资产阶级自由化方向倾斜：有27%的学生认为“社会主义和资本主义各有利弊，无优劣之分”；7.5%的学生甚至认为“搞资本主义会强大得更快”。在1989年的“政治风波”中甚至出现了极个别人试图推翻社会主义制度，否定中国共产党领导的极端错误，有一些大学生认为“只有实现多党轮流执政，中国才可避免走弯路，才能迅速强大起来”。

（三）理想与现实时期（1992—2002年）高校师生的政治观

90年代是我国现代化建设关键时期。一方面，我们要实现两个转变，振兴经济，提高综合国力；另一方面，则是要在精神文明建设领域实现新的飞跃，培养一代适应现代社会、具有高度思想觉悟的跨世纪人才。这两项工作互为前提，相互促进，不可分割。这一时期，随着苏联解体、东欧剧变，世界政治经济形势发生了深刻的变化。美苏两极对峙局面结束，旧的政治格局被打破，而新的政治格局尚未完全形成，世界社会主义运动处于低潮。同时，国内政治生活也发生很大变化。中共十四大提出“加快改革开放和现代化建设步伐，夺取有中国特色社会主义事业的更大胜利”，确立邓小平建设有中国特色社会主义理论在全党的指导地位，明确建立社会主义市场经济体制的改革目标。中共十四届三中全会通过《中共中央关于建立社会主义市场经济体制若干问题的决定》、四中全会作出了《中共中央关于加强党的建设几个重大问题的决定》、六中全会通过了《中共中央关于加强社会主义精神文明建设若干重要问题的决议》。中共十五大提出了“高举邓小平理论伟大旗帜，把建设有中国特色社会主义事业全面推向21世纪”，提出了社会主义初级阶段的基本纲领，规划了跨世纪发展的战略部署。十五届五中全会通过了《中共中央关于制定国民经济和社会发展第十个五年计划的建议》，六中全会分析了党的作风建设的现状、做出了加强和改进党的作风建设的决定，七中全会全面分析了新世纪党面临的国际国内形势和肩负的历史任务，就我国新世纪新阶段改革开放和社会主义现代化建设的若干重大问题进行了深入讨论。教育体制进行了改革，实行“并轨”交费，自主择业。在思想教育方面，1994年8月，中共中央印发《中共中央国务院关于进一步加强和改进学校德育工作的若干意见》，对新形势下大学生的思想教育提出了更高的要求；1998年4月，中共中央宣传部和教育部印发《关于普通高等学校开设〈邓小平理论概论〉课的通知》；1998年6月，中共中央宣传部和教育部印发《关于普通高等学校“两课”课程设置的规定及其实施工作意见》，提出了高校思想政治理论课的新要求；2001年7月，教育部印发通知，要求普通高等学校“两课”教育教学中贯彻江泽民同志“七一”重要讲话精神。一系列重大决议和改革、教育措施出台，社会主义市场经济的建立，现代化建设的持续发展，进一步解放了人们的思想，推动了经济社会的发展，都对高校师生的政治观产生了重大影响。

调查表明，大学生普遍关注国内外政治经济形势，拥护和支持以江泽民同志为核心的党的第三代领导集体，对国家政局的稳定和国民经济的持续发展有充分的信心。

大学生关心民主政治，爱国热情高涨，国家主权、国家利益和国家安全意识明显增强，对国内外发生的重大事件十分关注，尤其是在涉及国家主权、国家利益和国家安全以及民族感情的重大事件上，他们旗帜鲜明，立场坚定。如：1999年5月8日，以美国为首的北约悍然轰炸我国驻南斯拉夫联盟共和国大使馆，造成新华社女记者邵云环、光明日报记者许杏虎和妻子朱颖3人牺牲、20多人重伤和使馆馆舍严重毁坏；2001年4月1日，美国军用侦察机在我国海南岛东南海域上空侦察，发生了“南海撞机事件”，造成我飞行员王海牺牲。在这些涉及国家主权、民族尊严的重大事件中，广大青年学生和教师表现出了高度的爱国热情和团结一致抵御外侮的民族精神，他们坚决拥护党和国家对美国政府的严正立场和态度，纷纷走上街头和美驻华使领馆，表达对美国霸权主义的强烈愤慨，对美国政府进行了强烈谴责。这一时期大学生的政治表现和爱国热情也深刻的影响和振奋了民族精神。

大学生对祖国的前途和命运十分关注，我国申奥的成功和加入世贸组织，使大学生普遍相信中国在世界经济全球化过程中的作用越来越重要，认识到21世纪中国将更加强大，必定成为世界强国，中国明天会更好。

在大学生中，提出入党的人数越来越多，而且大多数同学的入党动机是想成为坚定的共产主义者。大多数学生认为改革开放二十多年来，我国经济持续增长，中国共产党领导全国人民经受住了各种考验，反邪教、反腐败、申奥成功、加入WTO，使党在人民群众中的威信不断上升，相信中国共产党是领导全国各族人民建设有中国特色社会主义事业、实现社会主义现代化建设的坚强领导核心。

高校学生中还出现了学习马列主义著作热、学习邓小平理论热，许多学校出现了邓小平理论研究会，递交入党申请书、上党校学习的学生大量增加。

大学生能理性看待国家改革、发展所面临的机遇和挑战，对党中央在改革开放二十多年以来所取得的工作成效，以及解决社会问题方面的能力给予了充分肯定，对党中央反腐败、解决职工下岗、国企改革、地区差距等问题充满信心，对未来十年中国经济的发展趋势持乐观态度。

在我国发展社会主义市场经济的过程中，也出现了一些社会问题。由于理论与实际的差距，部分教师和学生政治观念淡漠，对政治理论课普遍不感兴趣，学习的积极性不高，学习态度不端正。由于带有一定的功利思想，一些学生虽然表面入党积极，但动机却是为了考公务员方便、为了能进入党政机关从政等。同时，由于社会主义市场经济的发展，使人们越来越认识到金钱的重要性，必然使人们普遍关注自身的物质利益。这种社会现象也必然影响到象牙塔中的教师和大学生，他们认为下海经商、外出打工赚钱是应该的，而对政治问题则采取疏远的态度，认为政治是国家领导人的事情，自己将来也不从政，因此与己无关。

（四）理智与回归时期（2002年至今）高校师生的政治观

2002年11月召开的党的十六大提出了“全面建设小康社会，开创中国特色社会主义事业新局面”的战略目标，并且决定把“三个代表”重要思想写入党章，与马克思列宁主义、毛泽东思想、邓小平理论一起作为党必须长期坚持的指导思想。十六届二中全会通过了《关于深化行政管理体制和机构改革的意见》；三中全会通过了《中共中央关于完善社会主义市场经济体制若干问题的决定》；四中全会通过了《中共中央关于加强党的执政能力建设的决定》；五中全会通过了《中共中央关于制定“十一五”规划的建议》，明确了今后5年我国经济社会发展的奋斗目标和行动纲领，提出了建设社会主义新农村的重大历史任务；六中全会通过了《中共中央关于构建社会主义和谐社会若干重大问题的决定》。在这期间，2003年2月，教育部印发《关于进一步深化“三个代表”重要思想“三进”工作的通知》；2004年8月，中共中央和国务院印发了《中共中央国务院关于进一步加强和改进大学生思想政治教育的意见》，对加强和改进大学生思想政治教育进行了全面部署，提出了具体要求；2004年11月，中共中央宣传部、教育部印发了《关于进一步加强高等学校学生形势与政策教育的通知》；2005年2月，中宣部、中央文明办、教育部、共青团中央印发了《关于进一步加强和改进大学生社会实践的意见》，提出要把社会实践纳入教学计划，让大学生在实践中受教育、长才干、做贡献，树立正确的世界观、人生观和价值观，努力成长为中国特色社会主义事业的合格建设者和可靠接班人；2005年3月，中共中央宣传部和教育部印发了《关于进一步加强和改进高等学校思想政治理论课的意见》，对大学生思想政治理论课作出了新的规定（简称“05方案”），完善了思想理论教育教学课程体系；2005年4月，中共中央办公厅转发了《中共中央组织部　中共教育部党组　共青团中央〈关于加强和改进在大学生中发展党员工作和大学生党支部建设的意见〉的通知》。这一系列文件的颁布与实施，标志着我国政治生活的变化。随着各项思想政治教育措施的实施，深入地推动了高校的思想政治教育工作，高校教师和学生在政治观方面也发生了较大变化。

从总体上看，高校师生的政治观呈健康稳定的良好态势。随着对外开放不断扩大、社会主义市场经济的深入发展，我国社会经济成分、组织形式、就业方式、利益关系和分配方式日益多样化，人们思想活动的独立性、选择性、多变性和差异性日益增强，自强意识、创新意识、成才意识、创业意识以及政治责任感和历史使命感明显增强，整体上逐步成熟，顺应时代前进方向和潮流。

大学生对政治十分关心，他们以强烈的责任感关注着社会的进程与发展，对社会的热点问题表现出很高的政治热情，对一些重大政治问题、政治现象能够知道、了解，对重大政治问题的认识和分析日趋理性化，有一定的政治敏锐性，政治心态趋于客观、冷静和理智，能表现出正确的政治态度和政治立场。他们政治思想稳定、健康，充分肯定社会主义改革开放的成就，拥护党的领导，对国家、政府的认同感增强，对中国的政治经济前景充满信心，大学生对加入党组织的愿望越来越迫切，写入党申请书的同学越来越多，大学生入党积极性很高。

随着社会经济体制的转型，社会、经济、政治、文化教育等方面取得了很大的发展，师生的政治参与意识和政治参与的要求也在不断增长，政治观念日益成熟，政治评价更为积极，政治鉴别力增强，政治行为的选择更为沉稳、务实。

尽管当代大学生政治观的主流状况是积极向上的，但部分学生中也存在一些不容忽视的问题，主要表现在以下几个方面：如政治信仰存在多元化、盲目性、摇摆性。一些大学生不同程度地存在政治信仰迷茫、理想信念模糊、诚信意识淡薄、社会责任感缺乏、艰苦奋斗精神淡化、团结协作观念较差、心理素质欠佳等问题；一些大学生变得不关心政治生活，失去对政治的兴趣；也有部分大学生对一些基本理论认识模糊，政治取向在一定程度上也发生了偏差，如以功利作为标尺衡量理论问题和现实问题；政治参与方面大学生的政治参与总体水平不高，在政治参与意识和政治参与行为方面自觉或不自觉地表现出不作为。现实生活中出现了大学生政治热情降低、政治冷漠化的倾向。

二　新时期高校师生道德观变迁的历史轨迹

（一）觉醒与反思时期（1978—1984年）高校师生的道德观

在“文化大革命”中，由于林彪、江青反革命集团的操纵和破坏，有的人也包括一部分青年知识分子，对当时极“左”的政治表现出较大程度的盲从与狂热。党的十一届三中全会以后，我们党恢复了实事求是的思想路线，确立了改革开放的战略方针，重新确立了毛泽东思想的指导地位。党中央也根据时代的要求，加强了高校大学生的思想道德教育，除了相关思想政治工作和思想理论教育外，1982年10月，教育部印发了《关于在高等学校逐步开设共产主义思想品德课程的通知》，明确提出“有计划地进行共产主义思想品德教育，是实现高等学校培养目标的需要”。并强调“为了培养学生成为有革命理想、讲革命道德、守革命纪律、有文化的又红又专的人才，有必要把共产主义思想品德课作为一门必修课，纳入教学计划”。[①] 1984年12月，教育部印发了《关于高等学校开设共产主义思想品德课的若干规定》，提出了共产主义思想道德课的任务、内容、教学原则、教学计划等更具体内容。根据国家政治、经济和国内外形势的变化以及党和国家有关要求，各高校积极采取措施，认真落实大学生的思想道德教育。一系列有效措施，促使高校师生道德观有了新的变化。总体看来，“可以说，大学生的道德状况，处于以共产主义道德为基本支点，又没有完全断绝封建道德和资产阶级道德影响，且不断萌生新道德意识的过渡阶段”。[②] 道德学习和道德认知方面，由于大学特有的环境，大学生通过学校课堂教学、阅读道德理论专著、涉及道德的文学艺术作品的评论等途径学习掌握道德知识，对基本理论问题，多数都能持正确回答。其中正确率最高的项目，正确率达87.2%，最低的也有61.2%。但这些知识的掌握多是自发地涉猎，或是凭兴趣，或是作为专业课的课外补充资料来阅读的，缺乏有组织有系统的共产主义道德理论学习。如“学生读过的道德书籍，既有《马克思主义伦理学》和《青少年道德修养》，又有《忏悔录》和《法的精神》，不少人仅仅读过后两本。他们并非都以共产主义道德理论启蒙，他们所接受的道德知识，有的来自于书本，有的来自于师长传授，有的来自社会的影响。这种情况造成了大学生们道德观念的参差局面”。道德情感和道德选择方面，大学生的道德观，呈现着不同伦理思想的混杂、交锋，存在着对共产主义道德原则规范的基本赞同与个人道德准则取舍间的矛盾；既对封建伦理道德有批判和留恋，又对资产阶级道德有批判和欣赏，还用资产阶级道德作武器批判封建道德。对于共产主义道德的基本原则规范，75.1%的人认为社会主义阶段应提倡集体主义，批判利己主义，72.8%的人赞成社会主义阶段提倡全心全意为人民服务，73.9%的人赞同提倡共产主义劳动态度，62.4%的人赞同提倡关心集体财物比关心个人财物为重，66.5%的人认为自己的同学有热爱科学，献身真理的愿望和精神。然而还有一些大学生们对封建道德的批判是不彻底的。如孔子提出的“学而优则仕”和“父母在不远游”，也会成为学生毕业时挑拣工作的主导思想和不服从分配的挡箭牌。但在道德准则的选择上，他们表现出与基本认识的差异。如53.7%的人认为我们办事想问题的根本

---

① 教育部社会科学司编：《普通高校思想政治理论课文献选编（1949—2006）》，中国人民大学出版社2007年版，第92页。

② 徐汉燕：《大学生道德状况调查》，《道德与文明》1987年第1期。

出发点应是“从人的利益出发，同时也从个人利益出发”。还有的人认为是从个人利益出发。在否定中国传统道德中克己节制、温良恭俭让的道德要求时，有人赞赏文艺复兴时期提出的自由竞争、个性发展，仿效存在主义，提出“人要充分估价自己，发展个性，不必按模式塑造自己”。

道德评价方面，受“知识就是道德”这句苏格拉底的名言的影响，产生了对中国传统社会特别重视伦理道德的逆反，学生们在重视知识能力时，相对地忽视自己道德品质的养成。有人提出“有文化的人道德基本不坏”的看法。42.7%的人承认自己并不经常进行内心道德评价，63.5%的人则指出同学之间不经常进行道德评价，甚至有人指出“从来没有”。对于人性问题的观点，有47.9%的人赞同“人的本质是一切社会关系的总和”，其余的则性善性恶论各持一端。持性恶论的学生，有一部分人得出的结论是加强法制，另有一部分人得出的结论却是颓废放纵。如有人在演讲会大讲“人都是自私”的，说解放军上前线是为了跳出山乡，教授著书是为了出名获利，号召大家都来向社会索取。师生对于极端利己主义是不受欢迎的。调查显示，23%的人指出“损人利己”“自私自利”等都是不道德行为。然而“合理的利己主义”市场较大。有41.6%的人承认“主观为自己，客观为大家”的提法符合现实，符合自己的想法，有56%的人主张在幸福观上“提倡个人幸福，但不许损害公众幸福”，还有17.9%的人认为“首先要落实个人幸福，社会整体幸福才不是抽象空洞的”。①

（二）社会与自我时期（1985—1992年）高校师生的道德观

随着国内国际形势的变化，尤其经济体制改革、工资制度改革，对外开放的进一步深入，商品经济的洪流，改革的大潮汹涌澎湃，推动着生产力迅速发展的同时，商品经济自由竞争的理念、国外各种思潮的传入，1985年、1987年国内出现了两次四项基本原则和资产阶级自由化思潮的争论，传统的伦理道德观念受到撞击。中央为加强和改进学校德育工作，1985年8月，中共中央印发《关于改革学校思想品德和政治理论课教学的通知》，提出了新的历史条件下，改革大学生思想品德和政治理论课教学的必要性和教学内容、教学方法、师资建设和领导力量等具体要求；1986年3月，国家教委印发《关于在高等学校进一步贯彻落实〈中共中

① 徐汉燕：《大学生道德状况调查》，《道德与文明》1987年第1期。

央关于改革学校思想品德和政治理论课教学的通知〉的意见》，提出进行政治理论课教学改革工作、开设新课程具体步骤和具体要求；针对有人鼓吹西方资产阶级自由化、反对四项基本原则，1987 年 3 月，国家教委印发《关于在高等学校马克思主义理论课（公共课）教学中旗帜鲜明地坚持四项基本原则反对资产阶级自由化的通知》，强化对高校师生坚持四项基本原则教育；1987 年 5 月，中共中央印发《关于改进和加强高等学校思想政治工作的决定》；1987 年 10 月，国家教委印发《关于高等学校思想教育课程建设的意见》，提出高校要为一年级学生开设《大学生思想修养》必修课、为二年级学生开设《人生哲理》必修课、为三年级开设《职业道德》必修课，明确要求纳入教学计划，配备相关师资；1991 年 8 月，国家教委印发《关于加强和改进高等学校马克思主义理论教育的若干意见》，提出“面对严峻的现实，各级教育部门的领导必须保持清醒的头脑，坚定不移地坚持社会主义方向，坚持用马克思主义育人，把加强高校的马克思主义理论教育作为反对‘和平演变’和培养社会主义事业可靠接班人的一项战略任务”。[①] 对外开放、经济体制改革、党的建设和高校思想教育取得的成就和存在的问题，对高校师生的道德观无疑会产生一些新的影响，师生的道德观有了新的变化。

道德认知方面，高校师生由于受到了西方道德观念的影响，既有对传统道德的怀疑、扬弃和继承，又有对西方道德观的拒斥、消化和吸收。一是对道德的认识与传统道德观的基本认同。如对于道德本质的认识有 52. 51%的同学选择了“道德是人之为人的根本要求”，只有 3. 27%的同学选择了“道德的本质是对人性的束缚”。大多数学生认为道德的社会作用是肯定的，也是客观的，80%—90%的人认为“善恶之路泾渭分明，不论环境如何，它们始终摆在每个人的面前”和“善恶是相对的，完全取决于当时的环境”，而选择“善与恶是相对的它依人的好恶而定”和“善与恶是非现实的，人们只是依本能行事”一共只占 19. 10%。二是传统文化中的一些儒家为人处世之道仍受到高校师生的推崇。对于“先天下之忧而忧，后天下之乐而乐”这一儒家治世精神，有 86. 58%的人认为“必须提倡”或“应当提倡”，只有 13. 32%的同学认为“已经过时，没有意

① 教育部社会科学司编：《普通高校思想政治理论课文献选编（1949—2006）》，中国人民大学出版社 2007 年版，第 138 页。

义”；对于“君子喻于义，小人喻于利”这一儒家道德箴条，倾向于“赞同”意见者占了70.89%；在为人处世方面，44.14%的人选择“己所不欲，勿施于人”，在备选答案中，均占相当比重。但是，大学生们在对于传统道德予以肯定的同时，也伴随着对这一精神的质疑和批判，如69.71%的人认为“传统道德是束缚个性的枷锁”这一命题有道理。72.95%不同意“从道德的角度看，当今社会的主要问题是如何发扬传统道德，而不是追求现代化道德”这一观点。但是现代道德是什么，71.72%的人明确反对“现代道德即传统道德西化”的提法。关于商品经济和道德水平的关系，大多数大学生认为与社会主义商品经济相一致的应当是道德水平的不断提高。69.91%的人否定“有钱能使鬼推磨”符合社会主义商品经济的社会现实这一命题；69.93%的人否定“商品经济的发展必然带来道德滑坡”这一命题。

道德选择方面，高校师生的集体主义价值观仍占主流。88.19%的人认同“大河有水小河满，大河无水小河干”这一命题；82.99%的人赞同“我愿意为集体做些工作”的观点。“学好本领、报效祖国”一直是大学生们成长过程的主要动机。在面对“个人的事再大也是小事，国家的事再小也是大事”这样一个看起来把个人与国家利益在一定程度上对立起来的命题时，有49.74%的同学倾向于“同意”，只有29.31%的同学倾向于“不同意”。

在道德理想方面，有关“应当怎样”和“如何做”的道德问题上，大学生们价值冲突是比较明显的。如面对“大学生应当具有什么样的道德水平?”和“大学生的道德现状如何?”的问题，给出了四个答案：(1)高尚的共产主义道德水平。(2)高于一般公民的道德水平。(3)与一般公民同样的道德水平。(4)无所谓。结果，对应于以上答案，比例分别是：12.06%—56%、66.75%—27.97%、9.80%—58.79%、11.39%—13.23%。① 道德评价方面，高校师生对道德评价不积极甚至有厌倦情绪。如面对：“你认为衡量人的道德行为的主要依据是什么?”时，有42.38%的同学选择“这可以评判，因为道德是相对的”；有37%—40%的同学对道德的认识持相对的态度；有14.32%的同学对于考试作弊这一明显错误的事情竟持“无所谓”的态度。调查中，许多同学一致认为：善恶问题、

① 王丽影、邹诗鹏：《次开放地区大学生道德观调查》，《青年研究》1992年第10期。

好坏问题在今天已经没有什么意义了，对道德问题最好的评价是“不予评价”。大学生们对于道德评价的这种态度，在一定程度上反映出他们对于空谈价值，远离实际做法的厌恶。

（三）理想与现实时期（1992—2002年）高校师生的道德观

随着经济体制、政治体制和文化体制改革的深入发展，中央关于思想道德建设下发了一系列文件，采取了一系列有效措施。1994年8月，中共中央下发《关于进一步加强和改进学校德育工作的若干意见》，1996年10月，党的十四届六中全会做出了《关于加强社会主义精神文明建设若干重要问题的决议》。为贯彻落实《教育法》及《中国教育改革和发展纲要》，教育部于1998年12月印发了《面向21世纪教育振兴行动计划》，提出要加强和改进学校的德育工作。继续加强爱国主义、集体主义、社会主义理想教育，遵纪守法和社会公德教育，进行中华民族优秀传统和革命传统教育，实施劳动技能教育以及心理健康教育，培养学生具有良好的道德、健康的心理和高尚的情操。中共中央国务院于1999年6月联合下发《关于深化教育改革，全面推进素质教育的决定》，提出要以培养学生的创新精神和实践能力为重点，造就“有理想、有道德、有文化、有纪律”的德智体美等全面发展的社会主义事业建设者和接班人。江泽民2000年2月在《关于教育问题的谈话》中指出：不仅要加强对学生的文化知识教育，而且要切实加强对学生的思想政治教育、品德教育、纪律教育、法制教育。老师作为“人类灵魂的工程师”，不仅要教好书，还要育好人，各个方面都要为人师表。2001年9月，中共中央颁发《公民道德建设实施纲要》，强调了公民道德建设的重要性、建设性原则，提出了公民道德建设的内容、途径等。这一系列文件和措施的落实，有效地增强了高校师生思想道德建设，推动了师生道德观内涵的提升。

道德认识方面，高校师生对于传统的道德规范和新时期的道德原则和基本规范的认识是清楚的，他们崇敬高尚的道德行为，厌恶、反对腐朽的丑恶现象，具有道德正义感。从整体看，他们是社会上比较有理想、有道德、有积极进取心的一部分人，他们的道德观主流是好的，应该予以充分的肯定。据调查，有63.5%的人认为“在言谈中无意伤害了他人，应诚恳向对方道歉”；绝大多数人认为在“他人危难，愿挺身相助”，“乘车时，给抱小孩的同志或老人让座”。虽然大多数学生的道德观是积极的，但是在道德行为上不尽如人意，如在公共汽车上老年人站着，学生坐着的现象并不少见；在学生中不讲公德，不讲礼貌，损人利己，不爱护公物，不守纪律，考试作弊等不良现象屡见不鲜，反映出大学生在道德问题上言与行之间存在明显差距。少数学生还存在一些模糊乃至错误的道德认识，认为“人的行为是自由选择的结果，因而无道德可言”，“对自己有利的行为就是道德的”。

道德理想方面，多数学生具有积极向上的理想和抱负：有67%的学生把实现共产主义作为自己崇高的理想；40%的学生“要做一个对社会有用的人”；50%的学生首先追求的是“事业的成就”；53%的学生希望找一个能发挥自己才能的工作；30%的学生认为人的价值在于“对社会的贡献，而不是索取”。由于国内国际形势的影响，加之大学生的理想尚处于形成过程中，还不稳定，还具有一定的模糊性，易受社会思潮的影响，有少数学生受拜金主义思潮的影响，认为“金钱高于一切，理想就是金钱”，首先追求的是“权势和钱财”。

在关于道德的义和利关系认识方面，绝大多数师生认同和肯定国家、集体和个人的义与利应该统一，义利并重，公私兼顾。据调查，75%的学生认为“个人、集体、国家三者利益应有机地结合”，“应该公私兼顾”；15%的学生认为“主观为自己，客观为别人”应该是做人的基本准则；2.5%的学生表示“为集体或他人的利益牺牲个人利益是不值得的”。关于义和利，27%的学生认为应该“义利平分，两全其美”。由于受市场经济体制的影响，加之一些学生对市场交换本质内涵的曲解，少数人产生重利轻义，对公而忘私，毫无利己专门利人等道德观念产生怀疑，认为“知识商品化”，毕业分配时待价而沽是合情合理的。

在师生对竞争的认识方面，社会主义市场经济的推行促进了社会的发展，增强了师生的竞争意识和效率观念，绝大多数师生认为要顺应市场经济时代的要求，树立和增强正确的竞争观念，不断提高竞争能力，肯定和认可竞争与合作是辩证统一的，师生之间要有合理合法的竞争，也需要齐心协力的合作。如有的师生认为“人与人就是互相竞争，适者生存，优胜劣汰”，但由于经济体制的多元化导致利益分配的多样化，造成了一些不可回避的负效应，导致物质与精神失衡、个人与社会错位、拜金主义、个人主义、享乐主义流行等。如有个别教师存在学术行为失范，剽窃他人研究成果，“人在课堂，心在商场”等职业道德问题。学生方面，关于“对自己的同学采取封锁学习资料，拒绝同学的请教，以求得学业上的领先是不道德的”问题的认识，有 39.3%的学生认为这是应该肯定的，但还有人认为“不能说不道德，只是不高尚，不开明”。现实生活中，学生们虽然欣赏竞争，但遇到入党、评优、评奖竞争时，又有畏惧心理，尤其是处在中间层次的学生表现更为明显。

（四）理智与回归时期（2002 年至今）高校师生的道德观

党的十六大召开之后，国家政治生活发生很大变化。十六届二中全会通过了《关于深化行政管理体制和机构改革的意见》、三中全会通过了《中共中央关于完善社会主义市场经济体制若干问题的决定》、四中全会通过了《中共中央关于加强党的执政能力建设的决定》、五中全会通过了《中共中央关于制定“十一五”规划的建议》、六中全会通过了《中共中央关于构建社会主义和谐社会若干重大问题的决定》。市场经济的建立与发展，知识经济的出现，中国共产党自身建设，社会和谐建设目标的提出，不仅改变了社会经济结构和总体格局，也引发了高校大学生在思想文化、道德观念、生活方式等各方面的变化。由此，党和国家加强了对高校师生的思想道德教育，2003 年 2 月，教育部印发《关于进一步深化“三个代表”重要思想“三进”工作的通知》；2004 年 8 月，中共中央和国务院下发了《关于进一步加强和改进大学生思想政治教育的意见》；2004 年 9 月，国务院办公厅下发了《关于切实解决高校贫困家庭学生困难问题的通知》；2005 年 1 月 13 日，教育部和共青团中央联合下发《关于进一步加强高等学校校园网络工作的意见》；2005 年 1 月 14 日，教育部下发《关于进一步加强和改进师德建设的意见》；2005 年 3 月，教育部分别下发了《普通高等学校学生管理规定》和《高等学校学生行为准则》；2005 年 4 月，教育部下发《关于整体规划大中小德育体系的意见》。政治生活的变化和思想政治教育的各项措施，促进了高校师生道德观念的变化。

道德动机方面，高校师生绝大多数能乐观地看待人生，积极进取，成就动机占据主要地位。一般对自己以知识和能力来获得事业成功抱有较大期望，崇尚并相信自己能成为“对国家、对社会有用的人”及“事业上有成就的人”。在追求事业成就的同时，大学生也十分看重精神生活的意义，人生态度积极向上。据调查，想做“事业上有成就的人”占 54%，想做“对国家、对社会有用的人”占 34%，追求积极人生目标的学生占绝大多数。但也有少部分学生表现出消极的人生追求，认为“人为财死，鸟为食亡"，主张"今朝有酒今朝醉"，推崇"要么流芳百世，要么遗臭万年"。

在道德认识方面，高校师生的道德认识总体上是积极的、正确的。据调查，84%的同学认为大学生的道德水准应高于一般公民的道德水准；67%的同学认为符合社会道德规范的行为才是道德行为；66%的同学认为在当前历史条件下，应坚持集体主义道德原则；83%的同学在道德修养方面追求内在品格的自我完善和与社会、集体的和谐一致；62%的同学认为一个人的文化修养与一个人的道德素质应是同步发展或相互促进的；73%的同学认为对中国传统道德应给予分析、鉴别、批判地继承；67%的同学认为只顾自己的人是小人，以他人为重的人才是君子；89%的同学表示在看到有人偷窃、行凶时，会挺身而出，或只要有人带头，自己必会相助；88%的同学认为新时期应坚持艰苦奋斗的优良传统。

道德判断能力方面，绝大多数大学生能够正确确定和审察他人或自己行为善恶的价值尺度。如对待大学生超前消费的问题上，76%的同学肯定这"不利于培养大学生艰苦奋斗的精神"，61%的同学认为大学生浪费粮食"是可耻的行为"，"是不珍惜别人劳动的行为"。75%以上的同学能客观分析某种道德行为的起因、发展和后果，并能正确地提供客观的分析意见和处理办法。78%的同学认为"社会主义集体主义原则是集体精神和个性发展的和谐统一"，"没有对极端个人主义的限制，就不可能有真正的个性发展和个人创造力的发挥"。在纷繁复杂、日益变革的社会中，面对各种以"新派"自居的言论和行为，也有不少学生陷入困惑和迷茫，是非、善恶难以分清，道德观念日益模糊。

道德情感方面，绝大多数师生对中国共产党有着强烈爱戴之情，认为党是一个善于改正失误、领导人民向前进的政党，没有任何一个力量现在能取代党的地位和作用。60%的同学认为"没有共产党，就没有新中国"。79%的同学表示要"积极创造条件争取入党"。93%的同学认为，当自己的行为与社会主义道德相违背时"深感内疚"，其中53%的同学表示应"及时纠正"。但受大学生社会阅历的限制，他们对现实生活中的道德关系和道德行为大都是纯情反映，而且稳定性较差，爱憎和好恶情绪易变，受到不正确思想影响时，也会产生模糊甚至错误认识。

道德责任感方面，大学生普遍责任意识淡薄，注重权利的享有，忽视义务的承担，即使承担责任，也更多的是对可能给自己带来利害关系的行为负责，出发点是互利。据调查46%的同学赞成“应该自觉维护稳定”，因为没有一个稳定的社会环境，自己的利益也无法得到保障。69%的同学把恋爱当作填补精神空虚的手段，“不求天长地久，但求一朝拥有”，“爱过就行，失去了也不后悔”。对出现的问题，不少同学总是从客观方面寻找原因。如对大学生浪费粮食现象，32%的同学指责学校“伙食不对胃口”，17%的同学认为校园破坏公物现象是“学校管理不善”。

道德意志方面，大学生在履行道德义务的过程中，能自觉克服障碍作出抉择的力量和坚韧精神比较薄弱，缺乏必要的磨炼。当面对现实的“择业竞争”的巨大压力时，许多大学生虽有一种危机感，想要真正努力学习，却又缺乏持之以恒的热情，稍遇困难，就怨天尤人，牢骚满腹。有些大学生以看破“红尘”自居，表现出消极逃避、悲观厌世的生活态度。还有的大学生学习上怕苦、工作上怕累、生活上怕俭，一味贪图安逸、追求豪奢。据调查，28%左右的同学既向往奖学金、“三好学生”的荣誉，又不愿为之付出艰苦的劳动。不少学生进大学时雄心勃勃、理想远大、决心努力学习、继续考研深造，将来有一番作为，可半年甚至三个月后就转而“及时行乐”，忘了当初的誓言，原谅自我。

道德信念方面，大学生的道德信念不很稳定。他们对“诚实”“正义”的追求一直保持良好的心态，比以往任何时候都更渴望诚实和相互帮助。但又普遍感到人与人之间总是弥漫着等价交换的经济关系，相互间缺乏真诚、缺乏信任。面对这种状况，他们希望改变，迫切地需要彼此间建立一种真诚的朋友关系，却又感到力不从心。一部分学生对“真诚”和“正义”有误解或曲解，认为真诚就是对哥们忠诚、义气。为朋友“打抱不平”，对朋友打架、斗殴、赌博等行为有意隐瞒，甚至作伪证、为之辩护；与人为善不讲原则、拿原则做交易。

三 新时期高校师生法制观变迁的历史轨迹

（一）觉醒与反思时期（1978—1984年）高校师生的法制观

“文化大革命”中，宪法作为国家的根本大法，“公民权利的保障书”被修改得面目全非，虽然没有在形式上废除1954年宪法，但以“五四宪法”为代表的大批法律名存实亡。法律的制定处于停止状态，司法机关被砸烂、法律的作用在我国这一特殊历史时期荡然无存。十一届三中全会是中国共产党历史上拨乱反正的一次重大转折，对于我国民主法制建设起到了非常重要的作用。全会公报指出："宪法规定的公民权利，必须坚决保障，任何人不得侵犯。为了保障人民民主，必须加强社会主义法制，使民主制度化、法律化，……要忠实于法律制度，忠实于人民利益，忠实于事实真相；要保证人民在自己的法律面前人人平等，不允许任何人有超于法律之上的特权。"随后社会主义法制在理论上终于被置于其应有的地位。十一届三中全会前后，按照"实事求是，有错必纠"的原则，全国范围内开展了大规模的平反冤假错案工作。随着我国社会主义法制的恢复与发展，人们的社会主义法制观念也相应地得到加强。高校师生也认为民主法制建设非常必要，是社会建设事业的保证；认可、赞同邓小平提出的"法律面前人人平等""有法可依、有法必依、执法必严、违法必究"等观点，大多数师生认为应该遵守国家法律和纪律，依法行事。但对于民主法制建设的现状不太满意，如由于"文革"的不良影响，还有相当数量的群众，法制观念很淡薄，一些机关的工作人员，一些党员甚至包括某些负责干部，仍然不习惯按宪法和法律办事，有时甚至把宪法和法律置于脑后，按照他们自己的主观愿望在那里发号施令，指挥工作，结果做出违反宪法和法律的事情来。受这些现象影响，高校有些学生质疑是否要学习、遵守法律和纪律，因而缺乏学习法律知识的自觉性和积极性，法制观念意识淡漠，甚至有些师生置国家宪法和法律于不顾，以身试法，走上违法犯罪道路。

（二）社会与自我时期（1985—1992年）高校师生的法制观

改革开放刚刚开始，迫切需要法律来保障。为了消除"文化大革命"盛行的法律虚无主义的影响，保障改革开放的顺利进行，1985年11月5日，中共中央、国务院批转了中共中央宣传部和司法部《关于向全体公民普及法律常识的五年规划》，揭开了我国新时期法律普及教育的序幕。随后当时的国家教育委员会于1986年9月1日发布了《关于在高等学校开设"法律基础课"的通知》。该通知的发布标志着我国新时期大学生法制观念教育的开始。从此，按通知精神全国各高校陆续开设了法律基础课，揭开了我国新时期大学生法制观念教育的序幕。1987年10月，国家教委印发《关于高等学校思想教育课程建设的意见》，提出要将《法律基础》作为学生必修课。1986年，在全国开展了第一个五年普法宣传工作，对一切有接受能力的公民进行普及法律的教育，7亿多公民学习了相关的初级法律知识，"二五"普法期间，各个行业制定了普法规划，组织学习专业法律法规200多部；从1986年7月专家为中央领导同志举办法律知识讲座开始，中央领导同志为全国普法宣传起到了带头作用，随后各省市领导也都相继听取法律专家讲座；与法制宣传工作相适应，各种法制报刊、图书等大量出版发行，广播、电视、报刊、网络等新闻媒体也加强了法制宣传，起到了对人民不断进行法制教育的作用。我国法制建设的成就和法制教育的开展，极大的鼓舞着大学生们建设我国社会主义法治国家的信心。

高校师生普遍关注国家民主法制建设。对于民主政治建设，调查结果表明，大多数大学生对社会主义民主的本质有着较清楚的认识，1988年、1990年分别有34.9%、37.6%的大学生认为“社会主义由其国家性质所决定将逐渐成熟，而资本主义同样由其国家性质所决定将逐渐走向没落和腐朽”。

对我国法制建设，1988年、1990年分别有82.0%、81.2%的大学生同意“近年来我国的民主法制建设虽有进展，但仍不尽如人意”。大学生对我国的民主与法制建设过程中出现的一些不尽如人意之处能够给予理解，认为“我国的民主法制建设应稳步发展，不宜急于求成”的比例较高，1988年、1990年的比例分别为64.9%、71.4%，表明大部分大学生能够认清我国的具体国情、了解我国法制建设的基础并正确看待我国的民主与法制建设问题。

对于法律知识的学习，大多数师生认为应该自觉学习法律知识，掌握法制精神，绝大多数学生愿意通过法律与基础课学习法律知识，有些学生不满于学校课堂教育，还参加社会或学校的法律自学考试以增强法制知识和意识。但还有一些学生认为，社会风气不正，学习法律没有用，缺乏用法律武器来维护他人和自身合法权益的法制意识。

对于法律制度的实施落实情况，大多数师生认为基本满意，对于社会不良现象，尤其是对部分领导当中滋生的腐败问题反应比较强烈，要求运用法律，加大反腐败的力度。

（三）理想与现实时期（1992—2002年）高校师生的法制观

党的十四大报告指出，要“加强立法工作，特别是抓紧制定与完善保障改革开放、加强宏观经济管理、规范微观经济行为的法律和法规，这是建立社会主义市场经济体制的迫切要求”。十四届三中全会提出了“20世纪末初步建立适应社会主义市场经济的法律体系”。在党的十四届五中全会通过的“九五”和2010年建议中，明确要求加快经济立法，建立和完善适应社会主义市场经济体制的法律体系。八届人大四次会议通过的纲要强调“坚持改革开放和法制建设的统一，做到改革决策、发展决策与立法决策相结合，并把经济立法放在重要位置，用法律引导、推进和保障社会主义市场经济的健康发展”。十四届六中全会也提出“建立和完善社会主义市场经济体制，必须紧密结合改革和发展的实践，健全社会主义法制”。1996 年 2 月 8 日，江泽民在《依法治国，保障国家长治久安》的重要讲话中提出“依法治国”理念。1996 年 3 月第八届全国人大第四次会议通过的《经济和社会发展“九五”计划和 2010 年远景目标纲要》，规定了“依法治国，建设社会主义法治国家”的治国方针，从此，中国的法制建设有了质的飞跃，开始从“人治”向依法治国的历史性转变。党的十五大提出了“依法治国，建设社会主义法治国家”的治国方略，使我国的社会主义民主法制建设步入了新的历史阶段。在党的第十六次代表大会上，进一步发展了依法治国的内涵，提出了要把坚持党的领导、人民当家做主和依法治国有机统一起来。九届人大二次会议把依法治国，建设社会主义法治国家这一党的基本治国方略与目标，正式纳入宪法总纲第 5 条，成为国家的基本方略和宪法准则。在这期间，一批党内的腐化贪污等腐败分子被查处，一批新法的制定和宣传，加之高校的思想政治理论课都把“法律基础”课作为必修课加强对大学生的法制教育，高校师生的法制观念发生了明显变化。

据 2001 年有关机构对全国在校大学生进行的随机抽样调查，几乎所有大学生都赞同“依法治国”的治国方略和“建设社会主义法治国家”的战略目标，认同我国民主法制建设在立法、执法、法律监督、惩治腐败等方面取得的成就，认为应该自觉守法、依法维护自己的正当权益。

对于法律的执行情况，高校师生都认为要坚持“有法可依，有法必依，执法必严，违法必究”的原则和“法律面前人人平等的”原则。然而，大多数师生仅仅停留在感性认识水平上，而且“知”与“行”存在较大反差，法律意识水平参差不齐。据调查，在遇到纠纷，选择解决问题的途径时，有 42.67%的人同意“只有私了解决不了的问题才应求助于法律”，15.41%的人选择“托人私了”；面对法律和亲情时，80.96%的人认为“在亲情和法律面前，有时确实不好办”，42.97%的人认为“能够钻法律空子的人，都是有本事的人”。

在遵守和使用法律方面，大多数人认为应该自觉遵纪守法、依法维护自己和他人的正当权益。从大学生的行为表现来看，却出现四种现象：一是积极通过各种途径获取法律知识，不断增强法制意识，对自身的不法侵害，大多数师生积极拿起法律武器维护自身合法权益；二是对学习法律知识不积极不反对，法律现象的冷漠，面对他人遭受的不法侵害不问不管；三是不积极学习法律知识，缺乏法制意识，不知法懂法或明知故犯，大学生违法犯罪的事例也不鲜见，如盗窃、抢劫甚至卖淫、强奸、杀人等犯罪行为，以及打架斗殴、毁坏公物、剽窃他人学术成果、随意撕毁就业合同等违法行为时有发生；四是相当一部分大学生法律意识淡薄，缺乏必要的自我保护意识，致使自己的切身利益受到侵犯和损害。其中不少女大学生对自身安全关注不够，有些大学生在就业、勤工助学过程中被骗，52.54%的人“买到假冒商品”后只能“自认倒霉”。有的大学生上网交友陷入不法之徒布下的陷阱，受到伤害。

（四）理智与回归时期（2002年至今）高校师生的法制观

随着改革开放的进一步深入，构建小康社会和社会主义和谐社会理念相继提出，“四五”普法宣传深入开展，全社会形成了学习法律，增强法制意识的良好氛围。对高校师生，2005年2月，中宣部、教育部联合印发了《中共中央宣传部教育部关于进一步加强和改进高等学校思想政治理论课的意见》。为贯彻意见精神，中宣部、教育部联合印发了《〈中共中央宣传部教育部关于进一步加强和改进高等学校思想政治理论课的意见〉实施方案》，方案规定从2006级新生入学开始，在全国普通高等学校普遍开设“思想道德修养与法律基础”课。一系列措施，促使高校师生的法制观有了新的变化。

对于法律的作用和对法律知识学习方面，大多数师生兴趣较为浓厚。从学习态度上看，“有43.05%的学生很感兴趣，51.06%选择一般，4.67%选择一点点，仅有1.22%被调查者对法律知识不感兴趣；对学校进行普法宣传教育，78.09%的学生认为有意义，只有19.69%的学生认为有一点点作用，1.33%的学生持无所谓态度，0.89%的学生认为毫无意义”。[①] 从对法律基本知识的了解上看，大多数师生能通过多途径学习掌握比较丰富的基础知识，但也有一些人重视专业课的学习，而对法律和其他公共基础课则不予重视，导致法律基础知识欠缺，调查中甚至有

① 陈逸萍：《大学生法制教育现状调查与思考》，《华北煤炭医学院学报》2007年第2期。

26.75%的人对“宪法在我国法律中的地位和作用”的认识模糊不清。从学习和关注的内容来看，调查显示，师生对最想学习和了解的法律内容中，对《婚姻法》感兴趣的占72.46%，对《宪法》感兴趣的占71.23%，对《劳动法》感兴趣的占69.87%，对《合同法》感兴趣的占61.24%，对《民法》感兴趣的占58.48%，对《行政法》感兴趣的占45.37%，对《刑法》感兴趣的占18.2%，表示对其他法律法规比较关注和感兴趣的占3.23%，对反不正当竞争法、产品质量法等与现实生活密切相关的法律知识几乎还是空白。法制观念状况方面，广大师生都有比较正确的法制观念，能够正确利用法律武器维护自己的正当权益。如当发生劳资纠纷，又协商解决不了时，有94.55%的师生认为要诉诸法律途径来解决，只有2.56%的人表示无所适从；面对个人正当权利受到侵害时，50.72%的人认为通过法律途径最能帮助解决问题，6.56%的人选择了父母，21.47%的人认为要依靠自己解决。但仍有部分大学生法律意识淡漠，少部分学生把同学之间的矛盾诉诸武力，出了问题热衷于私自解决，法律意识淡漠和法律素质不高。

在遵纪守法方面，绝大多数师生认为法律至上，能自觉遵守国家法纪，依法行事。但也有一些人自觉性较差，违纪的现象时有发生，在处理个人感情方面，个别学生会丧失理智采取过激的暴力行为；在个人利益、亲情和法律面前，相当一部分人会置法律于不顾，使法律权威在利益、情感面前大打折扣。更有甚者，由于法制意识淡漠，一些学生还因明知故犯、丧失理智等原因违法犯罪，如在日常行为中对法律的“学而不用”，盗窃、抢劫甚至卖淫、强奸、杀人等犯罪行为，以及打架斗殴、毁坏公物、剽窃他人学术成果、随意撕毁就业合同等违法行为屡见不鲜。

第三节　新时期高校师生政治观、道德观、法制观变迁规律

一　新时期高校师生政治观、道德观、法制观变迁的特点

（一）新时期高校师生政治观发展变化的特点

1. 理想性与现实性相冲突

由于大学生的生活阅历较少，缺乏实践，多数以间接经验为主，而

间接经验又有很多源于书本，这就使得他们在对事物进行价值评判时多以此为依据来决定其行为的取舍，因此他们的政治观多少还带有理想主义的色彩。当大学生带着这种理想化的价值评判标准去看待现实的政治生活时，就会发现两者的强烈反差，形成政治观念上的矛盾。一些大学生不同程度地存在政治信仰迷茫、理想信念模糊、价值取向扭曲等问题，对理想信念的认识往往停留在概念上。大学生的政治观充满了矛盾，他们普遍关心政治，积极争取入党，但一些大学生却对马克思列宁主义毛泽东思想的指导地位的认识不够清楚，甚至发生动摇；对党的改革开放政策高度认同，而改革开放正是社会主义制度的自我完善和发展，能够实行改革开放并取得辉煌成就，其本身就是社会主义制度充满生机和活力的表现，但一些大学生对我国实行社会主义制度却存在否定性评价；大学生对我国建立社会主义市场经济体制普遍认同，市场经济体制是中国人民在党的领导下做出的正确选择，能够做出这种选择其本身已经证明党具有驾驭中国社会发展的能力，但一些大学生对党的执政能力、反腐能力却信心不足。

2. 波动性与可塑性相统一

高校教师都是成年人，他们的政治观由于经过了多年认识上的深化、情感意识的不断强化和实际行动中的反复验证，他们在现实生活中常常以这种既有的政治观去评价和看待各种政治现象与政治问题，而很少去对这种已有的政治观进行调整，政治观相对比较稳定、深刻，不易发生变化。和成年人不同的是，大学生的政治观正处于由不成熟迈向成熟的阶段，并且尚未形成一个完整、稳定的观点体系，再加上他们思想敏锐，头脑中的旧框框较少，受已有观点的影响较小，因而在政治观形成过程中，他们总是不断地吸纳各种思想、观点来充实、深化或调整自己已有的观念，呈现出波动性的特点。正是由于这种海纳百川的开放性，使得大学生的政治观更容易受所处社会与时代的影响，并且体现出与社会和时代“同频共振”的发展轨迹。然而，由于大学生的知识经验尚不丰富，理论思维不够成熟，再加上他们所面对的世界又是如此纷繁复杂、瞬息万变，使他们在政治评价与判断上带有明显的不成熟的特征。伴随着青年大学生知识层次的提升，他们的思维方式从形式逻辑思维扩大到辩证逻辑思维，开始更多地关注社会政治问题，注重理论思维，希望得到理性的指导，因此，又具有极强的“可输入性”与“可塑造性”。

3. 冲动性和理智性相交替

政治思维活动敏捷而尖锐，这是当代大学生的一大优势。他们是社会的一面镜子，是社会进程的“晴雨表”，他们能够直观灵敏地反映现实社会的政治状况。能在日常生活中思考并发现问题，容易察觉出新的迹象，新的特征，新的苗头，新的趋势。他们往往最准确地反映和表现了整个社会阶级利益的发展和政治派别划分的发展。但是，青年大学生又往往从感性、直观的角度看待政治现象，极易为之动心，在情绪冲动时，对一些诚恳的批评和善意的劝导，常常会从反面来理解，甚至激化为政治冲动，产生政治狂热情绪和政治冲动行为。同时，从大学生的实际社会行动看，大学生的政治参与表现出了一定的理性化、务实化的发展趋势。一方面，大学生参与意识普遍较强，对一些社会现象不再冲动，不再以呼吁、呐喊的方式参与社会，而是扎扎实实地从自身做起，以自己的有效行为推动社会风气的改善和党风的根本好转。这均充分表现了当代大学生较为成熟、理智的政治心理，避免了极端化政治参与行为的发生。

（二）新时期高校师生道德观发展变化的特点

1. 始终存在着道德认识与道德行为的矛盾性

在知行关系上，道德认知与道德实践脱节。在理论上对道德规范有比较正确的认识，但在具体行为中又与道德规范相背离。大学生道德认识的正确性与道德行为始终存在一定的反差。如他们欣赏赞美高尚，但并不想拥有高尚；口头上追求理想，实际上崇尚实惠；有强烈的爱国情感，但缺乏主人翁的责任感和使命感；有真善美的道德知识，却没有良好的行为习惯；期待建立和谐规范的社会道德秩序，但自身又不愿受各种规章制度的约束；有成就事业的愿望，却又缺乏脚踏实地的实干精神。在公与私问题上，绝大多数学生认同或崇尚先公后私的道德观念，但道德实践中，既要奉献又要索取，公私兼顾；对义利问题上，许多同学崇尚重义轻利的价值取向，实际行动中却自觉不自觉地去追名逐利，表现出价值追求的短期化、实用化、功利化；对个人与他人社会关系问题上，大多数同学向往和谐的人际关系，但实际行动中，部分同学却以自我作为道德行为选择的标准，遵循“事不关己，高高挂起”的态度；在道德修养方面，大多数同学重视道德素质提高，对自身道德修养期望值较高，但道德修养的践履过程中，却反映出道德意志薄弱，自律性差的弱点。高校加强了大学生的行为管理，大学生对校纪校规的认识是清晰的，但实践过程中却存在着反差，特别是考试作弊的现象呈上升趋势，不能不说是部分大学生知行分离的真实写照。

2. 道德取向的现实性与道德选择的困惑性交替存在

通过对大学生道德历史性考察可以看出，大学生从80年代关心国家与民族，政治意识的高涨到政治意识的淡漠，从“萨特热”到“考研热”，就业选择价值的从政首位到多元转化，方向从东部沿海到西部的选择视角转换，从城市到乡镇的转化，从精英意识的衰微到平民意识的高扬，大学生价值选择表现出更多的实用倾向。但在道德选择上却存在着困惑。改革开放以前，道德伦理教育与经济和社会发展相协调，与舆论一致，道德标准统一，大学生很少有道德选择的困惑。改革开放以来，道德伦理教育滞后于经济和社会发展的需要，市场伦理讲求利益导向、公平竞争、效率优先原则，社会领域的道德伦理要求奉献精神、利他主义，两个适用领域不同的伦理原则的价值矛盾使大学生在道德理想选择时产生困惑。

3. 自我主体意识、竞争意识增强，道德情感变化呈现个体性特点

通过历史性考察看到，大学校园道德与社会道德互动，大学生的道德观念也逐渐经历一个从“大我”到“小我”的转换过程。在中国传统文化中，个体“弱化”甚至“缺失”，而社会的发展和中西方文化不断融合使“个体”凸显，大学生的道德观念由共产主义道德向公民道德的转化，从计划经济体制下的“大公无私”到市场经济条件下的个人利益的诉求。大学生思想中“公”“私”概念逐步清晰，“自我”概念不断强化，追求个体利益，公与私的协调与平衡发展，在竞争、合作中求发展，原有的集体主义观念逐步淡化，首肯个人利益的合法性与合理性，进行公共领域与私人领域的划分与道德诉求，大学生一方面关注生态资源与人类的和谐发展，另一方面又追求个人生活方式与价值观念的自我性，主要表现在对自我价值、自身利益的追求，热衷于“自我设计、自我奋斗、自我实现”。诚然，符合社会发展规律的自我意识，有利于人的成长。但不少大学生的自我理想设计不是建立在充分客观认识自己和社会条件的基础上，而是较多地从主观愿望出发，自恃才高，不顾及客观环境条件，设计了可望而不可即的目标。总之，自我意识在增强，但又不能够正确克服其内在矛盾，往往处于两难境地而不能自拔。

（三）新时期高校师生法制观发展变化的特点

1. 感性认识与理性意识的矛盾交织

目前我国绝大多数大学生对法律的认识仅处于感性阶段，比如，都知

道宪法是国家的根本大法，都知道杀人是犯法行为。但就法律为什么是这样规定等深层次的问题就茫然不知了，他们的法律意识处于片面的不系统的法律层次，在理性认识的层次上是欠缺的。在大学里，非法律专业的大学生往往都轻视法学基础理论的学习，认为法学基础理论枯燥无味，不愿意深入学习，而只是对案例有兴趣。但法学本身是一门学理性极强的学科，不掌握一定的法学基础理论，就难以运用理论解决现实存在的问题。正是因为缺乏法学基础理论，大学生的法律意识总处于对法律本质认知的启蒙状态，是零散的，非系统化的。

2. 义务与权利意识的矛盾

我国历史上就有礼刑不分、礼法合一的法律传统。在大多数人的心目中，法律是一种义务，而绝非权利。这种法律传统的惯性一直延伸到今天大学生的法律意识中。事实上，随着人类社会的进步，人作为社会主体的自我意识逐渐复苏，传统法律意识的义务本位开始为现代法律意识的权利本位所代替。权利本位意味着只有权利存在，才能设定义务。在现代法律意识中，权利是平等的，每个人不管权力大小、职位高低、性别民族，只要是社会的一员，他就既是权利主体，也是义务主体。权利与义务对个人来讲，承担义务就必然享有权利，享有权利也必须承担义务，这在法律面前是人人平等的。随着现代社会对人的关怀的深入，现代法律赋予人更多的是权利。然而，我们的大学生对这一点是缺乏认识的。

3. 消极与积极意识的矛盾

中国封建社会是一个“人治”的社会，儒家思想是它的正统思想，“德主刑辅”是历代封建统治者标榜的口号。在现实中，“人治”表现为“权大于法”“以言代法”，这些现象让大学生觉得法律没有尊严，很难让他们树立对法律的信任感，当大学生的自身合法权益受到侵犯时，他们逆来顺受，表现的是一种消极的用法律意识，而很少有学生勇敢地诉诸法律，维护自身的合法权益，他们缺少一种积极的用法律意识。

4. 被动与主动意识的矛盾

由于传统法律意识的思维惯性，也由于教育与宣传舆论的局限，大学生出于对惩罚的惧怕而被迫遵守法律，我们经常看到法制宣传栏中的内容大多数是因违法犯罪所受到的惩罚，使大学生感觉到的是法律的无情，而并没有感觉到法律是他们生存的需要，是他们行为的准则，是他们利益的维护者，大学生的内心深处认为只要我不违法就无须学法。其实作为我们的大学生在现代法制社会，应该培养在法律规定的范围内从事经济、文化等社会活动的意识。因此，要使大学生从被动守法转化为主动尊重法律，崇尚法律，这还需要待以时日。[①]

二 新时期高校师生政治观、道德观、法制观变迁的规律

（一）高校师生政治观、道德观、法制观随着党和国家经济、政治、文化、社会建设而变迁

1. 改革开放的逐步深入发展对高校师生政治观、道德观、法制观有积极和消极的双重影响。改革开放是强国之路、富民之本，改革开放是一条既已启动就难以改变的发展道路。改革开放把国外的资金、技术、管理经验传入中国为我所用的同时，西方发达国家的生活方式、思维方式、价值观念等等，也会通过各种各样的渠道、途径传入国内，从各个方面影响着国内人们的方方面面。西方政治意识、政治观念的进一步渗透，一定意义上会促进中国大学生的政治观、道德观、法制观的变化。从传播内容来看，西方资产阶级思想家关于“人权是神圣不可侵犯的思想”、西方几百年民主观念和民主体制、自由观念、法制观念等都会对我们有借鉴意义，使我们对于民主与自由、权利与义务、法律与秩序有一个多方位观察和思考的视角，使我们能够吸收和借鉴人类历史上一切有益的政治文明成果，有利于师生的政治观更为丰富、更为全面、更为科学。但值得警惕的是，西方资本主义的政治制度与我国的社会主义政治制度截然不同，资产阶级的国家观、政党观、民主观、自由观、道德观和法制观是建立在资本主义制度之上并为资产阶级统治集团服务的，在实质不清、不加辨别的情况下，对其不加分析地吸收借鉴，对师生的政治观、道德观、法制观形成会带来负面消极的影响。

2. 市场经济的完善和发展对高校师生政治观、道德观、法制观有积极和消极的双重影响。市场经济的建立与完善，不仅改变着资源的配置，也会通过各种途径影响着人们的社会生活。这种影响既有积极的，也有消极的。市场经济是法制经济，强调市场秩序，要求市场主体都必须遵守法律，在法律允许的条件下从事经济活动，因此它对于社会上每个人树立法

① 欧阳秋群：《论大学生现代法律意识的培育》，《广东工业大学学报（社会科学版）》2002 年第 4 期。

制意识、法律面前人人平等的观念有基础性作用；市场经济又是竞争经济，它要求每个市场主体公平竞争，要求整个社会环境公开、公正，这对于人们树立平等观念、竞争意识、参与意识有积极作用；市场经济是契约经济，要求每个人都必须遵守秩序，讲求诚信，遵守承诺，否则就会受到法律的制裁，就会被市场所淘汰。这些对于人们养成诚信的品格有重要作用，而这种品格对于培养正确的政治观，又有着极为重要的意义。市场经济强调市场主体多元化、利益主体多元化，必然带来价值观念多样化。市场经济追求经济效益，人们在社会生活中常常把经济利益放在第一位，这样就容易导致个人主义膨胀，而忽视国家利益和集体利益，这和我国历来强调的尊重个人利益但个人利益必须和国家利益、集体利益相统一，个人利益服从国家利益和集体利益的传统价值观存在背离，因此必然在某些方面对传统主流政治观、道德观、法制观起到弱化作用。

3. 政治体制改革对高校师生政治观、道德观、法制观有积极和消极的双重影响。民主政治建设和政治体制改革的发展，对高校师生民主意识和民主追求有积极的影响。随着改革开放的深入，人们的物质生活有明显改善，国家的政治生活也比以往更为清明、有活力，政治体制改革全面展开，民主政治建设步伐加快，人们比以往享受着更多的权利与自由，产生了更加强烈的政治热情、政治立场、政治信念，这使得人们比以往任何时候对民主政治有着更为深切的体验和感受，有着更为强烈的向往与追求。这些对于大学生形成正确的政治观都会有促进作用。但政治体制改革的推进和政治文明建设发展的曲折性与不平衡性也会影响大学生的政治观、道德观、法制观的形成。政治体制改革是一项复杂而庞大的社会系统工程，不可能一蹴而就，也不可能一步到位，中国经济文化发展的不平衡性决定了中国政治文明建设发展的不平衡性，各地的政治文明建设不可能同步发展，也必然会带有区域性特点。受此影响，高校师生的政治观、道德观、法制观表现出一定的差异性，甚至产生与社会主流意识形态相分离的错误的或消极的政治观、道德观、法制观。

4. 中国共产党自身建设和教育体系完善、教育经验的进一步丰富，给高校师生政治观、道德观、法制观带来积极影响。十一届三中全会以来，中国共产党曾先后进行过整党运动、“三讲”学习教育、共产党员先进性教育活动等以加强党的先进性建设。通过党员干部作风建设、反腐倡廉建设等加强党员作风建设，改变了党的作风，树立了党的良好形象。加之党和国家重视大学生思想政治理论教育，先后出台、制定了大学生思想教育的“85”方案、“98”方案、“05”方案以及相关部委出台的相关落实配套措施，不断用科学理论武装大学生头脑，以提高师生政治理论水平。一系列的建设措施和教育措施，为搞好新时期大学生思想政治工作奠定了良好的基础，也为师生政治观的正面发展产生了积极的影响。

（二）高校师生政治观的变迁与社会环境、学校教育和个人主观条件紧密相连

1. 社会环境对高校师生政治观、道德观、法制观变迁的影响。社会作为大环境，它为高校师生的学习、生活、工作、交往、实践提供了的广阔天地。社会的“大气候”，对大学生的政治观、道德观、法制观的形成发展都有直接的影响。十一届三中全会以来，不同历史时期的大学生在经历改革开放不同的变革发展时期，每个时期的社会经济状况，政治形势，党风和社会风气，对外开放，社会思潮都有不同的特点。因此，时代的特征在不同时期高校师生的政治言行上留下深刻的历史烙印，良好的社会环境为师生政治观的产生、形成和发展起到积极的促进作用，而混乱的社会环境则对师生正确、科学的政治观、道德观、法制观的产生、形成和发展有阻碍作用。

2. 学校教育对高校师生政治观、道德观、法制观变迁的影响。学校作为社会的一部分，是大学生成长的小环境。高校学生求学四年中的大部分时间是在这种“小环境”中度过的。高校一直在努力创造和不断优化育人环境，以培养党和国家所期望的社会主义事业的建设者和接班人。但是，由于思想政治教育的成效不同，校风不同，学风不同，校园文化建设不同等等，都会给大学生政治素养的形成发展以不同的影响。一方面，作为高校德育教育主渠道的政治理论课、思想教育课的水平如何，直接关系着青年学生政治观、道德观、法制观的形成和发展。这是因为“两课”能否联系学生的思想实际，能否针对学生最关心、影响最大的政治问题、形势问题、法制问题、伦理问题、理论观点作出回答，这对学生的政治觉悟、思想理论水平的提高有直接影响。另一方面，思想政治教育工作者的水平，诸如政治理论水平、道德政治修养、法制观念如何，对大学生政治观、道德观、法制观的形成发展有着举足轻重的影响。

3. 个体的主观内化作用对政治观、道德观、法制观变迁的影响。高校师生政治观、道德观、法制观的形成发展除了受社会条件的影响和制约

外，还要受自身的政治、道德和法制认识水平等因素的影响与制约。政治、道德和法制的认识水平主要指人们对于一定社会占统治地位的统治者的政治主张、道德准则和法制规则的认识程度。具体地说，是对现实社会的政治、法律和道德等思想、观点、学说、主张、要求的理解状况，并由此而形成的观念及能力的高低。这一认识是社会政治、法律和道德要求转化为师生个体内在品质的首要环节，是政治观、道德观、法制观形成的思想前提和基础。没有一定的科学认识就根本不可能形成某种类型的思想道德品质。因此，在个体的主观内化努力中，政治、道德和法制认识水平的高低，对于政治观、道德观、法制观的形成发展有着重要的制约作用。

第六章　高校师生心理素质与健康人格变迁的轨迹和规律研究

心理学尤其是应用心理学在中国的大发展，是改革开放这三十多年间的事。人们对心理素质和健康人格的普遍重视和研究，也是在改革开放以后真正兴起的，尤其是从20世纪90年代至今的这十多年。高校师生心理素质和健康人格问题，近年来逐步成为学界研究的热点和重点，尤其以大学生心理素质的研究为最多，其中高校师生心理问题的研究（重点是新生的心理健康状况的测评和研究）是学者和教育管理部门近年来关注的重点。

什么是心理素质，什么是健康人格？改革开放以来高校师生心理素质和健康人格的发展变化经历了什么样的轨迹？其变化的规律和特点是什么？对这些问题的研究及其给我们带来哪些启示等，这是本课题及其相关的专题研究所要探究和试图有所突破的主要问题。

一　心理素质与健康人格的概念及其学理思考

心理是人的生理结构特别是大脑结构的特殊机能，是主体对客观现实的反映。所谓心理素质，是指构成心理的诸因素及其整体水平，构成心理的诸因素主要包括感知觉、记忆、思维、情感、意志等心理过程以及气质、能力、性格等个性心理特征。因此，心理素质就是人的心理过程和个性心理特征及其整体水平，心理素质是一个综合性的指标。从心理素质形成的普遍性来说，人的心理素质是在先天因素的基础上，经过后天的环境与教育的影响而逐步形成的；从社会实践层面看，心理素质包括人的认识能力、情绪和情感品质、意志品质、气质和性格等个性品质诸方面，它是人类在长期社会生活中形成的心理活动在个体身上的积淀，是一个人在思想和行为上表现出来的比较稳定的心理倾向、特征和能动性；从个体与群体的关系角度看，心理素质具有人类素质的一般特点，但也有个体自己的特殊性；从社会功能和价值层面看，心理素质是人的整体素质的重要组成部分，心理素质是人进一步发展和从事活动的心理条件和心理保证。在走向21世纪的今天，人的心理素质显得越来越重要。重视对大学生心理素质的教育和培养，也成为社会和时代的要求。

人格，英文Personality（拉丁语Persona），是指演员在舞台上戴的面具，它代表剧中人物的角色、身份与性格，与我们今天戏剧舞台上角色的脸谱相类似。这里包含两层意思：一是在生活中像角色一样表演出的种种行为；二是在这个面具下隐藏的真实自我。人格是社会学、心理学、教育学、伦理学、法学等诸多学科研究的对象。心理学只是从意识倾向和人格心理特征方面去研究它。心理学对人格这一概念有过各种定义。不同的定义表明不同心理学流派、心理学家研究的出发点，也表现为他们研究的结果。人格心理学家阿尔波特说："人格乃是个人适应环境的独特的身心体系"；艾森克说："人格乃是决定个人适应环境的个人性格、气质、能力和生理特征"；卡特尔说："人格乃是可以用来预测个人在一定情况下所作行为反应的特质"；米谢尔则把人格定义为：人格是心理特征的统一，这些特征决定人的外显行为和内隐行为，并使他与别人的行为有稳定的区别。《心理学大词典》把人格定义为：指"一个人的整个精神面貌，即具有一定倾向性的心理特征的总和"。

大千世界，人各不同，每个人的行为、心理都有一些特征，这些特征的总和就是人格。因此，我们认为，人格作为制约个体的一般思想与行为活动的内在机制，它是人的心理特征和心理倾向性相互作用而表现出来的个体赖以立身处世的具有稳定性、综合性的心理行为方式。健康人格是人格要素的内在和谐及其外在表现的理想状态。

二 高校师生心理素质与健康人格的基本内容与实践标准

"心理素质"是我国本土研究的重要领域，是由心理、心理健康与素质、素质教育等概念和问题而衍生出来的重要概念和实践范畴；"健康人格"是在心理学关于人格、完整人格、健全人格基础上逐步演化而来的，也带有一定的本土文化色彩，本课题研究者更倾向于把"人格——完整人格——健康人格"理解为人格的三个不同的层次，并把"健康人格"与"良好的心理素质"相提并论，这是对心理素质和人格的一般状况所作的价值审视和水平判断。从心理学角度来说，心理素质与人格都可以通过测评测量来把握，不过其结果往往是书面化和数据化的，如采用大学生人格问卷（UPI）等就可以对大学生的身体和心理健康状况进行分析与判断，该问卷涵盖了身体健康状况、情绪反映、自我认识、学习心理及交往心理等多个方面。这样的测评能够较为客观全面地反映被试者的心理素质和人格特征，但它也有待于现实生活的观察和检验，如果从本土文化的角度、从心理健康教育与思想政治工作的角度来分析，这样的工具性测评是远远不够的。

从良好心理素质与健康人格相结合的角度看，高校师生心理素质与健康人格的基本内容和实践标准包括：

（1）远大的理想和健康的审美情趣。具体表现为科学的世界观、人生观和价值观，有正确的审美态度和审美情趣，对真善美有积极的追求。

（2）良好的道德品质和个性修养。具体表现为符合社会规范并能够引领社会风尚的道德行为习惯、道德境界和情操，坚强的意志和坚定的信念，注重个性的修养和完善，崇尚理想人格。

（3）正确的自我观念和开朗乐观的性格。具体表现为正确的自我认识和评价自己，自尊、自信、自强、自制，努力发展身心潜能并逐步迈向自我实现；开朗乐观的性格和平和的心境，积极向上的生活态度、调节情绪的技能，勇敢面对挫折、勇于克服困难的信心等。

（4）健康的人际交往与和谐的人际关系。具体表现为乐于并善于与人交往、沟通，尊重理解他人同时也能受到他人的信任和尊重，人际交往健康有序，人际关系和谐。

（5）良好的社会适应力和创造力。具体表现为正确了解社会现象，关心社会变化发展，使自己的思想和行为跟上社会发展的主流，对新环境具有较强的适应能力；具有适应环境的能力，能正确认识和处理个人与社会的关系，积极投身社会实践，为社会发展和人类进步进行创造性的劳动。

（6）良好的身体素质和正常的智力。具体表现为健康的身体与良好的生理条件，能够为学习、工作和生活提供基本保证的智力因素及其发展水平，浓厚的学习、工作兴趣，积极主动的思维习惯与认知水平等。

第一节　改革开放以来高校师生健康人格的变化轨迹及其典型表现

我国改革开放30多年，人们心理的变迁远比社会生活的变迁更深刻、更复杂。个体和群体心理与人格的变化是由个体和群体的心理因素、社会环境的变化等所引起并通过人们的心理倾向、行为方式和价值趋向等而表现出来的，高校师生的人格变化亦是如此。本课题把改革开放以来高校师生心理素质与人格的变迁分为五个阶段，即从社会反思与自我困惑到勤奋学习与宏大抱负，从物欲追求与精神自由到文化退缩与民主开放，从崇尚特色到个性展示，从继承传统到创新品质，从社会化到个性张扬。

一　从困惑反思到“挽回损失”进而确立远大抱负

在刚刚结束“文化大革命”的改革开放初期（1976—1978年），我国开始进入了“拨乱反正”全面纠正“左倾”错误的转折时期。高校师生或积极主动或被迫从众地加入了回顾反思十年“文化大革命”、总结经验教训的社会潮流之中。他们对发生十年内乱，并使大部分干部群众尤其是绝大多数知识分子受到冲击的“十年浩劫”，感到痛心、感到恐惧、感到心有余悸。许多人在反思国家社会发展问题的同时，也开始自我反思和自我探索，由于人们当时的思想仍受“左”的影响较深，对我国即将开始的新的历史时期尚不够清楚，人们对“‘文化大革命’悲剧是否会重演”尚有疑虑。迷茫、伤感和困惑的心理及情感情绪较为普遍，个人在国家社会发展大潮下被冲击的无奈和无助，是当时的青年知识分子自认为属于“被耽误的一代”的心理依据；“伤痕文学”所表现的“文化大革命”对人性的侵蚀和人们人格的扭曲，是人们反思“文化大革命”对照个人命运的精神成果和心理写照。

十一届三中全会的召开，使人们在反思中明确了方向，在个人发展的定位和走向上，开始由伤感困惑的悲观心理走向“挽回损失”的积极行动，当时的普遍口号是“把‘文化大革命’造成的损失夺回来”！1977年高考制度的恢复，使高校教师和当时的青年学生（包括当时已经参加工作甚至结婚生子的“老三届”）由对“文化大革命”造成个人前途在轰轰烈烈的“文化大革命”中被无情改写的悲戚中，看到了转机和希望，

“为实现四化努力学习”成为当时的政治潮流和社会时尚。高校师生普遍开始把个人前途和国家民族发展相联系，确立为建设四个现代化贡献力量的远大抱负。尤其是高考制度的恢复，激发了中国当代知识分子的学习、研究热情，他们的学习研究兴趣、学习研究的需要、动机被激活，表现出前所未有的积极性和主动性。他们内心对科学知识的渴求、对被耽误的青春的补偿、对美好未来的憧憬，成为当时高校教师和青年学生的心理能量和基本心态。这时的大学生顺应了国家和社会发展的需要，明确并积极承担了“振兴中华”的历史使命，也开启了改革开放新时期大学生崇尚社会理想、敢于担当历史使命、努力为国家发展做贡献的社会大人格特质的先河，并为30年间大学生社会大人格特质始终占主导和主流的发展脉络奠定了基础。

从此以后，高校大学生在理想信念方面进行了积极的探索，期间也有迷茫、波动和彷徨（如1989年前后），但社会理想和社会目标一直主宰着大学生群体理想追求的方向。如果说，80年代社会理想在大学生的理想追求中处于主导地位的话，到90年代末，个人理想在其中的色彩则越来越浓。从实践层面看，更多的大学生推崇个人理想与社会理想的结合和统一。他们思考问题、对待他人和社会的出发点不仅仅是社会或社会利益，随着改革开放的不断深化，人们对各种利益关系的认知和态度发生了很大的变化，这促使他们对理想、目标的选择和确立也在发生一定的迁移。在谈论理想时，90年代的大学生不再像70年代和80年代大学生那样首先想到的是一代人的理想信念，而是很实际很现实的表述为“社会理想”和“个人理想”，他们对“社会理想”的表述和解释也不像80年代的大学生那样理直气壮或整齐划一，对“个人理想”的理解和选择也开始五花八门，其个人倾向性和自主性越来越明显。

90年代末以来，“为中华民族的伟大复兴……”的口号得到了高校师生的认同和响应，它与“振兴中华”有异曲同工、一脉相承之趋势，但后者是主流文化大力宣传引导的结果。

二 从物欲复苏、文化退缩到精神自由和民主开放

高考制度恢复的十多年间（1977—1989年），我国高校师生人数迅速增加，达到数百万，是“文化大革命”前的70多倍，成为中国新时期的一代知识分子，这也是新中国历史上高校师生年龄结构、智力水平、社会

认知、生活阅历、社会化程度等差异最大、最复杂、最具多样性的时期。

从1977年到1982年，在校大学生的平均年龄超过25岁，年龄从16岁到35岁，年龄与阅历相差较大。这些学生中有“上山下乡”或工作或参军的经历，77、78两届大多数是如此，79、80两届开始减少，81、82两届由于高考报考年龄的限制（25岁）逐步平衡。这个时期，高校教师的敬业精神和执教热情，学生的学习积极性和刻苦程度、认真读书的学习风气、思考讨论的学术氛围，师生之间的教学关系以及大学生人际关系等都相对单纯，师生的主要精力和热情在教育教学方面。从大学生的学习风气来说，应该是改革开放30年间最好的（可与新中国成立初期百废待兴人心共向的社会心理相媲美）。多数学生有健康而积极的学习心理、对国家和个人美好未来的向往追求、符合社会大潮的行为选择等，健康人格具有较强的普遍性。

从1980年到1989年，大批年轻人成为高考制度恢复的受益者，在他们带着千军万马“挤独木桥”的喜悦进入高校的同时，许多没有或没能进入大学的中青年人投身经济建设，尤其是那些借改革开放初期的“一部分人先富起来”的宽松政策而迅速富裕起来的人，与进入大学深造进而进入政府、科研组织、企业、学校等部门工作的人——曾经进入象牙塔的“佼佼者”形成鲜明的对比：有学问学历而钱少或没钱，无学问学历而很有钱或特有钱。而经过近十年的发展，人们的思想和行为从“文化大革命”政治禁锢中被解放出来，个人欲望和心理需求从清贫压抑中被唤醒，并在逐步复苏中开始膨胀。尤其是经历了物质的匮乏和平均主义“大锅饭”的分配制度的无奈之后，一些人开始患得患失、开始阶层对比。1980年《中国青年》“潘晓讨论”中所谓“灵魂的鏖战”“个性的要求”和“心灵的惆怅”以及那场对“主观为自我，客观为别人”的争论，正是这个时期人们心理发生变化、人格重塑的开始和表现。到80年代中后期，经过多年的经济建设，个人发展路线和现实结果（主要是既得利益）的不同与差异，使许多人心理失衡。尤其是“下海经商”之风的逐渐流行，在社会上开始兴起新的读书无用论，甚至在高校产生了一定范围内的退学潮。其结果是，人们物质欲望的复苏及其过度膨胀导致了一种文化退缩心理，从而使知识分子对自身价值和文化教育的社会价值产生怀疑和动摇。这也是社会发展的特殊时期物质与精神、经济与文化相互作用、相互较量的结果，这个时期的表现就是文化的退缩和让步，也是高校师生作为知识分子心理上的失衡和矛盾冲突。这时在部分高校出现的为个人享乐而盗窃杀人、流行“理想，理想，有钱就想”“一切向钱看”等现象就是这种心理的反映，这是导致改革开放以后高校师生健康人格不能持续良性发展的阶段性问题。

80年代中后期，改革开放的领域更加广阔，西方的学术著作和思想流派被介绍或渗透到中国，高校较为宽松的学术氛围、师生对人类文化文明成果的情有独钟，使高校成为西方文化介绍传播的主要界面。一时间，西方的政治学、经济学、哲学、文学等著作和思想成为高校师生争相阅读、热烈讨论的主要内容。高校师生在文化退缩之后也极力想在冲突中解决内心的矛盾、重树文化教育的尊严和价值，加之我国当时学术著作及其他出版物尚不能满足师生的学习探究需要，于是伴随科学技术春天的到来和人们对新的读书无用论的反思和矫正，敢于追求精神自由、甘于清贫、乐于教育教学成为当时绝大多数师生的人格倾向，精神自由和民主开放的心态重新回归。值得一提的是，这个时期的尼采、萨特和弗洛伊德等，他们的思想和学术观点对高校师生尤其是大学生的心理发展和人格塑造产生了一定的影响。

这个时期也是西方敌对势力对开放的中国试图进行意识形态方面的渗透和影响的时期，现在看来这是改革开放30年间中西方文化的第一次大碰撞时期。当时国内的“官倒”及其他腐败现象的滋生、经济快速发展与政治体制改革的相对滞后，与高校师生心理上、人格上对自由意志和精神解放的追求形成一定的差距，当心理上、人格上的这种追求与政治上的民主思潮相契合时，参与或主要参与“八九政治风波”就成为当时高校师生的必然行为表现。但这对大学生来说，其中有许多非理性的甚至被利用的因素和作用。因此，这使得高校师生心理上对精神自由和民主开放崇尚追求与社会现实之间有一定的脱节。

三　从偶像崇拜到个性张扬

模仿心理及其行为活动是许多个体增长知识并通过对自我外部世界的学习和认知，进而锻炼自身素质与能力的必由之路，这对青少年的成长成人、特别是人格发展具有特殊意义。但盲目模仿、绝对的偶像崇拜和简单的从众尝试等则有许多危害，甚至会使人误入歧途。个体健康成长和塑造健全人格的必由之路，也应当是个性的适度张扬和对群体的认同以及群体对其的接纳和积极评价。

从新中国成立到改革开放的今天，20 世纪末和 21 世纪初的中国社会经历了最深刻最剧烈的变迁。社会的巨大变迁使人们的个性得以逐步张扬，但无论社会怎样改革和变化，模仿心理与偶像崇拜则是一个永恒的话题。回顾这个变化过程，能够折射出大学生人格变化的轨迹和特点。

新中国成立伊始，党和国家对青年学生榜样和偶像的教育引导主要是通过对中国革命历史的学习和了解来强化的，对青年学生健康人格的影响和塑造主要偏重于对革命理想主义大人格的宣传和颂扬。于是新中国成立初期，战争年代的英雄模范成为新中国年轻一代的崇拜偶像和人格典范，50 年代中期以后的社会主义建设时期，劳动模范更为青年学生所敬仰。改革开放以来，原有单一的对英雄模范的崇拜，开始为建设者中各行各业的先进分子和模范人物所取代。从战争年代的革命先烈到和平建设时期的英雄模范，从雷峰、王杰到“铁人”，从政治典型到知青“红人”，从“反潮流的英雄”到“高大全的样板戏人物”，从“战地百灵徐良”到老山英雄，从排球女将到“当代保尔张海迪”；从 80 年代初的“喇叭裤”到“长头发”，从琼瑶小说到校园爱情，从费翔、马拉多纳到“四大天王”，从 F4 到贝克汉姆，从金庸到网络小说……大学生的偶像越来越多、越来越具有个体性。

随着改革开放的不断深化，社会生产力得到了前所未有的发展，这扩大了人对自然界的影响，也使得人逐步认识了自己所置身于其中的社会，认识了自然界中与自己不同的所有其他人的社会联系，为人完成社会化创造了条件和动力。青年学生在社会现实面前的渺小和无力，使他们把对复杂社会关系中个人成长之路，成功模式的选择寄托在自认为成功的范例身上——榜样与偶像。

为什么大学生的榜样和偶像很少是自己或自身，而是历史上或现实中的个体？这是值得我们深思的社会问题。人的活动的性质决定着人与自然界、人与社会的关系；而人的成长道路受制于自然、社会的共同作用。个体只有在完成社会化的过程中，即由自然人、生命个体逐步成长为社会人、社会个体的时候，他才能获得发展和成功，这正是人格形成的过程，也是心理素质的培养过程。因此，榜样和偶像表面上是个体发展过程中所参照的对象化的目标和人物，其实本质就是个体自身，即理想的自我和想象中的自我，或者永远无法实现但内心向往之的自我。

当然，社会化是人的终身课题。每个个体在具体的社会关系和社会生活中不断受到社会物质生活条件的制约，不断接受社会的塑造和影响，主动和被动的适应社会的要求和社会变化，反过来也在不断的影响和改造社会。社会化的历程是个人与社会不断互动，共同影响、相互适应的动态过程。① 社会化不只是人的童年课题，而是人的终身课题。在生命历程的不同阶段，人的社会化有着不同的内容和任务。② 社会化的终身性是由于社会发展的连续性和个人发展的终身性所决定的。在参与社会化或被社会化的过程中，个体也“人化”社会，以自己的意识和行为、情感和意志等改造着社会和自身，形成一定社会中的人格雏形。随着大学生知识阅历的增加和人生经验的积累，他们逐步把对偶像的崇拜纳入理性的层面去审视，他们发现所有人的人生是不能简单复制的，路还得自己走。因此每个人的人格与性格是那样的不同和具有明显的差异性。这促使他们改变对自我与偶像之间关系的认知和行为。同时，改革开放最大的变化就是思想上的开放性、价值观念上的多元化、行为选择上的多样性，这促使青年学生承认人的差异性，注重个体的独特性和个性的与众不同。于是进入 90 年代，无论是衣着打扮或是发型头式，还是语言风格与做人处事方式，他们特别注意标新立异、彰显独特个性和唯一性，这方面的群体性变化是从青年学生心理上的“断乳”和社会成熟度的提升相一致的。于是，他们在人格的发展和完善上，完成了由偶像崇拜到张扬个性的大蜕变。

四 由保守人格到开放人格

恋爱心理和性观念，性行为，这是人的心理和人格中最细腻也最隐秘的部分。改革开放 30 年来，高校师生的恋爱心理和性观念，性行为方式等比任何其他方面的变化更为突出。

80 年代的高校师生，大都秉承了老一代知识分子的婚恋观念和性观念，他们传统而保守，思想上的解放与行动上的保守是他们心理上的普遍矛盾和冲突，这使得他们人格中的双重性在恋爱和性问题上比其他任何问题上都表现出明显的冲突性。那时极少有的师生恋被校纪校规所不容，也为绝大多数人的观念所不纳。1982—1985 年，西安某高校曾对师生恋的

① 周晓红：《现代社会心理学》，上海人民出版社 2001 年版，第 157 页。

② 同上书，第 158 页。

当事人采取组织谈话，强制调离工作岗位等办法。在男女生恋爱问题上，也对学生的“越轨行为”表现出极大的敏感和不能容忍，许多高校一旦发现就“双开”，用严格严肃的校纪校规引导大学生恋爱和性行为选择。80年代大学生的恋爱大多数处于“地下状态”，虽说数量逐年递增，其彼此间的亲密行为简单而不公开，联系也不对外张扬，因为一旦公开恋爱可能会影响毕业分配，影响人们对他的评价，即使公开恋爱关系一般也在毕业前夕。整体上是隐瞒保守和纯粹社会性的。

90年代的大学生不但思想解放，个性也开放，加之这时社会文化层面中的恋爱与性已打破了长期的禁锢和羞涩，变得公开透明甚至公然。大学生表达爱情的方式，对待性行为的态度都发生了极大的变化。高校师生恋已不再被稀奇或热议，大学生更是公开求爱，坦然同居。伴随着《高校学生行为管理规定》与《婚姻法》的一致性实现（符合婚姻法规定年龄和条件的大学生在校期间可以结婚），大学生婚恋观发生了很大变化，不但恋爱自由无拘无束，而且谈婚论嫁大大方方，毕业相亲更成为近年来的时尚。这使得现在的大学生，人格中的保守性荡然无存，也少了严谨和审慎，多了享乐和及时体验，少了美妙与持久的期盼。一切如快餐文化般变得简单明了，但我们不得不承认，现代大学生的恋爱自由和性自由取向，有益于他们个性的释放和自由人格的发展，但随之而来的是精神的空虚与心灵的落寞，甚至是恋爱与婚姻的必然背离和情感创伤。

五　从现实人格到虚拟人格再回归真实自我人格

这是网络时代大学生心理与人格变化的脉络和特定阶段，也是现代人面临的人格矛盾与冲突。20世纪90年代以来，网络技术和网络生活方式率先在高等学校普及并被大学生所依赖。这种依赖不仅改变着他们的学习生活，更影响着他们的心理和精神生活。作为中国网民中最活跃、相对年轻、网络利用技术较高的人群，大学生从网络虚拟世界中得到知识，得到了心理的安慰和情感的宣泄。网络的虚拟性也诱惑了青年学生内心的压抑、寂寞，他们把对现实的不满，对他人的嫉妒和怨恨，对未来生活的向往和憧憬，对空虚单调的大学生活的无奈和逃避都借助于网络平台来发泄。他们在网上变得言辞粗鲁、观点直白、情绪过激，甚至散布虚假信息或欺骗他人感情，有的甚至骗钱骗色，或尝试“一夜情”“傍大款”，热衷于网恋和网婚。这与他们的现实人格形成了强烈反差，这种在虚拟世界与现实生活的人格二重性，是信息时代大学生人格发展的特殊现象，也是一种畸形的状态。它有助于个体减少心理压力，寻求精神上的释放和调节，但长期的网上、网下的人格冲突甚至分裂，不利于大学生健康人格的发展和完善。

于是从90年代末开始，各种网上自律公约和网络时代的言论和行为的道德法律教育逐步兴起，大学生自身也改变了对互联网利弊的非理性认知，学会用好“双刃剑”。尤其是近年来，教育部联合其他部委，大力倡导大中小学生文明上网。

2006年4月19日，中国互联网协会发布了《文明上网自律公约》，号召互联网从业者和广大网民从自身做起，在以积极态度促进互联网健康发展的同时，承担起应负的社会责任，始终把国家和公众利益放在首位，坚持文明办网，文明上网。2007年1月23日，中央政治局就世界网络技术发展和中国网络文化建设与管理进行集体学习。胡锦涛总书记强调，必须以积极的态度、创新的精神，大力发展和传播健康向上的网络文化，切实把互联网建设好、利用好、管理好。4月23日，中央政治局会议研究加强网络文化建设工作，强调深入开展文明办网、文明上网活动，在全社会树立良好的网络道德风尚。党的十七大报告中明确提出，“加强网络文化建设和管理，营造良好网络环境”。党中央的一系列要求，为网络文化建设和管理工作指明了方向。各个高校也逐步加强了对大学生网络言行的教育和引导，相继制订了管理办法和自律公约。强大的教育管理作用和积极的宣传引导，促进了大学生科学使用互联网的能力和自觉性，使他们逐步认清虚拟人格的危险性和风险性，在成长中回归真实自我，逐步稳定自我人格或以理性人格主导网络人格中的非理性倾向，从而完成了从现实人格到虚拟人格再回归真实自我人格的变化过程。

第二节　高校学生心理素质与人格变迁的原因

一　社会经济、政治发展变化的影响与社会文化的作用及渗透力的相互交织

从“文化大革命”时期的权威人格，到改革开放30年后的个性化人格，高校大学生的人格变迁，不断受变化中的社会因素的影响，其中最宏

观的社会因素就是社会经济、政治的发展变化。

我国心理学家陈仲庚认为，“人格是个体内在的在行为上的倾向性，它表现一个人在不断变化中的全体和综合，是具有动力一致性和连续性的持久的自我，是人在社会化过程中形成的给予人特色的身心组织”。[①] 这个定义突出了人格的四个方面内容：全面整体的人，持久统一的自我，有特色的个人和社会化的客体。

社会经济、政治对人格的影响，主要表现在一些社会的经济模式、经济体制和经济思想，制约并决定着个体的物质需要和生理欲望及其满足的方式和途径，影响着他们的物质生活条件以及他们对这种条件的认知和判断；一定的政治制度、政治民主模式和政治宣传，影响着个体的理想和价值目标，影响着他对人类理想社会模式的构建和追求，影响着他对人类政治文明和社会昌盛的美好向往和实践态度，进而影响他对个体自身价值的定位和判断，影响他的社会化进程及其过程中的自我观念，也影响他反社会化的程度及性质。

改革开放以后，当计划经济的弊端被逐步揭示出来，当人们开始接触和尝试市场经济的模式和物质生产方式时，心理上的怀疑、恐惧、新奇、尝试等逐步产生。高校师生成为理论上率先去了解、学习市场经济，学术上讨论“计划”好一些还是“市场”好一些，进而探索和思考“如何使我国在改革开放中向前发展”“什么是社会主义”“如何建设社会主义”等重大问题。回顾过去，政治上“文化大革命”使社会主义民主遭到破坏，法制还不健全，改革开放以后“如何加强民主法制建设”等成为人们普遍关注和思考的问题。这使高校师生的社会认知产生了较大的飞跃，“文化大革命”时期的政治狂热为新型政治经济体制改革与开拓创新所替代，因而使改革开放的80年代，高校师生的政治热情相对理性，群体人格不再像“文化大革命”时期那么整齐划一而具有鲜明的社会政治属性和色彩，而具有更丰富的认知基础，更现实的社会理想态度，“为共产主义事业而奋斗”的理想被“实现四个现代化”的目标所代替，其人格特征更具有务实、理性、创造等社会内容。

社会政治经济及影响，也体现和代表着国家权利和国家意志的影响力，对大学生形成亲社会行为（指一切有善于他人和社会的行为，如助

---

① 陈仲庚、张雨新：《人格心理学》，辽宁人民出版社1986年版，第50页。

人、分享、谦让、合作、自我牺牲等）有重要的引导作用，有助于他们形成“亲社会型人格”。

社会发展的过程是动态的、持续不断的，其中社会文化的变迁是这一动态过程中重要的一方面内容和表现形式，也是影响这一过程的重要因素。不仅如此，社会文化的变迁对高校师生健康人格的发展变化具有重要的影响意义，其渗透力甚至远远大于社会经济政治的作用力，因为从某种程度上说，社会经济政治对群体人格的影响，最终是通过社会文化对人格形成、发展的作用力来实现的。

社会文化是指社会生产力和经济基础所决定并反作用于一定社会经济基础的社会力量和社会领域，因此，社会文化变迁的根本原因就是社会经济政治的不断变化和发展。我国改革开放以来，经济发展与经济改革“给社会结构带来的变动主要表现在人口密度和社会流动增加、社会职能分化、社会组织的科层制化、权利民主化、生活水平提高以及技术和社会文化知识的积累”等，正如马克思主义的观点：“随着经济基础的变更，全部庞大的上层建筑也或慢或快地发生变革。”[①] 改革开放30多年我国社会文化的变化及其对高校师生人格发展的影响，主要通过科技与人口对其自身素质和知识、学习能力的影响；通过传统文化与外来文化的碰撞以及创新文化的发展对高校师生情感与审美、理想与道德、价值观念和行为取向的影响；通过生活方式的变化改变着高校师生的兴趣爱好、需要动机和行为选择及生活模式，进而影响他们人格特征的基本方向发生变化。总体上看，社会文化变迁给高校师生人格发展的影响最主要的表现是对其人生观、价值观和道德观的影响。

与此相适应的社会环境和文化因素中，改革开放的历史进程大大加快。国家发展模式和目标完成了由一般社会主义到中国特色社会主义道路的历史探索，崇尚个性，培养创新品质成为中国特色社会主义事业对青年健康人格的社会要求，这与青年认知的改变、社会化程度的提高相契合。

每个民族都有自己的文化，这是每个民族得以延续发展并区别于其他民族的精神血脉。生活于特定而具体文化环境中的民族，具有不同于其他民族的社会心理和社会行为，从而由于文化与社会心理、社会行为的相互作用，而形成独具特色的民族人格、类型和属性。它具体表现为一民族所

① 《马克思恩格斯选集》第2卷，人民出版社1995年版，第33页。

特有的与其整个生活环境相适应的生存方式（包括幼儿养育方式，成年仪式以及家庭组合形式）。这种生存方式通过文化熏染（又称文化濡化）代代相传，并且也因此形成了一特定民族的个体间基本一致的人格建构："基本人格结构"。而一民族独特的文化行为就是由这种基本人格结构或曰民族性格决定的。①

二　丰富多彩的校园文化的熏陶和影响作用

大学校园文化是具有特定环境背景、主体成分和精神内容的特殊社会文化，它同时又与整体社会文化相联系，相互依存，相互作用，共同对大学生人格发展产生重要影响。

首先是大学校园文化的环境背景，这主要包括校园的自然环境，景观物体以及文化设施和标示等。这些环境背景，无处不渗透着文化的蕴涵和育人的功能，如大小的教学楼、图书馆、操场和树林，都是经过精心设计和审慎命名的，都是校园文化的物质体现和外显特征，这也就是所谓物质文化，它给学生尝试的是身处于其中以物思理，以物寄情的潜移默化的影响，对他们的情感，心灵都有很大的经常性的触动和感染。

其次是主体成分，即在校园总是活跃着一群知识分子和青年学生，他们是校园文化的创造者、传递者和体现者。高校师生，他们的存在及其活动，本身就是一种文化现象，也是一种文化标志。高校师生的生活几乎都围绕文化这个中心而展开，他们可以沉醉在象牙塔中畅谈理想，"指点江山"，可以去直接研究人格和分析现象，可以在学习、研究中清晰地勾画出理想人格，健康人格的模式和标准，这对学生人格发展具有直接的影响作用。

再次是校园文化中的精神内容，其中包括教育、管理、纪律制度和学风理念等。学校的文化特色首先在于一所高校通过一定的制度实施其教育教学及管理目标，并通过人才培养的教育管理活动去塑造学生的人格，提高学生的素质。这是校园文化中的精神内容和思想基础，也是构成大学校园文化的基础和核心。同时也是高校彼此加以区别的主要因素，如不同的教育教学及管理制度，形成不同的校风；不同的校训激励着不同的人生目标和价值取向。如清华北大，一个强调"自强不息，厚德载物"，另一个

① 周晓红：《现代社会心理学》，上海人民出版社1997年版，第30、31页。

崇尚“爱国、民主、科学、进步”和“勤奋、严谨、求实、创新”，而我们陕西师范大学追求“厚德积学励志敦行”，造就了一批又一批教育人才。大学校园文化中的精神内容最能体现校园文化的育人功能，对学生健康人格的形成和发展具有重要的导向、规范和凝聚作用。

回顾改革开放30年，大学校园文化经历了一个内容和形式，手段和方式都不断丰富，越来越多样化的历程，这也使高校师生的人格变化更加多姿多彩。

三　教育体制改革所产生的制约和直接影响作用

这主要包括高等教育体制的改革、招生规模扩大、培养模式的变化与就业方式的改变等。

高考制度的恢复，是我国进入改革开放以来，教育体制改革的先导，80年代我国高等教育得到了前所未有的发展，但全国“实现四个现代化”对人才的需要以及“文化大革命”对教育的破坏使得各行各业人才匮乏或“青黄不接”，这使得高校师生感到前所未有的被需要、被尊重和被期待，这激发了他们内在的豪迈之情和强烈的自我价值感，自信自立成为80年代大学生的普遍心态。《年轻的朋友来相会》这首歌就是当时高校大学生人格风貌的写照和真实表露。

我国1977年恢复从高中毕业生中直接招考大学生制度。当年报考人数最终达到570万，但录取人数是27.297万人，考试录取比例只有29：1。从1999年起，我国开始了大规模的高校扩招，从1998年全国普通高校招生108万人，到2002年全国高校计划招生275万人，增幅高达154.6%；2005年全国高校招生计划为475万人，比1998年增幅高达436%，2005年在校生1333.50万人，到2008年就有近千万大学生毕业找工作。

90年代以来的高校扩招，更多地表现出了教育公平中受高等教育人口的激增和更多人对高等教育机会的分享，但许多学校发展规模滞后、师资力量不足、设施不完善，使许多人对大学原本美好的想象开始破灭。社会上的新拜金主义兴起，新的“读书无用论”和对学历文凭的轻视对大学生产生了较大的影响，高等教育大众化尚未到来就使高校师生原来的职业自豪感和教育自尊感发生动摇，导致他们人格内部诸要素的冲突或矛盾，如认知与情感、意志与信念、态度与行为等等的不统一或失衡。

1998年8月，第九届全国人民代表大会常务委员会第四次会议通过的《中华人民共和国高等教育法》第五条规定，“高等教育的任务是培养具有创新精神和实践能力的高级专门人才，发展科学技术文化，促进社会主义现代化建设。”培养“高级专门人才”是我国高校培养目标和人才规格上的长期定位，中国老百姓也一直视大学为“精英教育”，而大规模的扩招和近年来日益突出的就业压力，不仅使精英教育的光环不再耀眼，而且使人们因过快的扩招而逐渐怀疑高校的人才培养质量，“毕业即失业”的残酷现实，对大学生追求“精英人格”的热情和兴致也是一种现实打击。

90年代末以来，原有的国家“包分配”的就业方式被“自主择业、双向选择”所替代，它在给大学毕业生带来自主选择职业与工作单位和岗位的同时，也大大增加了他们选择工作和职业的风险和不确定性，而一些高校2000年以后的新培养模式（“3+1”或“2+2”等）的试行，改变原来专才培养，录取进校决定一生发展方向的传统模式，随之高校的管理模式，培养规格等也在适应社会对人才的需要的同时，朝着相对宽松化、人性化的方向发展。而与扩招相伴随的高校收费制度的变化，给师生对高校教育的认知和评价，对上大学的动机和需要的选择定位，对传统师生关系等都带来了新的挑战。

学费压力、学业压力、就业压力等成为大学生主要的压力源，这是导致“80后”“90后”大学生心理问题增多、人格发展不稳定、突发事件增多的主要外部原因。

四　大学生同辈群体的变化带来的群体影响作用

大学生朋辈的内外结合、年龄结构、……兴趣需要，以及角色的扮演对其人格特征有着重要的影响。社会认知，情感意志，兴趣需要（角色的扮演与人格特征）

从社会心理学层面来看，角色是个体与社会关系的具体表现，是社会地位或社会期望与个体能力相统一的产物。角色对社会或个人的重要性不仅仅体现在个体与社会的相互依存方面，更重要的是它与人格有密切的关系。

大学生就是一种特殊又常见的社会角色，这种角色体现着一定群体及其成员智力知识素质和能力，意味着较高的社会期望（素质、能力及人格要求等）。这会促使大学生群体及其成员朝着社会期望的方向、目标和水平去努力。因为“角色的本质表现为由社会地位所决定的社会期望与个体的角色扮演能力之间的统一。在现实的社会生活中，我们正是根据角色的社会期望才能得以准确地把握自己的行为并预知他人的反应，才能正确无误地使用符号并理解他人所用符号的意义，从而与他人顺利地进行互动”。①

群体角色具有明显的互动功能。大学生角色之间的互动，可以使他们彼此了解并相互学习，也可以使他们在互动中寻求自我表现；群体角色的规范功能使得大学生能够较为自觉地制约、控制和规范个体行为，使得自己能够“对得起”大学生这个称号，能够名副其实的约束自己的不良或不应有的行为。这就会使得他们的人格越来越符合大学生应有的气质风貌、应有的行为倾向和稳定态度，即努力使其人格“大学生角色化”，从而逐步具有大学生人格特质。

大学师生角色及其日常活动，具有非同辈群体和同辈群体的双重性质和社会形式。师生共同构成的群体，是高校最大群体，这个群体由于其师生年龄结构、生理状况、智力水平、认知、情感、意志等的较大差异，使得他们之间的人格影响显现出不平衡的状态。一般而言，教师角色及职业活动的特殊性，决定了他们在师生关系中处于主导地位，因而教师的人格力量对学生的人格发展具有巨大的影响力。80 年代初李燕杰、曲啸的报告为什么能在高校大学生中产生强烈共鸣？根本原因就在于他们给学生传递的改革开放新时期的新信息、适应改革开放新形势的新见解和书写光辉人生的新模式。他们的演讲充满了激情，他们的经历丰富多彩，他们的学识令大学生折服。同时，在大学时代，所有学生都会遇到自己喜爱或喜欢的老师，他们之间的思想交流、学术探讨、情感互动等，都成为促使青年学生人格不断完善的重要力量和不可或缺的因素。如果说没有教育，学生的人格只能是自发形成的稚嫩或顽劣状态；而如果没有教师，学生的人格就会是自由形成的朴素或非理性状态。他们不会或不完全会适应社会，其人格的健康水平和程度会极其有限，其结果也是不敢想象的。

从人的成长来看，同辈群体之间以及同辈群体内部的交流学习和互动以及由此而形成的同辈群体文化氛围，对人的人格发展具有直接的影响意

① 周晓红：《现代社会心理学》，上海人民出版社 2001 年版，第 365 页。

义。有研究表明，青年学生的知识和经验（或社会的，或个人生活的，或职业的，或工作的等）50%左右来自于同辈人，其中主要是学生时期的同学，尤其是大学同学。

从客观层面看，社会本身就是一个最大的群体，这个群体由许多不同结构和形式的具体群体组成。不同的群体，有不同的心理和行为，有不同群体的活动特点和价值观，这对人们人格的发展起到潜移默化的作用。无论何种群体，人在群体中的心理和行为都不同于独处或孤立状态下的心理和行为，无论是群体内的个人心理与行为还是作为整体的群体心理和行为，都是如此，且都有异于群体之外的其他个体的心理和行为。

改革开放30年来，高校大学生群体经历了不同的内部结构变化和组织形式上的变化。高考制度恢复最初几年，高校师生年龄差别不大，许多“老三届”或有做工、参军、务农、上山下乡的经历，或有结婚生子为人父母的生活，他们和当时的教师心理距离较近，代沟问题不明显。普遍具有的人生经历、阅历及当时的社会环境，激发了他们的学习热情和学习动力。从年龄上看，他们不是智商最高的时期，身体素质在饥饿的年代也没有成长发育好，但他们一上大学就学习动力十足，学习兴趣浓厚，一定的社会阅历也是他们在填报志愿和选择专业与发展方向等问题上有更多的自主自愿性，因而他们的学习目的和目标较为明确。整个大学阶段，他们的人格大都趋于稳定状态，表现出良好的稳定的心理素质。1985年以后，学生年龄结构持平，应届生占绝大多数，生理上处于人生成长发育的最后一个高峰期，记忆力和精力等处于人生的最好时期或最旺盛的阶段，也有较强的求知欲，情感情绪丰富而热烈，但这时的大学生其社会认知比前几届有明显下降，自主性与自理能力也明显不足，他们的人格处于相对不稳定的形成过程之中。高校扩招，高等教育大众化趋势的到来，使得“80后”“90后”大学生以独生子女特有的生理特点和心理特点构成了新的大学生群体。这时大学师生之间出现了明显的代沟，彼此的人格接纳程度受到了较大的影响。他们的成长受到了过多的关爱和保护，人格中自我中心意识较为明显，行为活动中个人本位心理较为突出，他们群体内部心理结构不再紧密（“老三届”在校时，内部心理距离也较大，但这主要是他们个人的成熟与独立性造成的，而“80后”“90后”大学生的彼此心理疏远主要是由于他们对他人的态度和对自我的定位等所造成的）。

五 大众传媒和互联网所注入的新元素及其提供的新兴外力作用

在当今这个迅速发展的时代，大众传媒和互联网为其迅速发展起着重要的推动作用。高校师生获得新知识并接触社会，了解他人的重要途径就是大众传媒和互联网络等新型资讯和信息传播交流途径、方式及工具。

大众传媒和互联网给大学生提供了他们想要的，想知道的或不想要的，不想知道的一切信息（不管它是否真实）。调查表明，大学生每周上网的时间平均在五小时以上，浏览报刊图书或电视、广播的也不少于五小时，这就是说，每周大约有一整天的有效时间（学习或工作小时）在接受大众传媒和互联网的影响或主动寻找其帮助与交流。

尤其是互联网，这对大学生的影响越来越突出。在网络时代，大量的信息滚滚而来，社会的复杂，信息的多样，给传统教育带来了巨大的挑战。大学生虽然不像未成年人那样面对网络显得十分脆弱，但复杂的网络环境，依然是影响大学生人格发展的“双刃剑”。

我国大陆网民不足15%，与发达国家（如美国40%，日本30%）相比仍相差甚远，要缩小我国与发达国家的差距，适应当今科技时代的发展需要，应倡导青年学生走向网络，而绝不是让他们远离网络。对大学生而言，互联网给其提供了求知和学习的广阔舞台。不管是网上的交流平台，还是网上的信息提供，或是网上的虚拟学校、空中课堂，目前已成为国外大学的一种普遍而新颖的教育模式；互联网为大学生获取各种信息提供了新的渠道，拓宽了他们的思路和视野，扩展了他们的交往空间，互联网也有助于大学生不断提高自身技能（如计算机技能，这是未来成功青年必须掌握的基本技能之一）。所以网络自身并不是洪水猛兽，真正的问题在于应如何对待它和利用它，如何规范网民的行为，这对大学生的人格发展十分重要。

大学生上网人数和上网时间越来越多，网络对大学生人格的影响也就越来越大。90年代大学生上网率只有30%，① 而到2007年，大学生上网率已达到100%。大学生的生活方式、交往方式和学习方式都在随着互联网的普及而发生改变。网络的人格化特征与大学生张扬人格的特点不谋而合，学生在网上可以自由表达思想、观点，展现自己独特的人格，满足好

① 樊富珉：《尽展你人格的风采》，高等教育出版社2004年版，第115页。

奇心。大多数学生上网的动机源自获取更多更新的知识、交朋友、发布信息、通讯、玩游戏等，但也有一部分学生沉溺于网络，脱离现实生活，患上网络综合征，影响了正常的生活，影响了人格的健康发展。[①] 互联网这把双刃剑是影响大学生人格发展，引发人格缺陷的新的社会因素。

六　人格与自我的互动所产生的内在力量

个体生活情境层次是个体人格形成和发展的微观机制。[②] 个体在实际的社会生活中，会结成独特的人际关系，经历不同的生活事件，这造成个体人格的千差万别的方面。对个体人格的形成和发展影响重大的是个体童年期的家庭生活，其中包括儿童在家庭内所处的地位，亲子关系以及父母的抚养方式。[③] 对大学生而言，影响其大学阶段人格发展的内在因素，主要是其大学阶段的自我观念和自我态度，他所处的人际关系以及他对大学人际关系的看法、大学阶段其个人意志品质、情绪的发展变化等。对绝大多数大学生而言，大学阶段是其自我探索自我完善的重要阶段，一般大学生在这个过程中都会经历入学后自我评价的变化，大学中期自我定位的确定、大学高年级自我观念和自我态度的稳定等变化过程。大多数大学生人际关系良好，这为他们认识自我，了解他人，学会与人相处创造了良好的条件，成为他们人格健康发展的有利因素。相对而言，“老三届”大学生人际关系完全成人化，他们既没有“80 后”“90 后”入学后对同辈学人的过高期望，也没有“70 后”“80 后”“90 后”处理人际关系时的任性和简单，因而也少了些来自人际关系方面的压力和烦恼，而且国家发放基本伙食和统一分配工作，也减少了同辈竞争和提防的压力。这一切在扩大招生及自主就业之后，在高校收费实行之后发生了很大的变化。因此，现在大学生自我观念和自我态度的不稳定，与他们对未来生活的不确定性预期有很大的关系，他们对群体中同辈的接纳程度也影响着他们的自我观念和态度。社会压力、经济压力、就业压力和情绪（包括爱情）压力等，使他们原本不稳定不成熟的情绪情感反映、理智感和意志力等在复杂持久的压力面前变得易变而弱化，因此，现在的大学生有明显的心理素质不高、情绪不稳定、以自我为中心、承受挫折的能力不强等人格上的不足或

---

① 樊富珉：《尽展你人格的风采》，高等教育出版社 2004 年版，第 116 页。

② 周晓红：《现代社会心理学》，上海人民出版社 2001 年版，第 141 页。

③ 同上书，第 142 页。

缺陷。从个人的幸福体验来说，大学生群体的幸福感与快乐体验呈现出相对下降的趋势。

“自我能够传递对角色期望的认识以及角色扮演的方式。在一定程度上说，角色扮演的技巧取决于人们在互动中的自我形象。这种在互动中形成又影响着互动进行的自我形象，就是我们通常所说的角色意识。”①

在社会生活中，文化色彩最为浓厚的两类角色是职业角色和性别角色。在高等学校，师生相比，教师角色的职业性质是第一位的，而大学生的角色就群体内部而言，性别角色则比较明显，从男生女生到受港台文化影响而自称“男孩”“女孩”，近年来又重新回归“男生女生”（情感、心理等不同从前），反映出新一代大学生角色自我评价和认同上的变化——从成熟、不成熟到更青春（不会装嫩的心态）。女大学生数量的增加，更使大学生性别角色与学生角色的关系及结构比例发生了很大的变化，“阴盛阳衰”的人格缺陷从大学扩招开始一直持续到今天，甚至许多高校招生时，有意提高女生的录取分数；而毕业招聘时用人单位则降低要求（如专业成绩排名、身高等）实行“男生优先”。这种人格上的不对等必然影响到大学男女生的性别角色意识和人格倾向（“中性美”正是顺应或迎合了这种社会取向和生活标准）。在今天社会，现时文化基本上是男性占主导地位的，也就是现在的社会依然保留着男权社会的主体形态，男女两性在心理与行为上的差别主要是由社会文化因素所决定的，性别角色行为从本质上说是一种文化行为而不是单纯的生理行为。

社会期望是角色行为赖以产生的客观基础和标准，因此，当社会期望随社会文化变迁发生变化时，人们也必须调整自己的角色行为以符合新的社会期望的要求。角色行为对社会期望的适应从根本上说是一个动态发展过程。②

文化震荡的时代对人格及人的社会行为的影响是多重的。一般来说，受不同的社会文化因素和特定的心理因素的制约，不同的个体对变迁的心理与行为反应不尽相同。在社会文化变迁中最常见的三种人格取向是进取

① 周晓红：《现代社会心理学》，上海人民出版社2001年版，第369页。

② 同上书，第395页。

型、守旧型和反社会型。①

第三节　新时期大学生心理素质与人格发展变化的特点和规律

一　改革开放以来大学生心理素质与人格特征的承传与变异

把握大学生的人格特征及变化规律，必须分析和考察人格和社会行为的关系，“人不是社会环境刺激的消极反应者，人的活动还要受内在人格的支配，因此，人格是制约着社会行为的一个重要的变量”。② G. 奥尔波特认为，“人格特质在接受的刺激与行为的反应之间起着中介作用”。③ 就是说，由于物质不同，同样的刺激可以诱发和引导出不同的行为反应。这说明人格对人的社会行为有一定的制约作用，它不但可以成为人的社会行为的内在动力来源，还会对行为的意义，行为的方式和结果，产生重要影响，最重要的人格为人的社会行为提供了稳定而一致的反应方式，而这种经常性的反应方式，既是对特定的人格的强化，也是其具体表现（无论个体的人格或是群体的人格对人的社会行为都有重要影响，只是影响社会行为的程度、类型、作用力不尽相同罢了）。自我意识是人对自我存在的感知、审察和了解，它是人的心理特征之一，也是人格的重要内容和心理表征。健康人格的特征之一就是基于自我意识而产生发展起来的正确的自我观念（包括自我意识，自我评价，自我支配）。而人的社会行为是其自我观念的外化结果，观念是行为的内在指导和动力，只有大学生形成良好的自我观念时，才会有符合社会期望和要求的社会行为，如亲社会行为就是其观念上对个体与社会关系的正确认识，对个体责任和义务的清晰了解和自觉履行而在实践上与行动上的具体化。爱国守法，勤奋学习，进而“振兴中华，实现四化”，就是改革开放以来高校学生人格特征中正确自我观念的反映和概括。但这在近 30 年的在校大学生中表现程度是不一样的。1977—1987 年的在校大学生，其亲社会行为中的爱国与建国情感真

① 同上书，第 529 页。

② 周晓红：《现代社会心理学》，上海人民出版社 2001 年版，第 142 页。

③ Allbort, G. Personality: A psychological interpretation. New York: Henry Holt, 1937. p. 102.

挚，自我观念上更义无反顾，态度更坚定，因为他们较少有个人得失的顾念，有的只是或更多的是赶上了改革开放的好时光，成为历史幸运儿的自我价值感和幸福感。当时大学生演讲时“落后就要挨打”的历史感悟很能引起共鸣。1987年以后的在校大学生，受西方文化影响较大，改革开放以来所暴露出来的社会问题也使他们不满、失望，他们的内心不再像前辈学长那样沉静，他们对自我与社会关系的认识和把握不清晰，矛盾冲突性开始增加，“振兴中华，实现四化”在他们的内心和行动上已不再坚定不移，至1992年扩招，出国潮的兴起也动摇着他们的“国家担当”和“为民意识”，部分大学生甚至对所谓“世界公民”和“无党派人士”等羡慕有加，“八九政治风波”中大学生内心的矛盾和“反社会行为”等就是最好的证明和写照。

20世纪90年代的在校大学生，他们亲社会行为的代名词是“中华民族的伟大复兴”，这其中延续了“振兴中华”的爱国情感和责任意识，但这时“四化”一词及其目标，新一代大学生在有关“独生子女”和“小太阳”的非议中试图证明自己，他们在“夏令营的较量中”的表现，令中国的有识之士对其心理素质和人格发展感到担忧。他们的生活条件好了，身体素质却下降了；他们的见识广了，却不会与人相处了；他们被家长视为掌上明珠倍加呵护，却变得自我固执，甚至自私不懂得分享；他们进入大学后，其自我观念表现得比以前几代大学生都更加的复杂，他们的心理和行为特征中个人色彩十分浓厚。对实现中华民族伟大复兴的使命他们也积极认同，并觉得责无旁贷，但他们的理想和现实之间有较大的差距，他们的认知与能力有明显的矛盾和冲突，他们更考虑自身利益，如入党动机等。因此他们人格特质中的持恒性较差，人格冲突或双重人格、多种人格较为普遍，因此站在这些大学生的角度来说，他们生活得并不轻松，也并不幸福（幸福指数比80年代大学生要低），于是行为选择上就比较功利。现实主义和功能主义是他们人格特质中的重要认知基础和观念渊源。因此，到21世纪，我国的高校大学生中，理想主义人格特质少之又少。这正是近年来要加强大学生思想政治教育，建设社会主义核心价值体系的重要原因之一。

二　改革开放以来大学生创新能力与创新精神的演变及其定义

创新能力和创新精神是心理素质和人格特质中较高层次的内容及外在

表现。对于人才而言，创新能力和创新精神尤为重要。研究改革开放以来大学生人格变迁规律和特点的一个重要切入点，就是其创新能力和创新精神的发展变化及其特点。

过去我们强调并进行的是创造教育，其对一般劳动者和人才都有普遍的教育意义，现在我们强调的创新素质教育，着力于提高学生的整体素质，尤其是注重创新人格的培养。

创新人格的培养和教育，与创新精神、创新能力等构成了创新素质教育的主要内容。创新精神教育，就是要培养学生具有创新意识和探索精神，这是创新素质的灵魂，是创新素质的理性引导方面。创新能力是指具有创新的基本本领和实践技能，它是创新素质的基础支撑方面。培养学生具有关于创造和创新的知识、能力，不断强化其非智力因素并使之形成创新人格，即努力培养和发展有利于创新或富有创造性的人格特质，是创新素质中比智力素质更为重要的素质方面，它是创新素质内在的自然倾向性和对创新的意愿性和习惯性的具体表现，这是实践中重点需要养成和熏染的。

科技如阳光雨露，照亮人类前进的道路，滋润人类探寻的历史步伐。而推动科技进步的内在力量，是人类的创新能力和创新精神。在改革开放的新时代，党和国家从振兴中华的高度，提出了实施科教兴国的伟大战略，这是带有根本性和长期性的伟大战略。江泽民等党和国家领导人多次强调创新是民族进步的灵魂，是国家兴旺发达不竭的动力，近年来我国特别注重人才的创新精神的培养和创新能力的提升。在当今世界激烈的国际竞争中，一个没有创新精神的民族是一个没有未来的民族。我们的观念由科技是第一生产力转向了民族创新精神的培养。

“60后”大学生在校期间为1977—1987年，这一时期学科学、用科技是高等教育引导学生的基本理念，创造与创新的问题提及较少，我们更多的是将目光放在如何引导大学生学习外国先进的科学技术以及充分认识我们因为“文化大革命”等因素而导致的科技落后，激发学生的紧迫感和危机感。从观念上主要是把“文化大革命”期间的以“红”代“专”纠正为“又红又专”。因此，“60后”大学生普遍缺乏创新意识，与“80后”相比其创新思维和创新精神普遍不够。当时高校的教育教学有许多是重回“文革”前的状况，把“文革”期间破坏了的给恢复和扭转过来，这种“拨乱反正”的思维模式和理念，使人们的眼光向后看的多、向前看的少，大大影响了大学生创新能力和创新精神的培养。

“70后”大学生基本上是在80年代末和90年代初进入大学校园的，这一时期培养学生的发散思维能力，养成多元化思维习惯，加强实际动手能力和劳动技能的培养，提倡“一专多能”全面发展已成为教育界的共识；“解放思想开拓创新”已成为普遍的社会文化导向。于是成功学、人才学在这一时期比较流行，高校学生也钟情于这些书籍的学习和阅读，学生的创新能力和创新精神较之“60后”大学生有了明显提高。各高校学生的科技创新社团和组织，科技创新活动及竞赛评比等普遍开展。

“80后”大学生是在跨世纪之际进入大学校园的，此时全社会关于创新及与时俱进的讨论已形成共识，党和政府甚至把创新与整个民族的历史发展和未来相联系，专门召开了科技创新方面的大会，并通过各级政府和组织对创新能力、创新精神及其成果进行奖励和表彰，营造出一种创新的文化氛围和价值标准。高等学校对学生的实践能力、创新能力的培养和考察，也通过切实的课程与课堂，平台与项目，活动及其制度化的管理等来实施或实现。这就促使中小学更多地加强素质教育，推进创新能力的提高；高校实行创新教育，强化以人为本的科学发展观，把培养创新型人才作为培养目标。因此“80后”大学生的创新意识、创新思维和创新设计技能等普遍高于“60后”“70后”大学生。几乎每个在校大学生都参与到各种不同层次、不同形式的创新大赛之中，许多学校甚至通过专门的学分管理模式，引导并督促学生尝试创新，挑战自我。事实上，我国1998年出台的高等教育法明确指出：高等教育是要“培养具有创新精神和实践能力的高级专门人才”。但长期的基础教育中应试教育的习惯、高等教育中的固定化培养模式等，影响了我们对高等教育法的落实和实施。近年来，为了切实加强学生创新精神和实践能力的培养，国家也加大了这方面的专项投入。比如，由共青团中央、中国科协、教育部、全国学联和地方政府共同主办，国内著名大学和新闻媒体联合发起的一项具有导向性、示范性和群众性的“全国大学生课外学术科技作品竞赛”（简称“挑战杯”），坚持“崇尚科学、追求真知、勤奋学习、锐意创新、迎接挑战”的宗旨，在促进青年创新人才成长、深化高校素质教育、推动经济社会发展等方面发挥了积极作用，在广大高校乃至社会上产生了广泛而良好的影响，被誉为当代大学生科技创新的“奥林匹克”盛会。与此同时，各高校也开始重视学生创新意识、创新能力的培养，大学校园有专门性的学生素质拓展计划和创新意识、创新精神、创新品质和创新能力的培养项目。而“80后”大学生比“60后”“70后”大学生具备更加丰富的知识和超前的观念，这也使他们能够尽快适应这种人才培养模式和人才规格的调整和转变，并迅速投入其中接受挑战、磨炼和熏陶。如果说创新能力和创新精神是人心理素质和人格特质中的最高层次的话，那么现代大学生在这方面远远超过了前辈大学生，但相对而言，他们的创新意识比创新能力更强，创新精神比实践能力更高，这也是他们这代大学生在人格发展中需要进一步完善的方面。

对高校而言，培养学生具有创新人格是创新素质教育的重点。因为创新素质教育本质上是一种文化和人格教育，具备了良好的创新人格素质，就使创新活动和创新行为有了自主、自发和自然的持久动力性。

三　享受改革开放成果并承受社会转型压力的当代大学生及其人格缺陷

到90年代后期，我国改革开放所取得的巨大成就在社会生活的方方面面中表现出来。1995年以后，GDP的增长和人民生活水平的提高，都表现出前所未有的变化，而从此开始进入大学校园的主要是独生子女，农村生源也以两子女家庭为多，多子女家庭的大学生仅占到10%左右，这些大学生是改革开放成果的直接受惠者。一方面他们成长在改革开放以后，没有经历大的自然灾害或粮食与物质普遍紧缺的50年代、60年代或70年代，物质生活水平相对于前辈来说大有提高；另一方面，独生子女或少子女家庭无论在城镇还是在乡村，绝大多数子女都是家庭的中心或受到宠爱，家庭对他们的物质关爱、教育投资及其期望值都在不断攀升，除边远贫困地区个别学生失学或上学有困难外，家长都把孩子的求学归宿设计在大学。而1999年以后国家高校招生政策的调整，扩招与高校大众化趋势的到来，也为这些孩子进入大学接受高等教育提供了机会和可能。从1977年高考招生2%的录取率，到2007年的35%，使得“80后”成为真正的受益者。在扩招前的1998年高中毕业生中能够上大学的最多只有43%，而扩招后到2004年部分省市高中毕业生中能够进大学的达到82%，几乎翻了一番。

但是，这种享受改革开放成果的佼佼者们并不完全是幸运儿，他们承受着巨大的压力，这些压力是前辈大学生所没有遇到的或程度没有如此严重的。这也正是导致近十年来在校大学生犯罪和自杀人数呈上升趋势的主要原因之一。

一是长期应试教育与最近几年所提倡的素质教育之间的矛盾，使这些学生成长在两种不同教育理念和模式的夹缝之中。表面上国家提倡素质教育，学校也采取一些措施培养学生的综合素质；而事实上正如一所中学校长所言，许多中学“素质教育轰轰烈烈，应试教育扎扎实实”，就是说学校和学生依然在扎实地追求应试教育的目标和效果，学生发展中的素质教育和素质培养成为一种形式或口号，这使得许多中学生应在这个阶段解决的心理素质和人格成长任务被搁置或迟延，最终只好“带着问题上大学”，如“成长中的青少年应如何正确评价自己”“如何与人相处”“师生关系，亲子关系的正常状态如何维持”等，他们很少去思考，也没有人告诉他们。

二是高校扩招与收费几乎是“双胞胎”。这个时期进入大学的年轻人，已经想象不到80年代大学生不交学费还发放生活费的大学生活是一种什么样子，城乡家庭供一个大学生，平均每年都在上万元。高校出现了贫困生群体，出现了大学“无产阶级”，这使得大学生常常在学习与打工挣钱，工作还是读研，大学期间谈恋爱还是毕业之后找对象等问题上陷入两难境地。于是贷款、奖学金和打工助学成为他们生活的一部分，他们中的许多人有着“为生计奔波”的无奈和压力。

三是自主择业与“双向选择”。双向选择在人才市场“求大于供”时有利于大学毕业生充分自主地选择自己想要从事的工作或认为最好的地区和工作单位，而在经济不景气、人才市场“供大于求”的情况下，双向选择就变成了用人单位的“人才挑选”，学生只能“被就业”“被选择”，“自主性”也就无从谈起。从2005年开始，用人单位对毕业生的学历和经历的要求不断提升，这加剧了在校大学生甚至高中毕业生的危机感，加重了他们大学生活得不轻松感和对未来发展的迷失感。想象中快乐的大学生活离他们越来越远。

四是个体成长中的缺失与不足。这主要包括家庭养育中的缺憾，个人性格中的缺陷，具体的生活环境的不顺或不利等，易于造成人格发展上的不足或人格缺陷，严重的可能导致人格障碍或人格分裂等。

四 走向21世纪的大学生心理素质与健康人格的教育和培养

2001年3月，教育部《关于加强普通高等学校大学生心理健康教育工作的意见》中明确指出，高等学校大学生心理健康教育工作的主要任务是：根据大学生的心理特点，有针对性地讲授心理健康知识，开展辅导或咨询活动，帮助大学生树立心理健康意识，优化心理品质，增强心理调适能力和社会生活的适应能力，预防和缓解心理问题。帮助他们处理好环境适应、自我管理、学习成才、人际交往、交友恋爱、求职择业、人格发展和情绪调节等方面的困惑，提高健康水平，促进德智体美等全面发展。2004年8月，中共中央国务院在《关于进一步加强和改进大学生思想政治教育的意见》中指出，随着对外开放不断扩大、社会主义市场经济的深入发展，我国社会经济成分、组织形式、就业方式、利益关系和分配方式日益多样化，人们思想活动的独立性、选择性、多变性和差异性日益增强。这有利于大学生树立自强意识、创新意识、成才意识、创业意识，同时也带来一些不容忽视的负面影响。一些大学生不同程度地存在政治信仰迷茫、理想信念模糊、价值取向扭曲、诚信意识淡薄、社会责任感缺乏、艰苦奋斗精神淡化、团结协作观念较差和心理素质欠佳等问题。这些文件的出台，都基于大量的调研和讨论，对现状的把握是全面客观的，对加强这方面工作的重要性和必要性的分析论述是具有战略意义的。文件表明，大学生的心理素质和人格等方面存在问题。心理健康是素质教育的重要组成部分，良好的心理素质和健康人格的培养，是其重要的内容和目的，大学生在思想道德心理等方面存在着一些值得重视的现象和问题，相关的教育工作也有待于改进和提高。

进入21世纪，国家的发展进入了新的历史时期，也是最关键的时期。改革开放30年在给我们带来巨大发展和成就的同时，也给我们带来了新的矛盾和问题，新世纪国家发展也面临许多新的挑战。我们认为，目前大学生心理健康教育存在的不足是：

1. 从教育的规划和教育的出发点来看有一定的偏差

大多数学校为了落实文件精神，从应对检查落实情况的角度抓这项工作，缺乏教育理念和培养战略上的思考。落实文件固然重要，应对检查也有必要，但要深刻理解中央文件的精神，吃透为什么要加强大学生心理健康教育工作。培养学生健康人格和良好的心理素质，本是教育的应有之意，也是人才培养的必然要求，只是因为我们前些年忽视了这方面的工作或做得不够好，而不是说现在补补前几年的课临时抓一抓，这是一种缺乏战略眼光的想法和做法。一些学校只看到了学生现在存在的问题，如普遍心理素质不好，自杀等恶性事件时有发生等，为了应对这些问题而设机构，配人员，增投入，目的是防范而不是教育和培养，工作的持恒性、长远性和全面性不够。应该大力提倡以人为本推崇全面教育理念，我们的目标是全体学生心理素质的提高和健康人格的发展。

2. 落实文件不到位，习惯打折扣或打擦边球

如经费投入上把心理健康经费与其他经费混搭，人员配备上过多兼职或临时聘用。教育或工作方式上习惯用大规模的声势浩大的宣传活动来代替深入细致的日常心理健康教育和扎实固定的心理咨询辅导，学生的受益面相对较小。

3. 引导学生自我教育不够

大学生大都已经成年，他们对人生问题有自己相对独立的看法和态度，应该引导他们自己学习了解心理健康方面的知识。在与周围的学生的交往交流中认识自我，教育自己。比如，周围有同学出现了心理问题或自杀事件，有关部门在妥善处理问题的同时应在不伤害当事人的尊严和权利的前提下，公开与学生讨论问题或事件的发展的原因，让他们自己对照自己，自己想办法解决问题。而不是掩盖问题，隐瞒事件，使学生似懂非懂，或只是根据小道消息来闲谈，引发不了内心的触动和设身处地的思考，更不可能获得实际的经验和成长。

4. 没有给学生更多的交流空间和平台

目前在心理健康教育工作方面，学校给学生提供的心理交流和互动的平台更多的限于个别师生之间的交流答疑。这种传统的教育模式和沟通方式是简单而有限的，应该利用校园心理咨询网、心理热线和校园 BBC 等，引导学生广泛参与，共同对心理问题，心理健康知识等进行平等交流和互动，让他们“有话想说，有话能说，说了管用”，让他们“想帮别人，能帮别人，助人自助”，使他们成为大学生心理健康和人格发展的主人、主体，而不是被动地被教育、被引导的“问题人”，努力在大学校园形成心理健康教育和人格培养方面的群策群力和系统工程。

5. 关注校园弱势群体不够

近年来学校普遍关注家庭经济困难的贫困生、学习困难生等弱势群体，这是有必要的有效的心理拯救教育策略，但事实上，高校的弱势群体远远不止这些。据笔者多年从事心理拯救教育工作的经验，身体素质不好或有疾病的学生，相貌平平身材特殊的学生，无专长或特长的学生以及个

性有缺失的学生等，都是需要分类关注的弱势群体，而且这些群体中具有两种以上因素的人就是关注的重点，同时这种关注的策略，比较讲究，关注的效果更加重要，同时还要处理好关注他们与面向全体学生的关系问题。

21 世纪的大学生心理健康教育，其根本目标和宗旨应该是健康人格的发展与良好心理素质的培养，为此，我们认为必须主要解决好如下几个问题。

首先，要以“三观”教育为统领，处理好心理健康教育与思想政治教育的关系，帮助大学生树立正确的世界观、人生观和价值观；使他们心理素质和人格的宏观层面有科学的理论基础和坚实的思想指导。

其次，要以个性完善为切入点端正大学生的自我观念，培养他们良好的意志品质；要通过制度和政策保障关心他们的生活、关注他们的心灵，从微观层面指导他们科学发展、全面进步、健康成长。

再次，要以“四会”为内容，引导学生学会学习，学会做事，学会与人相处，学会做人。联合国教科文组织早就提出，青年学生要努力完成这“四会”任务，这对我国的“80 后”“90 后”大学生更具有现实意义。要从实践层面为他们创造机会和条件，让他们在学习中成长、在实践中成人。

21 世纪的大学生心理健康教育工作应该成为高校永久性的教育教学工作的组成部分，而不应该再是人们眼里一部分人所从事的特殊而神秘的针对一部分人的工作。

改革开放的这个特殊的历史进程和发展阶段，是新中国成立以来我国社会全面的发展、进步并高速变迁的 30 年；这个过程是高校师生心理素质，从整体上的较高水平到一般状态、再到高低不平衡的不断波动变化的过程，是人格类型不断丰富，政治人格不断淡化，经济人格略有强化，而文化人格相对持恒的变化过程；也是大学生人格特质由完全社会型到半社会半自我型，再到自我主导型的逐步演变并整齐变迁的过程。

由于高校师生都属于知识分子阶层且年轻人居多，因此富于理想和情感丰富是这个群体的心理特征，改革开放 30 年富于理想、情感丰富这一心理传统得到了持续稳定的发展；由于社会的深刻变化，尤其是一定时期人们对个人利益与社会利益、个人需要与社会需要关系的理解和选择不同，因而理想的内容和情感的丰富程度有一定的差异和不同。

由于社会主导的价值取向始终处于相对稳定的主要影响地位，虽然由于社会深刻变化而使高校师生对社会利益与社会需要、个人利益与个人需要的关系的认识发生着改变，但自我与社会协调一致的人格发展方向是高校师生人格发展的主流和基本取向。50 年代、60 年代和 70 年代所形成的社会利益、社会需要至上的观念和行为取向到 80 年代末尤其是 90 年代以后逐步为社会与个人统筹兼顾的认知和行为取向所代替。

从个体的社会适应层面看，“老三届”大学生社会适应力最强，社会化程度最高，“60 后”大学生次之，“60 后”“70 后”在人际关系交往方面相对单纯，而“80 后”“90 后”大学生社会适应能力普遍不足，他们自我观念较强。由于他们大多是独生子女，人际交往的动机相对复杂，人际交往的能力和与人相处的能力相对不足，与“60 后”“70 后”相比合群性整体不够，进入大学后个人的适应期和彼此的磨合期都相对较长，交往的选择性也较大；从个性发展来看，30 年的历程总体上说是一个由改革开放初高校师生相对内敛保守逐步走向活泼活跃、进而走向开放张扬的演变过程和发展趋势。

从心理素质和个性修养看，80 年代初的在校大学生，心理倾向性和个性特征相对稳定，受“老三届”大学生的影响，80 年代的大学生心理承受能力相对较高，其承受的压力也相对较少，表现出良好的心理素质和个性修养，他们后来大都成长为所在组织、单位的骨干力量，整体上看群体内部差异很小、发展相对平衡；90 年代以后的大学生心理需要增多，外部世界的刺激、压力与诱惑也增多，自我与外部世界的矛盾性逐步加剧，因此在应对外部挑战、协调自我与外部世界的关系时，容易出现问题，表现出心理素质和个性修养上的欠缺和不足，同时群体内部具有明显的差异性和发展的不平衡性。这也正是为什么现在的大学生心理问题普遍增多的主要原因（过去对心理问题发现不够，研究较少，现在重视了，关注、揭示和研究多了，也就显得多了），这正是我们今后需要研究和解决的重点。

第七章　高校师生思想变化过程中的热点难点问题及主要对策

第一节　高校大学生政治冷漠现象的研究现状与反思

纵观当今世界，无论东方还是西方，政治冷漠似乎已成为一种普遍现象广泛存在于各个国家之中，我们国家也不例外。我国学术界对政治冷漠现象也有诸多研究，其中有些特别对高校师生和农民的政治冷漠现象予以关注。有关研究成果在取得一定进展的同时，也存在若干需要反思之处。

一　政治冷漠的定义

《当代西方政治学新词典》中这样定义政治冷漠，“政治冷漠，属于政治社会学范畴。作为一种政治态度，它指的是一国的公民对政治活动的冷淡和对政治问题的漠视；作为一种政治行为，它指的是对政治参与的疏远和逃避”。① 但是就目前的学界研究来看，对政治冷漠的定义似乎并未形成统一的认识。

1. 政治冷漠行为论。这种观点强调主体在行为上不参与政治，突出政治冷漠的行为性。杨光斌就这种观点持赞同态度，他认为“在政治学中，政治冷漠并没有什么严格的定义，它只不过是政治参与中的一种现象，简单地说，它是用来形容‘无政治阶层’民众不参与政治”。②

2. 政治冷漠心理论。这种观点表明主体对政治生活的冷淡和政治问题的漠视，认为政治冷漠更多的存在于心理层面上。它补充了行为论的不

① 潘小娟、张辰龙：《当代西方政治学新词典》，吉林人民出版社 2001 年版，第 420 页。

② 杨光斌：《政治冷漠论》，《中国人民大学学报》1995 年第 3 期。

足，承认这样一种情况的存在，即使有人因为某种原因或被迫在行为上参与了政治生活，但是其内心仍然是对政治漠不关心的。如刘明君就认为，政治冷漠就是“主体在有选择权的条件下，对政治生活缺乏责任心和兴趣，缺乏参与政治生活的动力的一种心理态度”。①

3. 政治冷漠行为—心理论。持这种观点的学者认为，政治冷漠不仅包括行为上的不参与，还包括与这种不参与行为相关的认识等观念形态，把政治冷漠理解为心理态度和政治行为二者的结合。王浦劬在《政治学基础》中这样定义政治冷漠，“政治冷漠是消极的政治态度在政治行为上的表现，即不参加政治生活，公民对于政治问题和政治活动冷淡而不关心”。②

二　政治冷漠的表现形式

通过对学术界政治冷漠问题的研究不难发现，在政治冷漠的表现形式上大致有两种：（1）大学生的政治冷漠。（2）农民的政治冷漠。

1. 大学生政治冷漠的表现

在所有关于大学生政治冷漠的文章里，作者都强调文中所指的大学生是指20世纪90年代以来的大学生。

有学者指出：“大学生政治冷漠是指作为政治参与主体的大学生由于国家、社会或个人原因，主动或被动地不参加政治活动，在政治参与意识和政治参与行为方面自觉或不自觉地表现出的不作为。这种‘政治冷漠症’在当代大学生中表现得比较突出。”③

有的认为，当代大学生的政治冷漠主要表现在：政治情感淡漠、政治认知模糊、政治参与不积极。④

中国青年政治学院的张树辉具体分析了大学生政治冷漠的表现：（1）90年代的大学生关心国家大事，认同支持改革，政治参与更趋务实和理性;90年代的大学生关心国家的建设、改革和发展，政治参与的意识较强。同时，大学生更关注与自己生存发展直接相关的改革，表现出务实化的特点；对待政府反腐败成效不高等不能令人满意的现实，90年代的

---

① 刘明君：《关于比较政治学领域中的政治冷淡主义》，《理论与现代化》1998年第3期。

② 王浦劬：《治学基础》，北京大学出版社1995年版，第220页。

③ 董秀娜：《当代大学生政治冷漠现象探析》，《长沙大学学报》2008年第3期。

④ 张艳敏：《大学生政治冷漠现象原因探究》，《天中学刊》2008年第3期。

大学生不再像 80 年代大学生那样冲动，不再以呼吁、呐喊的方式参与政治，而是意识到问题不是一蹴而就的，需要靠全体公民对政府理性的支持才可实现，表现出理性化的特点。近几年，大学生的思想状况已从潜在影响政治稳定的首要关注因素退居其他因素之后，也从一个侧面证明了这一点。（2）激情政治参与较多，理性政治参与较少，参与行为理性化色彩较重。在这种有组织、“理性”的激情参与成为 90 年代大学生政治参与主要形式的同时，他们却在自觉或不自觉、主动或被动地回避常规的、主渠道的理性政治参与，表现为漠视甚至主动放弃政治投票和政治选举的权利；消极地参与党团组织的活动，一方面递交入党申请书保持高比例，入党人数增加，另一方面，入党动机功利色彩严重，入党后放松对自身的要求；缺乏社会责任感和人文关怀，热衷于对社会政治现实漠然评价而不采取必要的政治表达；社团活动、社会实践活动局限于直接有利于自身成长的文化科技活动，政治学习研究和关注社会现实的政治类社团和社会实践活动贫乏。（3）政治认知和政治行为之间存在较大偏差。90 年代的大学生能对某一政治价值判断做出正确的评价，有一定的政治参与基础，却往往在实际参与行为上有偏差，推翻自己的评价，表现得知行不一。①

2. 农民政治冷漠的表现

有学者认为，农民的政治冷漠是和村民自治联系在一起的。“村民自治是我国农民直接行使民主权利、参与公共事务的主要活动内容。从 1987 年全国开展村民自治实践以来，广大农民的参与意识日益增强，参与程度不断深化，参与能力有了很大提高。与此同时，许多村民对政治活动越来越表现出冷漠的情绪，厌选已经成为一种普遍现象。这是当前选举中面临的一个重大难题”。②

陕西师范大学的张义纯在他的硕士论文里对农民政治冷漠的表现做了具体分析：（1）对行使选举权和被选举权缺乏积极性。在村委会换届选举、县乡人民代表大会代表换届选举中，大多数村民积极参与，但也有少数村民对此缺乏热情，不闻不问，或者凭感情草率从事；有些农民认为选谁都无所谓，索性让人代填选票；更多的甚至为了蝇头小利出卖选票。（2）对参加社区的民主管理和民主决策表现冷淡。村民对自己社区的事

---

① 张树辉：《当代大学生政治冷漠现象探析》，《中国青年政治学院学报》2002 年第 6 期。

② 张鸷远：《论中国农村村民自治下的政治冷漠》，《中共济南市委党校学报》2008 年第 1 期。

务进行民主管理和民主决策是村民政治参与的重要表现，是村民依法行使自己民主政治权利的重要内容。但是，一些村民认为村里的事情"是当官的"事情，与自己无干。因此，对于村中事务，按照规定采用"一事一议"的方法进行时，村民往往不参加会议，抱着"吃自己的饭，做自己的事，何必管别人的事"的心态，凡事都是"事不关己少插手""多一事不如少一事"，在村庄内部矛盾纠纷时"躲避为上、忍让为先"。(3) 对干部的制约监督不到位。村民政治参与的一个重要内容就是对干部的监督和约束，以确保干部勤政为民。但在实践中发现，村民对于干部的违法乱纪行为，没有表现出应有的约束和监督，基本上是听之任之，"怕官、畏官、躲官"，"惹不起、躲得起"，"官府找上门不是好事情"成为农民对乡村干部的主要心态，更不可能对村干部行使罢免权了。(4) 对自身政治参与权利的损害无所谓。党的十六大报告提出要"扩大基层民主，保证人民群众直接行使民主权利，依法管理自己的事情"。这就是为村民政治参与提供了理论依据和可靠保证。应该说，扩大农村村民的政治参与是扩大基层民主的重要内容，只有让村民主动进行政治参与，才能保证基层民主的扩大。虽然有党组织的大力推动，但是，村民对政治参与仍然表现出一种政治冷漠，村民对于农村基层干部非法剥夺自己的选举权、对村务的知情权、对重大事情的决策权等行为，不是拿起法律武器予以维护，而是抱无所谓的态度。①

三　政治冷漠的功能或影响

根据对政治参与的态度，政治冷漠可以分为积极和消极两种功能。

1. 政治冷漠的积极功能

政治冷漠的积极功能主要表现在，广泛的政治参与是不可能存在的，而且会给社会稳定和政治系统的运作带来压力，政治冷漠的存在会带来积极、正面的影响。

(1) 政治参与可能带来社会冲突和社会动乱。政治参与是一把双刃剑，在享受政治参与的同时也必须面临政治参与带来的灾难。"极少数人鼓捣政治机器，绝大多数人过自己的生活，那才是社会良性发展的常

---

① 张义纯：《法治视角下村民政治冷漠原因探析》，硕士学位论文，陕西师范大学，2007年。

态”。[①] 政治参与虽然是诸多益处，但是要求全体的政治参与是不现实也是不可取的。尤其在一些基本制度尚不健全的国家，参与政治会带来社会冲突和动乱。

（2）一定程度的政治冷漠有利于政治系统的运作。适度的政治冷漠使得社会、经济、文化等得以在相对稳定的环境中高速平稳发展，也在一定程度上减少着政治参与的盲目性和低效性。[②] “民主政治系统的有效运转通常需要某些个体和群体的某种程度的冷漠和回避。政治参与过分，往往会增加民主政治体制的负担，同时也削弱民主政治体制的能力，最终将毁灭民主制度”。[③]

2. 政治冷漠的消极功能

政治冷漠的存在也会带来一定的消极影响。一方面，政治冷漠不能实现对权力的监督。公民广泛的政治参与有利于政策的合法性，纠正决策的失误，实现决策的科学化、民主化。而政治冷漠的实质“是一种纵容部分掌权者滥用权力，任意使用国家意志的绥靖行为，是为民主发展的一大公害”。[④] 而且，政府也会忽视政治冷漠群体利益的存在，漠视这类人群的需要，这种情况的长期存在也是引发政治动荡的导火索之一。另一方面，政治冷漠的广泛存在会大大弱化公民的社会责任感。强调政治参与会鼓励公民去认识自己的利益，习得政治经验，积极在政治活动中表达自己的利益。相反，政治冷漠会使公民缺乏政治意识，漠视其社会责任感。政治冷漠究竟发挥积极功能还是消极功能，应该从其形成的原因入手，具体问题具体分析。如果政治冷漠是出于对政治体系和政治精英的信任，这种政治冷漠不会带来过多的消极负面影响。但是，如果政治冷漠的原因是出于政治个体的政治效能感不强，对政治体制失去信心或不信任，那么这种政治冷漠就值得注意了。这就是导致社会不稳定的隐患。一旦有了合适的机会，就会引发政局不安和社会动荡。就我国现阶段的实际情况来说，相对于“文革”中的那种政治狂热，政治冷漠的确反映了我国公民对待政治生活更为理性冷静的态度。日本学者猪口孝认为，“公民社会已经在一定水平上富裕和成熟起来，抛弃了它对于国家的希望，加深了政治冷漠的

---

① 燕继荣：《政治冷漠是不是坏事》，《读书》1995 年第 10 期。

② 张树辉：《当代大学生政治冷漠现象探析》，《中国青年政治学院学报》2002 年第 6 期。

③ 毛寿龙：《政治社会学》，中国社会科学出版社 2001 年版，第 74 页。

④ 苏雪萍：《“民情论”视野下的中国的政治民主障碍》，《理论研究》2005 年第 2 期。

程度，开始逐渐容忍政治参与的空心化和形式化”。① “民众的冷漠，表明他们已经成熟，不再容易受别人的煽动和蛊惑。民众的冷漠，意味着他们已经找到了自己的生活支点，开始为自己而活着，而不再是为别人。民众的冷漠，说明国家的政治权利正在从社会领域逐步地退出，普通百姓开始拥有了自己的天地”。②

四　学术界对政治冷漠研究存在的不足

通过对以上学术界对政治冷漠研究的分析可以看出，我国目前对政治冷漠现象还是给予了一定的研究和重视并取得了一定的成果。比如在政治冷漠的定义上，我们提出的一些不同于西方的见解、对我国大学生和村民的政治冷漠进行了比较深入的研究、在政治冷漠的意义上不仅看到了政治冷漠的积极的方面而且看到了其消极的方面，等等，这些都是我们在这一问题研究中取得的成绩，但是同时也存在一定的问题。我认为主要有以下几个方面：

（一）是否真的存在政治冷漠或者说如何真正认识政治冷漠

政治冷漠作为一种社会现象而存在，似乎是不言而喻的。但是，与此同时我们也看到随着电脑的普及，网络的兴起，当社会矛盾和社会问题集中爆发的时候，在多灾多难和突发性公共事件发生的时候，尤其是存在故意隐瞒真相的事情的时候，普通群众通过网络问政已经成为一股势不可当的潮流，像我们大家已经很熟悉的重庆最牛钉子户、山西黑砖窑、厦门PX项目缓建和华南虎照风波，等等。这些事件之所以被我们所熟悉，其背后所体现的是广大人民群众对这些公共事件的高度关注和参与热情。孙中山说：“政治者众人之事也。”人民群众通过网络对这些公共事件的广泛关注所体现的就是对政治本身的关注，而这里丝毫看不出政治冷漠存在的痕迹。为什么在网络的虚拟世界里不存在政治冷漠，而在人们生活的现实世界里却存在呢？那么政治冷漠到底存不存在？如果存在，是否有真假之分呢？这应该是我们所面临的新课题。

（二）政治冷漠产生的根本原因

从世界范围来看，政治冷漠广泛存在于各个国家之中。但是我们知

① ［日］猪口孝：《国家和社会》，高增杰译，经济日报出版社1989年版，第1页。

② 胡利：《政治冷漠：含义、特征和功能》，《教育前沿（理论版）》2007年第5期。

道，国家和国家之间由于历史文化等原因的不同，在政治体制设置上是有很大的不同的，那么为什么这些不同的政治制度下的国家都普遍存在政治冷漠这一现象呢？尤其是在中国，几千年来占思想统治地位的是儒家思想，而儒家讲究的是积极“入世”，强调的是“正心、修身、齐家、治国、平天下”的一种积极有为的政治态度，这和现如今的政治冷漠可以说是格格不入的。那么政治冷漠产生的深层次的原因到底是什么呢？

（三）通过中外政治冷漠表现的不同是否可以说存在消极政治冷漠和积极政治冷漠两种

通过对中国和西方国家政治冷漠表现的不同分析，我们发现，西方国家的政治冷漠更多地表现为对现存政治体制、政治精英的认可有所不同，而采取的一种有故意成分存在的积极的政治冷漠。而中国政治冷漠背后所传达的更多的是在社会转型过程中公民政治责任感的弱化以及对政府的一种潜在的离心倾向和不信任感，这里传达的是一种消极的政治冷漠。那么把政治冷漠分为消极和积极两种是否合理？这样的区分有什么意义？这应该是我们应该关注的。

（四）对政治冷漠表现的范围的分析应该更广

通过以上分析我们看到，目前学界对我国政治冷漠表现的分析主要集中在大学生和村民两个阶层上，而这个范围应该更广。比如对农民工政治冷漠的分析。农民工是指在当代社会的城市化过程中，一部分农民从乡村到城市从事生产活动的劳动者。也就是说，他们兼有农民和工人的双重身份，这是在我国现代化建设过程中出现的一个新的阶层，我们对他们的关注是远远不够的。但是，农民工政治冷漠阻碍我国城市化的进程，阻碍了我国城市民主政治建设进程，扩大城市贫富差距，不利于社会主义和谐城市的构建。因此，我们必须对这一阶层的政治冷漠进行关注，这就要求我们对政治冷漠表现的范围的分析应该更广。

我国由政府推动的自上而下的政治体制改革正在如火如荼地进行当中，党中央和国务院对此给予了高度的重视。但是我们知道政治体制改革只靠中央和政府的努力是不够的，它需要广大人民群众积极地参与其中，献言献策。如果我国目前存在的政治冷漠现象得不到有效的解决，政治体制改革难免会出现“一头热”的局面，而这是不利于改革的进行的。因此，对政治冷漠的分析研究有着重大的现实意义。

第二节 改革开放30年中国大学生的诚信变迁及对策

诚信是中华民族的传统美德，是一个公民所必须具备的基本素质。大学生是社会建设的主力军，他们有知识，有理想，更应该在学习上、在工作中成为诚信的典范。可是从中国改革开放30年所走过的道路来看，诚信已经成为大学生道德规范缺失的重要问题。认识大学生失信所在，才能提出对策，重新构建起大学生积极向上，诚实守信的精神面貌。

一 从改革开放30年看大学生的诚信观念变迁

第一阶段：1978—1984年

1978年12月党的十一届三中全会召开，决定停止使用“以阶级斗争为纲”的错误口号，作出把工作重点转移到社会主义现代化建设上来和实行改革开放的决策。到1984年10月，党的十二届三中全会确立我国社会主义经济是公有制基础上的有计划的商品经济。中国社会在各个领域发生了翻天覆地的变化。

改革最容易唤醒的就是大学生的意识，随着党的“解放思想、实事求是”思想路线的重新确立，实现了思想认识领域的拨乱反正。恢复高考使中断十年的中国高层次人才培养重新建立，大学生的诚信教育工作也随之在校园展开，诚信成为大学生在校学习的重要内容。

由于受“十年动乱”的影响，大学生开始反思“文化大革命”和反思历史，甚至于对社会主义制度和党的领导产生质疑，出现信仰危机。这个时期的大学生诚信问题主要体现在革命理想信念的培养上。引导大学生将实现社会主义现代化的伟大任务与自身的历史使命结合起来。同时，具有诚实谦虚的美德也成为了这一时期诚信的主题，广泛开展“五讲四美”活动，其中讲文明、讲礼貌，心灵美、行为美都是大学生诚信美德的表现。

虽然说这一时期，大学生的人生观、价值观受时代的影响变得复杂和多样。但在道德面貌上，大学生中尽管存在着经历和年龄的差异，或是在道德认知水平上有所不同，但总体上大部分大学生还是对社会主义道德规范以及集体主义价值观表示认同。

第二阶段：1985—1992年

1986年十二届六中全会通过《中共中央关于社会主义精神文明建设指导方针的决议》，强调尊重、保护和发扬“一切用诚实劳动争取美好生活的积极思想和精神”，鼓励人们“发扬顾全大局、诚实守信、互助友爱和扶贫济困的精神”。决议的出台，使大学生开始在积极承担社会责任的同时，追求个人利益与国家利益的统一，自我与社会的统一，贡献与索取的一致。大学生敢于谈论和主张个人利益的实现，争做社会主义的“四有”新人是这一时期的主旋律。

1992年邓小平南方谈话，中国开始由商品经济向市场经济转轨。这个时期的中国经济体制改革进入关键时期。党的十二届三中全会标志着中国经济体制改革向纵向加深。伴随着改革力度的不断增强，大学生的价值取向发生着显著的变化，西方的自由化思潮严重泛滥，大学生开始否定“集体主义”，肯定个人价值，个人主义价值观充斥着学生头脑，反映在道德面貌上，就是更加讲求务实与重视自我。

同时在这一时期，大学生实行毕业分配，很多大学生被分配到环境恶劣、经济落后的边远地区或是现代化建设一线，因而部分学生就产生了不满情绪。面对这种情况，大学积极开展职业诚信教育，鼓励大学生忠于祖国，服从分配，扎根落后地区，做到面对分配诚实守信，面对工作爱岗敬业。在当时由国家教委和团中央倡导发起的“志在四方”报告团，号召大学生遵守职业诚信，支援“四化”建设，在大学生中产生了积极的影响，很多大学生用自己扎根基层，建功立业的诚信行动兑现了自己的承诺。此外，这一时期大学生诚信问题的另一个表现就是考试作弊。国家教委于1986年5月发出《关于整顿考试纪律的通知》，指出高校考试舞弊现象时有发生，个别院校较为严重，这种弄虚作假的恶劣学风应立即制止，并要求各高校将贯彻情况报告国家教委。

第三阶段：1992—1998年

以1992年邓小平同志南方谈话和党的十四大为标志，我国改革开放和社会主义建设事业进入了一个新的发展阶段。中共十四大确立的社会主义市场经济体制的改革目标引发了更深刻的社会革命，促使大学生在思维方式、价值取向以及人生态度等方面也发生着新的变化。这一时期的大学生更加重视物质利益，功利主义倾向突出，价值取向更加复杂和多样。随着社会主义市场经济体制的确立，务实进取成为大学生的主流思想。当面对无法抵挡的经济浪潮，大学生原有的道德观念也开始改变。很多大学生将务实进取变成了唯利益是从，产生读书无用的思想，部分大学生甚至选择了下海经商。大学校园逐渐弥漫的功利化思潮，使得大学生的人际关系缺乏诚信，表现为人与人之间的关系趋于利益化，轻诺寡信，随意毁约，并且在大学生的爱情观上，也表现出不负责任，喜新厌旧的行为，造成一些恋爱不成而后轻生的恶劣事件。

同时，国家在1998年实行高考扩招政策。高校扩招给了更多人上大学的机会，也使得大学的整体素质下滑，那些通过扩招走进大学校园的学生，面对继续纵向加深的知识，可能会感到力不从心，但又迫于扩招后的就业压力，于是只有采用不正当的手段，为自己取得高分。考试作弊已经成为大学生诚信缺失的主要表现。

第四阶段：1998年至今

早在1994年，原国家教委就发出了《关于进一步改革普通高等学校招生和毕业生就业制度的试点意见》，明确提出国家不再以行政分配而是以方针政策为指导，从招生开始，通过建立收费制度，以奖学金制度和社会就业需求信息引导毕业生自主择业。但伴随着扩招，我国每年毕业的大学生人数呈几何增长，2001年全国高校毕业生为115万，2002年145万，2003年212万，2004年280万，2005年已达到338万。而就业岗位有限。市场双向选择分配制度的实行，使大学生就业压力增大，很多大学生在就业求职上表现出了不诚信。一些大学生利用“注水”简历，来夸大和包装自己，通过夸大或造假履历来充实自己的“实力”。在一些招聘会上甚至出现同一所学校同一届有数位学生会主席的荒诞事情。另外，一些找到工作的大学生，在与用人单位签订协议之后，面对更好的单位，不通过合法途径与前一单位解除合约，只是单方面毁约另择高枝，给用人单位带来了很大的麻烦，给学校也造成了不好的影响。这些都是大学生在就业方面表现出的不诚信。

同时，在校园内，大学生考试作弊、学术剽窃的现象更是愈演愈烈。随着国家教育体制改革的深入，大学开始实行学分制，修满学分则给予毕业。这本是加强学生自主学习能力的好方法，但是在大学实行扩张的基础之上，学生的素质良莠不齐，部分经过扩招走进大学校门的学生，可能在初、高中时代就没有建立起自觉学习的习惯，到了大学之后缺乏老师的督促，平时不学习，但又担心考试不过，不能修够学分，或是像有些大学生那样，希望有好的成绩来为自己评选学生干部、评选奖学金来加分，于是考试作弊就在当今大学校园中屡见不鲜。比之于以前，进入21世纪之后，大学生作弊呈现出了一些新的特点。比如，出现了以赚钱为目的的“职业枪手”，有组织、有分工、全程服务，定期在校院各个角落打出广告；作弊手段的推陈出新，将高科技运用到作弊手段上来，像手机、隐形耳麦、调频发射器等先进通信工具都被用来传递答案。校园作弊的公开化，以及司空见惯的学术造假，移花接木，等等，使得校园形成了一种不健康的学习氛围，是大学生对学习、对自己不负责任和不诚信的表现。

在新时期，大学生诚信问题还体现在大学生恶意拖欠助学贷款问题上，国家于1999年开始试点并于2000年在全国推行国家助学贷款制度。利用大学生个人的信用获取贷款，大学生在学校期间的贷款利息全由国家来负担。这本是一项皆大欢喜的政策，然而实施到现在却陷入十分尴尬的境地。原因就是很多大学生在国家贷款的资助下，完成了大学学业，找到工作之后却不想归还贷款，恶意拖欠，或是直接留下假地址，让银行无法找到其本人。据调查，国有商业银行国家助学贷款坏账比例高达10%，远远高于普通人贷款坏账1%的比例。按现行政策，贷款学生应于毕业后四年内还清所贷款项，而并不是一次还清，学生可以根据自己的实际情况与银行约定四年内还款的次数及每次的还款数额。所以大学生不还贷根本原因不在于没有还款能力，而在于履约还贷意识不强。这样恶意逃避债务的不诚信行为使很多银行不敢贷款给大学生，因为在大学生的心目中，并没有将贷款之后，找到工作积极还贷放在首位。甚至于有些大学生为了获得助学贷款，通过不正当手段开出虚假家庭经济状况证明，骗取国家的助学贷款用以挥霍，使贷款没有能够真正送到需要的学生手里，造成了国家资源的浪费。

虽然说，银行为了预防大学生不还贷款，要求大学生在毕业前夕填写还款确认书，并将自己的工作单位及联系方式都要一并写上。但大学生随意更改、撕毁协议书的现象相当严重。即使按协议书上的联系单位和联系方式，毕业后，银行和学校还是找不到人。大学生在助学贷款上的种种不诚信行为，严重影响了银行贷款的积极性，使国家对学生的体恤政策无法顺利达成。

在大学生中，有些学生是因为家庭贫困交不起学费，但也有一部分学生是恶意拖欠学费，这部分学生向父母要了学费但不交，有的用来炒股、做生意，有的用来买电脑、谈恋爱、旅游，更有甚者用来赌博。面对流失的学费，学校苦不堪言。

新时期大学生诚信问题的另一个重要表现，就是网络对大学生诚信道德观的影响。20世纪末，电脑开始进入到大学生的视野当中，在我国上网人员中，有70%多的人的年龄集中在21—25岁之间，其中大学生占人数的大部分。大学生思维活跃，接受新知识的能力强，所以面对以计算机网络技术为基础的“信息技术革命”，大学生当仁不让地站在了数字化生存的风口浪尖上。为了更好地培养适合21世纪需要的高素质人才，各高校也开始普及校园网，网络正以空前的广度和深度渗透到大学生的生活当中。网络一方面给大学生带来了认识世界的窗口，另一方面也打开了大学生利用网络进行欺骗的大门。由于网络的虚拟性，大学生利用网络发布虚假信息进行欺诈，或是利用网络发送国家明令禁止的不良信息，更有甚者，利用自己对网络的了解，制造传播网络病毒，入侵别人电脑，篡改窃取重要信息。例如，在2008年5月，中国汶川发生了大地震，波及周边一些城市，西安地震局及时在网上发布信息，称西安不会发生地震，请市民放心。但是在5月29日，西安一名大学生入侵了西安地震局网站，发布虚假地震信息，造成了民众恐慌，扰乱了社会的正常秩序。

信息时代，作为信息传播工具之一的网络日益融入大学生的学习和生活之中。网络交往的虚拟性，使得传统道德关于诚信的制约机制被弱化。各种不诚信行为在网络之中蔓延开来，加强大学生的网络道德教育已是势在必行，通过教育帮助大学生正确认识网络世界的“利”与“弊”，增强他们上网的诚信意识、法制意识和安全意识，自觉构筑起诚信“防火墙”。

二 大学生诚信问题的对策分析

首先，面对大学生的诚信缺失，需要切实落实大学生的诚信教育，提高诚信教育的针对性。改革开放之初，国家对大学生的诚信教育主要体现在“五讲四美”和“四有新人”上，但是随着我国改革开放的不断深入，校园诚信问题也出现了新的变化。面对各种问题，诚信教育应该给予不同的关注。比如，对刚进校的学生进行考试诚信教育和婚恋诚信教育；对经常上网的学生开展网络诚信道德教育；对毕业的同学进行商业诚信教育；对学生干部和学生党员进行诚信工作教育。通过这些有针对性的教育，使大学生树立起求真务实的就业成才观，让诚信真正落实到每位学生身上。

其次，加强大学生的诚信观念，还需要政策层面上的跟进。通过政策上的规范、引导和监督，对学生的失信行为形成一定的约束机制。比如，中国海洋大学和天津师范大学已经率先在学校内建立起了“学生诚信档案”，在档案当中包含着学生在学校学习期间的方方面面的情况，包括考试是否作弊、学习成绩、品行记录，等等，这些情况会随着档案一起送往学生工作单位，成为今后各用人单位对其进行考量的重要指标。另外，像校园诚信的典型问题：学生拖欠贷款的问题，也可以通过建立信用奖罚机制来杜绝学生恶意拖欠贷款问题的出现。同时，我们也要看到，大学生诚信问题的出现也不是大学生单方面的责任，实际上是整个社会诚信缺失在校园内的表现。所以，有必要在全社会范围内建立诚信奖罚机制，用以约束个人行为，形成诚信的氛围，净化大学校园。

再次，解决大学生诚信缺失的问题，还要有“与时俱进”的思想。自20世纪90年代中后期，网络进入中国人的视野之中，大学生在使用网络过程当中所暴露出来的诚信问题，使得大学生网络诚信教育日益受到关注。那么。可以设想，随着我国市场经济的不断深入发展，未来还会有更多问题暴露出来，对大学生进行诚信教育就必须抱着“与时俱进”的思想，才能面对出现的新问题，提出正确的解决之道。

第三节　高校大学生荣辱观的现状、成因及对策

2007年底至2008年初，本课题组在北京某高校进行了问卷调查。本次调查随机选择了300名学生，调查内容包括学生思想观念的各个方面，如“思想政治”“经济”“文化”“道德”“心理”“教育”和“行为”等。根据这次调查的内容和结果，我们选择调查问卷的相关内容，集中探讨大学生在荣辱观方面的特点和问题，并试图找出问题的原因和解决办法。

一　大学生荣辱观的现状

根据调查的数据，我们可以总结出当前大学生荣辱观的现状。一方面，就总体而言，绝大多数大学生的荣辱观是健康明确、积极向上的。这在“八荣八耻”的八个方面都有体现，比如：

1. 与“以热爱祖国为荣、以危害祖国为耻”有关的问题：

(42[①]) 你对“天下兴亡，匹夫有责”的态度是（　　）

① 此题号为总调查问卷中序号，下同。

A. 完全同意　B. 比较同意　C. 不同意　D. 说不清楚

有60%的学生选择A，有36%的学生选择B，选择C的仅有2%。这说明大学生有着强烈的爱国热情和社会责任感。

2. 与“以服务人民为荣、以背离人民为耻”有关的问题：

(46) 你认为一个人的价值取决于（　）

A. 贡献大小　B. 事业成功与否　C. 名望高低　D. 地位高低

E. 权力大小　F. 挣钱多少

有44%的学生选择A，有30%的学生选择B。这说明大学生没有把人生的价值仅仅定位在个人的一己私利之上，而是把它放在了与人民和社会的事业的总图景中来考虑。

3. 与“以崇尚科学为荣、以愚昧无知为耻”有关的问题：

(35) 平时，你看教材之外的书籍吗（　）

A. 经常　B. 偶尔　C. 基本不看　D. 根本不看

E. 看了也没用

有78%的学生选择A，这反映出大学生积极的求知欲。

4. 与“以辛勤劳动为荣、以好逸恶劳为耻”有关的问题：

(98) 你与同学对所居住的寝室多长时间共同打扫一次卫生（　）

A. 经常打扫　B. 较少打扫

C. 能不扫就不扫　D. 检查才扫

E. 基本不扫

有48%的学生选择A，选择C的仅占6%。这反映出大学生积极向上的劳动观。

5. 与“以团结互助为荣、以损人利己为耻”有关的问题：

(57) 当你的同学碰到困难，你愿意帮助他吗？（　）

A. 很愿意　B. 不愿意　C. 无所谓

有92%的学生选择A。这反映出大学生“团结互助”的高尚品质。

6. 与“以诚实守信为荣、以见利忘义为耻”有关的问题：

(48) 一个人要讲诚信，你认为是（　）

A. 完全有必要　B. 有时是必要的

C. 没有必要　D. 无所谓

有84%的学生选择A，有12%的学生选择B，只有4%的学生选择C。

7. 与“以遵纪守法为荣、以违法乱纪为耻”有关的问题：

（76）你对你所在学校的规章制度的了解程度是（　　）

A. 很了解　　　　B. 不了解

C. 不想了解　　　D. 了解过，但现在忘了

E. 说不清楚

对于学校的规章制度，尽管只有28%的学生选择了“很了解”，有34%的学生选择“不了解”，但经过深入了解之后我们发现，学生所不了解的是那些与自己的利益离得较远的规章制度，而对与自己的学习生活（如奖学金的评定标准、选课制度等）密切相关的规章制度却很了解，他们会在学习生活中严格按照这些规章制度指引的方向而努力，显示出较强的规则意识。

8. 与“以艰苦奋斗为荣、以骄奢淫逸为耻”有关的问题：

（88）你认为父母对你有正面影响的方面是（　　）

A. 为人正直　B. 做事认真　C. 生活勤俭　D. 对长辈尽孝

E. 兴趣爱好　F. 处理公与私之间的关系　G. 其他

艰苦奋斗一直是中国人的优良美德，有48%的学生选择C。

以上都说明，大学生的荣辱观在总体上是积极健康向上的。但另外，也要看到在这次调查中反映出的问题，集中表现为以下两点。

1. 知行分离。尽管人们在抽象的、宏观的意义上知道什么是应该追求的，但在实际的具体行动中却不这样做；尽管人们在抽象的、宏观的意义上知道什么是不应该追求的，但在实际的具体行动中却这样做。这在大学生的专业选择和就业选择中表现得最明显。比如，正如上文提到的，大部分学生认识到“以服务人民为荣、以背离人民为耻”，“以艰苦奋斗为荣、以骄奢淫逸为耻”。但是，在被问及“你选择专业主要考虑的是什么?”时，排在前两项却是“个人兴趣”（78%）和“就业形势”（40%），而“国家需要”（14%）考虑得较少。大学生在选择职业时，主要考虑的因素是“经济收入”（72%）、“发展前途”（72%），毕业后，最想把自己的事业放在经济发达的地区，如“长三角（30%）、渤海湾（26%）和国外（20%）”，而很少有学生愿意到“西部地区”。这些都鲜明地体现出了大学生的知行分离的特点。当然出现这种情况不能一味地责备大学生个人，因为道德选择、利益选择和志趣选择三者一致才是最理想的，之所以出现普遍的分离，很可能问题出在了个人之外的原因。

2. 功利性学习。尽管大部分大学生都很热爱学习，平时经常看教材

之外的书籍。但如果深究起来，我们会发现，大学生所看的教材之外的书籍其实有两大类，一类是“人文文学类”的休闲书，另一类是为了考某一资格证而选择的辅导书。比如，中国政法大学的学生几乎人人都参加司法考试，所以，他们所看的教材之外的书几乎都是司法考试的辅导书，这点在关于学生的“学习动机”一题的回答中也有充分的体现，选择“A. 为祖国的繁荣”的人寥寥无几（10%），而选择“C. 为过去的理想（64%）、B. 为报效父母养育（20%）”的却大有人在。这样一种个人功利性的学习动机，必然表现为学习中的短期功利性行为，导致一种单一的应试型学习而忽略了自身的综合素质的全面提高，从而影响了自己长远的发展。也就是说，我们并不完全排斥功利诉求，因为做事必然考虑功利得失，而是反对因眼前的较小功利而影响长远的更大功利。

上面所提到的“知行分离”和“功利性学习”都可以归结为向功利性追求的倾斜，在深层上需要从社会存在和社会意识互动的角度去看，而不能仅仅从观念意识的信仰层面看。

二　大学生荣辱观的成因

大学生在荣辱问题上呈现出的总体上的积极健康，说明了我们长期以来重视精神文明建设和思想道德教育的效果是明显的，这方面一些成功的经验和做法都应该继续坚持。在此我们重点是分析存在问题的病灶，这样更有利于大学生荣辱观的健康发展。

1. 价值多元下的道德相对主义

当前，我国正处在社会转型的关键阶段，社会生活由一元向多元发展。与此同时，一些旧的规则或价值观已经失效或崩溃，一些新的规则或价值观尚未完全确立，人们的观念出现混乱或真空现象，人的荣辱观念处于模糊状态，社会价值判断日益呈现多元倾向。多元的价值一方面扩展了国人的选择自由，但另一方面也在价值折中和多元妥协中模糊了一些基本的道德判断，人们在很多方面一定程度上丧失了基本的荣辱感。特别是受人们的一种两极思维的惯性作用，当人们的追求抛弃了过去那种“高、大、全”的极端之后，突然间就走向另一个极端，变得过分的功利与现实。

2. 社会不公条件下的德行成本权衡

一种道德行为是否实施，其实也可以用经济学上的成本收益核算进行推演。践履道德行为要有物质、精神、智力、体力等的付出，这就是德行成本；德行收益则是指从特定道德行为中所获得的物质的、精神的、情感的等东西。只有在成本小于收益的时候，人们才会去实施某一道德行为。一般来讲，人们的道德信念是“善有善报，恶有恶报”，这是支持道德行为得以实施的必然要求。而在现实中为什么会出现“高尚是高尚者的墓志铭，卑鄙是卑鄙者的通行证”这样一种荣辱善恶颠倒的现象呢？病灶源于目前社会大环境下出现的不公平不公正现象！由于社会中现行的一些具体的制度规则的不合理、不完善，使得道德行为的成本高于收益，而不道德行为的收益却高于成本。不公平不公正的现实引起人们对社会大环境的不满，在这样一种社会环境和不满的心理状态下，人们的荣辱观念必然会发生扭曲，人们的价值追求必然发生转向。

3. 大学教育中的重智轻德

长期以来形成的应试教育在大学依然有明显的体现，很多学生抱怨上了大学还跟高中一样，每天忙于各种考试。这是由于随着大学毕业生不再由国家统一分配，而是需要学生和用人单位双向选择的就业模式的实施，学生的就业压力越来越大，为了毕业时能找份好工作，大学生在校期间除了保证专业课过关之外，更多的精力会忙于各种资格考试，如律师证、注册会计师、托福，甚至机动车驾驶证。更不用说那些准备考研的学生，每天除了看考研指定的教材外不会有时间去发展其他方面的能力。这样一种纯粹应试性的学习目的必然忽略了思想道德素质的提高，同时，很多学校为了提高就业率和考研率也在鼓励学生的这样一种选择和做法，更加剧了重智轻德的状况。

三　提升大学生荣辱观念的对策

1. 加大舆论宣传和教育力度，大力弘扬社会主义荣辱观

舆论导向一定要正确和明确。社会主义荣辱观既是对被多元化模糊的主流价值的一种重申，也是对多元化的一种价值整合，它是凝聚多元时代的道德共识。为此，就必须强化舆论宣传力度，抵制价值相对主义和道德虚无主义，旗帜鲜明地贵荣恶辱，扶正祛邪，为大学生树立社会主义荣辱观创造良好的社会舆论氛围。同时，加大对大学生进行思想道德品质的教育力度。要立足长远，将荣辱观教育落实到学校教育的具体实践中，在重视科学文化教育的同时，继续加强和改进大学生思想道德教育工作。

2. 追求公平正义，为荣辱观的践行创造良好的制度环境

社会公正优先于个体善良，个人的美德、情感只有在一个较为公正的社会中才能正常发展。所以，制度的公正与否至关重要。社会主义社会应当是比以往任何社会形态都更加重视公平正义的社会。但在社会主义初级阶段，又确实还存在某些不公平不公正的现象。但毫无疑问，一再的不公必然扭曲人们的荣辱意识。同时，社会不公一旦超出了社会承受能力，就必然会酿成社会动荡，破坏践行社会主义荣辱观的外界环境。因此，践行正确的荣辱观、营造公平公正的社会环境、建设社会主义和谐社会和保证制度设计的公正是关键。

3. 加强自律修养，重建道德信仰，培育耻感意识，实现知行合一

大学生正确荣辱观的形成不仅需要外部的推动，而且更需要自身的努力。在这里关键是做好三方面的事情：一是重建道德信仰，二是培育耻感意识，三是实现知行合一。

道德需要人内心的一种敬畏感，这是道德信仰的体现。个体心中只有树立起道德信仰，才会有所敬畏，有所为有所不为，而树立正确的荣辱观则是重建道德信仰的关键。人无耻，就敢无所不为。知耻，是明善恶、知是非、辨美丑的一种内心标准；知耻，是一种特殊的激励力量，可以转化为一种精神动力，激发个人潜在的自尊和自强。不过，树立了道德信仰、培育起了荣辱意识，仍然还是囿于内心之中，而道德是人以实践精神的方式来把握世界的，强调的是知行合一，所以，只有把内心之“知”落实到“行”上才算完成。

相信，在一种公平正义的制度环境下，通过外在的宣传教育与内在的道德修养的有机结合，社会主义荣辱观一定能够成为全体大学生的共识并有效地落实为具体的行动。

第四节　改革开放以来大学生就业问题及其对策研究

改革开放30年来，伴随着社会主义市场经济的逐步建立，我国的政治、经济和社会结构发生了重大变化，高等教育也经历了重大变革和空前发展。1978年到2008年全国普通高校招生录取人数约5409万，与之同时，大学生就业问题成为社会各界日益关注的热点问题，成为影响社会稳定、经济发展的重大问题。对改革开放以来的大学生就业状况的变化过程

进行全面回顾，有助于发现和把握大学生就业过程中存在的问题，提出有效对策，缓解当前就业压力，维护社会稳定，促进经济发展。

一　大学生就业状况的变革历程

改革开放以来，我国社会主要经历了从计划经济向市场经济的重大转变，在此影响下，高等教育实现了从精英教育向大众化教育的过渡，由此带来的大学生就业相关问题也发生了一系列变革。下面以改革开放的发展为线索，分四个阶段围绕社会历史背景、就业制度政策、就业价值观念和就业指导服务四个方面对大学生就业状况的变革历程作以下回顾分析。

第一阶段：1978—1984 年，计划经济体制下，实行统一指令性“统包统分”制度。

1978 年十一届三中全会胜利召开，中国由此拉开了改革开放的帷幕，国家在经济发展方面提出了“两步走”的战略方针；教育处于恢复整顿阶段，1977 年恢复了全国高等学校统一招生考试制度，中国迎来了“教育的春天”。

四年后的 1981 年，面对改革开放后的第一届大学毕业生，国务院转批了国家计委等《关于改进 1981 年普通高等学校毕业生分配工作的报告》，确定在国家统一计划下，对毕业生的分配实行“抽成调剂，分级安排”的办法；1983 年国务院批转了国家计委《关于做好 1983 年全国研究生和高等学校毕业生分配的报告》，决定实行学校与用人单位直接见面的就业办法，即“供需见面”，使培养、分配与使用很好地结合起来。

这一阶段大学生的就业价值观念主要表现为：从就业方式来看，基本按照“统包统分”政策，服从国家分配；从就业首选标准看，看重职业的“社会地位”和国家利益；从职业的选择来看，集中在全民所有制企业、大专院校和政府机关；从地域选择的去向来看，服从国家安排，响应国家号召，“到农村去、到边疆去、到祖国最需要的地方去”。

这一阶段的就业指导服务工作比较简单，服务于思想政治教育，其主要内容是对毕业生进行思想教育，以牢固树立服从国家分配、到祖国需要的地方建功立业的就业观。

第二阶段：1985—1992 年，有计划的商品经济体制下，探索“双向选择、自主择业”制度。

1984 年十二届三中全会通过的《中共中央关于经济体制改革的决定》

确立了经济体制改革的目标是“建立有计划的商品经济”，改革全面展开；教育体制改革也全面展开。

1985年颁布的《中共中央关于教育体制改革的决定》标志着教育体制改革的正式启动，也标志着我国从计划导向到市场导向的高校毕业生就业制度改革正式拉开帷幕。《决定》要求对国家招生计划内的学生“分配实行在国家计划指导下，由本人选报志愿、学校推荐、用人单位择优录取的就业制度”。于是“供需见面”“双向选择”等就业形式应运而生，1989年扩展到全国。同年，国务院批准了国家教委提出的《高等学校毕业生分配制度改革方案》，即“中期改革方案”，正式提出了在国家就业政策指导下，逐步实行毕业生自主择业、用人单位择优录用的“双向选择”制度，逐步将毕业生计划分配就业制度改为社会选择就业制度。

这一阶段大学生的就业价值观念主要表现为：从就业方式来看，在商品经济的刺激下自主选择职业，原有的“统包统分”观念逐渐淡化；从就业首选标准看，由国家本位向个人本位转变，由社会价值向经济价值过渡；从职业的选择来看，逐渐从全民所有制向三资企业、个体经济转变；从地域选择的去向来看，逐渐向大中城市流动。

这一阶段的就业指导服务工作以教育为主、指导为辅。主要对毕业生进行思想教育、职业道德教育，树立选择职业的正确态度，明确所学专业职业道德的具体内容和要求。同时开始就业指导，开展供需见面活动，进行学校推荐。

第三阶段：1992—2003年，市场经济体制下，正式确立并实行以市场为导向的“双向选择、自主择业”制度。

1992年党的十四大第一次明确提出我国经济体制改革的目标是建立社会主义市场经济体制，1993年十四届三中全会提出了建立社会主义市场经济体制的总体规划和20世纪90年代经济体制改革的行动纲领，1997年十五大正式提出和阐述了邓小平理论，确立我国社会主义基本经济制度，改革处于制度创新阶段。教育步入产业化、市场化和“教育大跃进”时期，一方面始于1999年的高校扩招，有效地扩大了教育规模，增加了教育机会，高等教育基本实现了大众化；同时出现了日益严重的各种乱收费、高收费等损害教育品质和民生的乱象。

1993年中共中央国务院颁布了《中国教育改革和发展纲要》，指出改革“统包统配”“包当干部”的就业制度，实行少数毕业生由国家安排就业，多数由学生“自主择业”的就业制度，标志着“双向选择、自主择业”的就业制度改革全面铺开。1995 年国家教委《关于 1995 年进行普通高等学校招生和毕业生就业制度改革的意见》要求，中央部门所属普通高校“并轨”后所招学生毕业时原则上在本系统、本行业范围内自主择业，在条件成熟后逐步过渡到大多数毕业生自主择业，并在 2000 年基本实现高校毕业生就业制度改革。1997 年，教育部《普通高校毕业生就业工作暂行规定》提出，供需见面和双向选择活动是落实毕业生就业计划的重要方式；实行招生并轨改革学校的毕业生在国家就业政策指导下，在一定范围内自主择业。2000 年教育部决定将毕业生就业“派遣证”改为“报到证”，标志着“双向选择、自主择业”的高校毕业生就业制度正式确立。2002 年国务院办公厅转发《关于进一步深化普通高校毕业生就业制度改革有关问题的意见》，明确提出了以市场为导向就业的方针，指出引导高校毕业生到基层就业、到中小企业就业是解决高校毕业生就业问题的主要途径。

这一阶段大学生的就业价值观念主要表现为：从就业方式来看，基本实现全部面向市场、双向选择、自主择业；从就业首选标准看，追求经济收入和物质待遇，同时谋求职业稳定性；从职业的选择来看，私营经济、外资企业、三资企业备受青睐；从地域选择的去向来看，出现“孔雀东南飞”现象，东南沿海成为主要就业去向。

这一阶段的就业指导服务工作被高度重视，建立就业指导服务机构、开设就业指导课程、开展就业政策宣传与教育、为毕业生和用人单位提供就业信息，等等，逐渐实现就业指导服务工作的规范化、科学化、专业化。

第四阶段：2003 年至今，市场经济体制下，完善创新以市场为导向的“双向选择、自主择业”制度，积极鼓励“自主创业”。

从 2003 年十六届三中全会召开至今以及今后 10—15 年，是完善社会主义市场经济体制、改革攻坚、构建社会主义和谐社会阶段和贯彻落实科学发展观的宏伟历史阶段。教育界落实科学发展观，积极校正改革发展出现的偏差，促进教育公平，探索面向未来的新的教育。

2003 年，面对扩招后的第一届大学毕业生，国务院办公厅发出《关于做好 2003 年普通高校毕业生就业工作的通知》，明确了改革方向和工作重点，初步形成了新时期高校毕业生就业工作的政策框架。2005 年，中共中央办公厅、国务院办公厅印发的《关于引导和鼓励高校毕业生面向基层就业的意见》中明确指出，完善鼓励高校毕业生到西部地区和艰苦边远地区就业的优惠政策；积极鼓励、支持高校毕业生到基层自主创业和灵活就业；大力支持各类中小企业和非公有制单位聘用高校毕业生；探索建立高校毕业生就业见习制度、实施高校毕业生到农村服务计划、大力推广高校毕业生进村进社区工作制度、实行面向基层就业的定向招生制度；加大选调生工作力度。2007年国务院办公厅《关于切实做好2007年普通高等学校毕业生就业工作的通知》进一步强调，大力支持高校毕业生到中小企业和非公有制单位就业。积极鼓励、支持高校毕业生自主创业和灵活就业。进一步放宽高校毕业生在城市落户就业的政策。实施好“大学生志愿服务西部计划”“三支一扶计划”“农村义务教育阶段学校教师特设岗位计划”等专项计划。教育部、人事部、劳动保障部联合下发的《关于积极做好2008年普通高等学校毕业生就业工作的通知》提出，开展高校毕业生技能培训和就业见习，实施“高校毕业生创业行动”等政策。2009年，国务院办公厅《关于加强普通高等学校毕业生就业工作的通知》，就开拓大学生就业市场继续提出，鼓励骨干企业和科研项目单位积极吸纳和稳定高校毕业生就业。就增强大学生就业能力进一步作出安排，提升高校毕业生就业能力，鼓励和支持高校毕业生自主创业。

这一阶段大学生的就业价值观念主要表现为：从就业方式来看，充分体现“双向选择、自主择业”的就业方式，同时积极开展自主创业；从就业首选标准看，更加看重个人发展前景，同时兼顾个人收入；从职业的选择来看，服务行业急剧增加、同时行政机关逐渐升温；从地域选择的去向来看，主要留在大中城市和发达地区，同时响应国家号召，“到西部去，到基层去，到祖国最需要的地方去”。

这一阶段的就业指导服务工作受到高度重视，制度更加健全，体系更加完备，内容更加全面。2003年提出了“就业服务要实现专业化、制度化、社会化”的要求，就业服务开始进入以人本服务为核心的新的发展阶段。2009年提出了实现“全程化、全员化、专业化、信息化”的目标要求。

通过对30年的大学生就业状况的回顾，可以看到，改革开放30年，是党和政府大力发展教育事业的30年，是教育事业取得跨越式发展的30年，是教育体制改革取得实质性进展的30年。大学生就业政策和制度更加灵活、合理、公平，大学生价值观念更加开放、务实、理性，大学生就业指导工作更加全面、专业、科学。然而，就当前的大学生就业形势而言，与发达国家的大学生就业状况相比，我国大学生就业工作仍然存在突出矛盾和问题，影响着当前和今后很长一段时期大学生的顺利就业。

二 大学生就业存在的问题分析

事实上，当前高校毕业生就业工作面临的问题主要是结构性矛盾，毕业生有业不就和无业可就的状况同时存在。一方面，我国经济经历了多年的持续快速发展，为毕业生就业提供了很大空间，只要把视野投向广阔天地，只要坚持面向基层就业、坚持到祖国最需要的地方就业，毕业生的就业空间是相当巨大的。另一方面，需要理性地认识当前严峻的就业形势，深刻地分析大学生就业存在的根本问题。具体而言，主要表现为以下三对矛盾。

1. 受教育者的投入成本与产出利润之间的矛盾

这是大学生就业问题的表层矛盾，反映的是个体利益与社会利益之间的博弈。

当前，我国大学生就业状况最明显的表现是，一方面随着大学招生人数的增加，毕业生人数不断上升，需要提供的就业岗位更多；另一方面，很多地区和行业却人才难求，无人问津。在这一现象背后，体现的是受教育者的教育投入成本与教育产出利润之间的矛盾，直言之，是大学生个体利益与社会利益之间博弈的结果，最终导致大学生就业期望值高。这一矛盾在改革开放初期并不存在，始于20世纪末高等教育扩招以后。绝大多数学生及其家庭希望通过求学改变前途、通过知识改变命运，所以高校连续扩招，无疑备受欢迎。

但是在教育产业化理念下，高等教育的高额收费，使每个受教育者投入了巨大的成本，所以就业形势必将待遇好、收入高的行业和地区作为首选，并且宁愿选择留在大城市打工，也不愿意去基层和老少边穷地区就业。因此，究竟是放弃四年的高额成本，顺应国家政策去基层、去老少边穷地区顺利就业，还是选择尽快收回四年的投入成本、谋求更好的发展前途，违背国家政策处于待就业状态；究竟是满足社会利益而牺牲个人正当利益，还是追求个人正当利益而忽视社会利益，相信更多的大学生会选择后者。

2. 高等教育的人才供给与经济社会发展的人才需求之间的矛盾

这是大学生就业问题的深层矛盾，反映的是教育制度与社会发展之间的冲突。

高等教育因类型、层次、职能、定位等各不相同，必然在人才培养目标、人才培养规格、人才培养方式等方面存在差异和特色，从而为经济社会的发展提供各级各类高级专门人才，所以高等教育改革必须面向市场，准确定位、突出特色、培养适应社会需求和发展的高素质人才。

然而高等教育在改革的过程中，尤其是高等教育大众化之后，高等学校泛起了“大跃进”的泡沫。主要表现，首先是争创一流口号过多过滥。近年来，无论是教育部的“211 工程”和“985 工程”，还是中外大学校长论坛，无论是全国重点大学还是地方学院，都提出了创建一流大学的口号，建设一流（高）水平的大学，已经成为大学校长的流行语。其次是盲目升格升级，求大求全。具体表现，一是大学合并热高温不下，拓展新校区蔚然成风，加之各地纷纷圈地兴建大学城，多校区的“航母”大学比比皆是。二是在办学类型上，盲目追求学科门类专业齐全，不顾自身的实际条件，争办新学科，新专业，普通高校都要办成综合性、多科性、学术性的大学。三是在办学层次上，争上硕士点、博士点，专科学校争升本科，本科院校想变成本科、硕士、博士一体化大学。造成千校一面，特色迷失，办学目标、模式趋同的局面。最终培养的人才不能更好地满足社会和用人单位的人才需求，无法适应经济社会发展的需要，从而造成教育资源浪费、人才资源闲置的状况，突出表明高等教育制度改革仍然没有更好地与社会发展相适应。

3. 社会生产力水平与人们的需求之间的矛盾

这是大学生就业问题的根本矛盾，反映的是社会主义初级阶段的基本矛盾。

与发达国家相比，我国高等教育的毛入学率，从 1990 年的 3.4%到 2002 年的 15%仅仅用了 12 年时间就越过了国际公认的大众教育的基准线，从精英教育阶段进入大众教育阶段。而实现高等教育入学率由 5%到 15%的飞跃，美国用了 30 年，日本用了 23 年，韩国用了 14 年，巴西用了 26 年。这充分说明我国高等教育发展迅速，适应了经济与社会发展的需求，为全面建设小康社会，加速现代化建设提供了人才资源准备。大学生就业问题从根本上说，是当前我国的社会生产力水平仍然不高。一方面，为大学生及社会成员提供的就业机会和就业岗位仍然有限，无法满足劳动者的就业劳动需求；另一方面，为大学生和社会成员提供的劳动报酬和生活收入仍然较少，很难满足劳动者的生活需求。所以，就其本质而言，反映出在当前社会主义初级阶段，人民日益增长的物质文化需要同落后的社会生产之间的矛盾，并且这一矛盾对社会生活的各个方面依然具有深刻的影响。

三　解决大学生就业问题的建议

1. 建立完善利益补偿制度和社会保障制度

针对以上问题矛盾，首先需要建立并完善利益补偿制度和社会保障制度。在大学生就业政策中注重以利益补偿制度引导大学生就业行为，这是国际惯例。例如，美国帕金斯贷款项目规定，“大学生在教师短缺地区全职从事数学、科学、外语、双语教育或其他领域的教学，最高可以免除100%的贷款”。在目前我国大学生就业政策中，其实也特别注意以利益机制引导大学生就业行为，例如，2003 年国务院办公厅发出《关于做好2003 年普通高校毕业生就业工作的通知》规定，“国家支持共青团中央、教育部组织实施‘大学生志愿服务西部计划’”“从 2003 年高校毕业生中招募志愿者，到西部贫困县的乡镇一级教育、卫生、农技、扶贫等单位服务 2 年，服务期间计算工龄”“志愿者服务期满后，鼓励其扎根基层或者自主择业和流动就业；志愿报考研究生或报考党政机关和应聘国有企事业单位的，仍可享受上述艰苦地区工作 2 年或 2 年以上人员的优惠政策”。2005 年中共中央办公厅、国务院办公厅印发的《关于引导和鼓励高校毕业生面向基层就业的意见》规定，“从 2005 年起连续 5 年，每年招募 2 万名左右高校毕业生，主要安排到乡镇开展支教、支农、支医和扶贫工作，时间一般为 2 到 3 年，工作期间给予一定的生活补贴。安排到西部地区农村中小学、医疗卫生机构和农技推广服务机构工作的高校毕业生，其生活补贴由财政安排专项经费予以支付。服务期满后，进入市场自主择业，有关部门应协助在本系统内推荐就业。在今后晋升中高级职称时，同等条件下应优先评定。对报考公务员的，可以通过适当增加分数以及其他优惠政策，优先录用。对于已被录取为研究生的应届高校毕业生到基层服务的，为其保留学籍 2 年；对于到西部地区和艰苦边远地区服务 2 年以上的高校毕业生报考研究生的，应适当给予优惠并在同等条件下优先录取”。

另外，积极完善落实基层和老少边穷地区医疗、住房、失业、养老等基本社会保障制度，解决这些地区就业者的后顾之忧，也是促进大学生积极面向基层和老少边穷地区的重要举措。

2. 深化高等教育改革，创新人才培养模式

解决大学生就业问题，必须进一步深化教育制度改革，找准办学定位，明确办学方向，突出办学特色，创新人才培养模式。

大学作为社会发展到一定阶段的产物，随着社会的变迁，大学的形态和功能一直在不断发生着变化。今天，社会的发展需要成了大学发展的重要动力源泉。知识经济社会，社会发展越发呈多元化趋势。多元化社会需求是多种多样的，按专业领域，有各行各业；按人才层次，有高低之分，这必然要求高等教育多元发展，提供不同类型、不同层次的人才，才能满足社会发展的需要。高等教育的多元化势必意味着办学层次、办学类型的多元化，那将是公立大学、私立大学、研究型大学、教学型大学和职业性大学共存的局面。

一方面，各高等学校应当根据自己所处的地理位置、环境特点、历史传统、学科优势和教育资源分布等情况，做出符合社会需要的恰当定位，在此基础上制订切合实际的培养目标和教学方案，包括课程设置、教学制度、实践训练等，从这里体现出自己的办学特点和与众不同的风格。我国著名的高等教育学家潘懋元先生认为：“高校定位的主要依据应当是高等学校人才培养的职能。”

另一方面，应当突出高等学校“以服务为宗旨，以就业为导向”的发展思路，逐渐缩减本科院校的招生规模，适当控制本科院校的发展速度；同时继续扩大高职高专学校的招生人数，培养更多的高级技术应用型人才，加快人力资本向人才资本的现实转化。

3. 加快经济发展，提高社会生产力水平

一切问题的解决，都有赖于经济的高速发展和社会生产力的高度发达。与世界发达国家相比，我国高等教育由精英教育阶段跨入大众教育阶段仅仅处于起步阶段，经济实力亟待增强，社会发展水平有待提高。我们应看到由于历史上的原因，我国进入高等教育大众化阶段的时间比美国（1911—1941 年）晚了 60 年，比日本（1947—1970 年）晚了 30 年，比韩国（1966—1980 年）晚了 20 年；目前，美国高等教育毛入学率超过

80%，日本和韩国均已超过50%，都已进入高等教育普及阶段；中等发达国家高等教育毛入学率平均水平已达40%，不少发展中国家都超过20%。因此化解我国高等教育近年来跨越式发展所引起的大学生就业中出现的社会生产力水平与人们的需求之间的矛盾，必须加快我国经济发展，努力提高社会生产力水平，创造更多的就业机会和就业岗位，创造更加丰富的物质财富与精神财富。

总之，就业是民生之本，也是安国之策。加强和促进高校毕业生就业，是实施人才强国战略的重要举措，是保持经济又好又快发展的要求，是加快构建社会主义和谐社会的重要任务。解决大学生就业问题，既是一个复杂的系统工程，也是一项长期的艰巨任务。所以必须坚持科学发展观，切实解决好大学生现实利益，继续深化高等教育改革，进一步加快经济发展，统筹经济、教育、社会各方面关系，协调学生、学校、国家各方面利益，才能从根本上改变大学生就业现状，缓解大学生就业压力，解决大学生就业问题。

附录 1　高校师生思想变化的规律和轨迹研究调查问卷

问卷编号	

《高校师生思想变化的规律和轨迹研究》调查问卷

同学们：你好！

为了解大学生的思想道德及变化状况，特制作本调查问卷。请你们结合自身的客观情况参与选择相应的答案即可。由于这些问题不存在一种绝对“正确”或“错误”，不必为追求塑造“好”形象而去猜测应该怎样回答问题，如实回答每一问题是非常重要的。我们将对你的所有信息严格保密，你的答案只是用于数据分析和学术研究。

请将你认为适合的答案填写在括号中。如果你认为某些问题未包含在内或想说出来，若有必要，可填写在相应的“其他”的后面。

基本情况

注意：以下 15 题均为单选题，请选择一个最合适的答案。

（一）学校基本情况

学校名称：____________________

（1）学校性质：A. 公办学校　B. 民办学校　（　）

（2）学校最高教育层次：A. 博士研究生　B. 硕士研究生　C. 本科生　D. 高职生　（　）

（3）学校所在地：A. 首都　B. 直辖市　C. 省会城市　D. 地级市　E. 县级市　F. 计划单列市　（　）

（二）个人基本情况

（4）性别：A. 男　B. 女　（　）

（5）年龄：A. 小于18岁　B. 18—20岁　C. 21—23岁　D. 24—30岁　E. 30岁以上　（　）

（6）文化程度：A. 大专　B. 高职　C. 本科　D. 硕士研究生　E. 博士研究生　（　）

（7）政治面貌：A. 中共党员　B. 共青团员　C. 民主党派　D. 群众　（　）

（8）性格类型：A. 内向型　B. 外向型　C. 偏内向型　D. 偏外向型　E. 综合型　F. 说不清楚　（　）

（9）学生干部：A. 过去是　B. 现在是　C. 从来不是　D. 很想是　（　）

（10）独生子女：A. 是　B. 否　（　）

（11）生源地：A. 华东　B. 华南　C. 华北　D. 华中　E. 西北　F. 西南　G. 东北　H. 港台地区　I. 国外留学生　（　）

（12）年级：A. 新生　B. 毕业生　C. 介于新生与毕业生之间　（　）

（13）专业（学科）类型：A. 工学　B. 理学　C. 文学　D. 政治　E. 哲学　F. 经济学　G. 管理学　H. 教育学　I. 法学　J. 军事学　K. 医学　（　）

（14）父工作类型：A. 工人　B. 农民　C. 教师和科研人员　D. 干部　E. 企业家　F. 经济个体户　G. 下岗人员　H. 其他________（　）

（15）母工作类型：A. 工人　B. 农民　C. 教师和科研人员　D. 干部　E. 企业家　F. 经济个体户　G. 家庭主妇　H. 协助父亲做事　I. 其他________　（　）

调查问卷

注意：以下100题除有特别说明外，其余均为单选题，请选择一个最合适的答案。

1. 你对“中国特色社会主义”的态度是　（　）

A. 很有必要　B. 有些必要　C. 没太大必要　D. 根本没必要

2. 你知道“四项基本原则”的基本内容是 （ ）

A. 知道 B. 知道一些 C. 不太知道 D. 不知道

3. 你认为“和谐社会”的提出，具有 （ ）

A. 深远意义 B. 现实意义 C. 没有意义 D. 无所谓意义 E. 不知道

4. “三个代表”重要思想的精髓是解放思想、实事求是、与时俱进，你表示 （ ）

A. 完全赞同 B. 较赞同 C. 不太理解 D. 不理解

5. “科学发展观是一种可持续的发展观”，你表示 （ ）

A. 完全赞同 B. 较赞同 C. 不太理解 D. 不理解

6. 倡导以“八荣八耻”为核心的社会主义荣辱观，你认为是 （ ）

A. 很有必要 B. 有必要 C. 没有必要 D. 未考虑这个问题

7. 你平时感兴趣的事件依次排序为（选三项并排序） （ ）

A. 政治 B. 经济 C. 人文 D. 社会 E. 体育 F. 科技

8. 你知道《反分裂国家法》吗？ （ ）

A. 知道较多 B. 知道一点 C. 不太知道 D. 不关心

9. 你对“文化大革命”和“八九政治风波”的了解情况是 （ ）

A. 都知道 B. 知道一些 C. 知道“文化大革命”多些 D. 知道“八九政治风波”多些 E. 都不太清楚 F. 不想知道

10. 21 世纪头二十年中国实现“全面建设小康社会”的目标，你认为是 （ ）

A. 能够实现 B. 可能实现 C. 难以实现 D. 不可能实现 E. 无所谓 F. 说不清楚

11. 你认为当前中国的民族关系是 （ ）

A. 和谐融洽 B. 基本正常 C. 关系一般 D. 矛盾时隐时现 E. 矛盾非常突出 F. 随时可能发生突发事件

12. 对我国的经济形势，你认为是 （ ）

A. 很好 B. 较好 C. 不太好 D. 不好 E. 坏 F. 无所谓

13. 对“社会主义市场经济的建立和完善是富国强民的必由之路”，你的态度是 （ ）

A. 完全认同 B. 比较认同 C. 有些认同 D. 不认同

14. “西部大开发对国家经济建设和社会发展有促进作用”你表示 （ ）

A. 完全赞同 B. 有些赞同 C. 不太赞同 D. 不赞同 E. 无所谓

15. 你参与股市的情况是 ( )

A. 经常参与 B. 有时参与 C. 很少参与 D. 不参与 E. 不想参与

16. 毕业后，你最想把自己的事业放在 ( )

A. 珠三角 B. 长三角 C. 渤海湾 D. 中部地区 E. 西部地区 F. 国外 G. 欠发达地区 H. 家乡 I. 省会

17. 你在选择职业时，主要考虑的因素依次为（选三项并排序） ( )

A. 社会地位 B. 经济收入 C. 工作稳定 D. 情感因素 E. 工作轻松 F. 发展前途 G. 其他________

18. 你对大学生课外经商态度是 ( )

A. 应该支持 B. 应该引导 C. 可以尝试 D. 顺其自然 E. 理应禁止

19. 根据你的学校所在地的状况，你认为经济发展目前是 ( )

A. 很好 B. 较好 C. 一般 D. 不好 E. 说不清楚 F. 无所谓

20. 你对“文化是有社会主义与资本主义区别的”观点的态度是 ( )

A. 很有区别 B. 较有区别 C. 不太有区别 D. 没什么区别 E. 不该有区别 F. 难以判断

21. 平时，你看教材之外的书籍吗？ ( )

A. 经常 B. 偶尔 C. 基本不看 D. 根本不看 E. 看了也没用

22. 你对你校的校园文化氛围的评价是 ( )

A. 很满意 B. 比较满意 C. 不太满意 D. 不满意 E. 无所谓

23. 你对“文明是一种人与人之间的良性沟通交流的方式”观点的态度是 ( )

A. 完成认同 B. 比较认同 C. 不太认同 D. 不认同 E. 说不清楚

24. 你知道你所在学校的校训是 ( )

A. 知道 B. 听说过 C. 知道有，但内容不知道 D. 说不清楚

25. 你对西方文化对大学生的影响的态度是 ( )

A. 要高度警惕 B. 要严格防范 C. 愿意仿效 D. 没有影响 E. 非常崇拜 F. 说不清楚

26. 你认为对大学生的思想影响较大的媒体渠道是（选三项并排序） ( )

A. 电影 B. 电视 C. 广播 D. 网络 E. 图书 F. 杂志 G. 手机短信 H. 报纸 I. 其他________

27. 你对“天下兴亡，匹夫有责”的态度是 ( )

A. 完全同意 B. 比较同意 C. 不同意 D. 说不清楚

28. 你对“宁可我负天下人，不可天下人负我”的看法是 ( )

A. 完全认同 B. 比较认同 C. 不太认同 D. 不认同 E. 说不清楚

29. 你的宗教信仰是 ( )

A. 佛教 B. 伊斯兰教 C. 基督教 D. 天主教 E. 什么都不信 F. 没什么可信 G. 信也白信 H. 其他________

30. 你认为人生的意义是 ( )

A. 贡献社会 B. 实现自我 C. 完善自我 D. 平安一生 E. 光宗耀祖 F. 没有意义

31. 你认为一个人的价值取决于 ( )

A. 贡献大小 B. 事业成功与否 C. 名望高低 D. 地位高低 E. 权力大小 F. 挣钱多少 G. 家庭幸福与否 H. 长命百岁 I. 去过很多地方

32. 你认为目前你周围大学生的思想追求是（选三项并排序）

( )

A. 爱国 B. 创新 C. 享乐 D. 金钱 E. 利己 F. 功利 G. 就业 H. 幸福 I. 理想 J. 其他________

33. 人的本性是自私的，你的看法是 ( )

A. 完全认同 B. 比较认同 C. 不认同 D. 说不清楚

34. 一个人要讲诚信，你认为是 ( )

A. 完全有必要 B. 有时是必要的 C. 没有必要 D. 无所谓

35. 你未来想做一位 ( )

A. 学者专家 B. 企业家 C. 社会管理家 D. 普通人家 E. 没有想好

36. 你与他人交往时，常说“您好”“谢谢”“对不起”“很抱歉”等话语的情况是 ( )

A. 经常 B. 有时 C. 偶尔 D. 难于启齿，几乎没有说过 E. 不曾想过要说

37. 在上大学期间，你曾有过的捐助行为是 ( )

A. 捐钱　B. 捐物　C. 无偿献血　D. 公益活动　E. 其中两项　F. 全都有过

38. 当国家利益与个人利益发生矛盾时，你会优先考虑的是　(　　)

A. 个人利益　B. 兼顾个人利益与国家利益　C. 国家利益　D. 说不清楚

39. 你平时在以下哪些方面愿意帮助同学或他人（选三项并排序）　(　)

A. 经济上有困难　B. 学习上有困难　C. 生活上有困难　D. 心理上有困难　E. 从不帮助别人　F. 也没想过要帮助别人

40. 你所在宿舍有人看过黄色录像吗？　(　　)

A. 经常看　B. 有时看　C. 不太看　D. 从未看过　E. 很想看但未看

41. (1) 你拥有电脑吗？　(　　)

A. 有　B. 没有

(2) 若有，它的主要用途是　(　　)

A. 查资料　B. 看新闻　C. 看电视剧　D. 玩游戏　E. 专业学习　F. 不太用　G. 其他________

42. 在休息时间别人已就寝时，你有过在走廊和宿舍里大声喧哗或玩游戏声音很大的情况吗？　(　　)

A. 非常多　B. 有些多　C. 不太多　D. 想有，但没有做过　E. 根本就没有想过要做　F. 没有此类现象

43. 在公众场合遇到老弱病残及儿童需要帮助时，你会主动帮助吗？　(　　)

A. 经常　B. 有时　C. 很少　D. 从不　E. 没必要

44. 在大学所接受的教育中，你认为对自己影响较大的依次为（选三项并排序）

A. 思想教育　B. 专业教育　C. 课堂教育　D. 校园文化教育　E. 社会实践教育　F. 思想政治理论教育　G. 其他________

45. 你的学习动机是　(　　)

A. 为祖国的繁荣　B. 为报效父母养育　C. 为过去的理想　D. 为今后赚大钱　E. 为今后能当大官　F. 为光宗耀祖　G. 为一张文凭

46. 你对考硕考博的看法是　(　　)

A. 必由之路　B. 可以试一下　C. 没必要考　D. 很想考但怕考不上

E. 也不一定是好出路　F. 说不清楚

47. 你认为目前高校大部分教师的敬业精神是　(　　)

A. 很好　B. 比较好　C. 不太好　D. 不好　E. 说不清楚

48. 你父母对你管教严格的方面依次为（选三项并排序）　(　　)

A. 人品　B. 学习　C. 生活　D. 交朋友　E. 经济　F. 不愿意管　G. 根本不管　H. 其他________

49. 你认为教师对你影响最大的方面是　(　　)

A. 为人正直　B. 做事认真　C. 视野开阔　D. 思维敏捷　E. 情感细腻　F. 治学严谨　G. 爱好广泛　H. 没有正面作用，只有负面作用

50. 你认为父母对你有正面影响的方面是　(　　)

A. 为人正直　B. 做事认真　C. 生活勤俭　D. 对长辈尽孝　E. 兴趣爱好　F. 处理公与私之间的关系　G. 其他________

51. 你认为社会对大学生的思想波动影响最大的因素会是　(　　)

A. 社会思潮　B. 自然灾害　C. 就业形势　D. 政治事件　E. 传统文化　F. 突发事件　G. 经济形势

52. 自我认为在人格上自己最突出的优势是　(　　)

A. 合作　B. 自制　C. 果断　D. 独立　E. 忍耐　F. 宽容　G. 正直　H. 诚实　I. 守信

53. 你喜欢与什么性格的人交往　(　　)

A. 内向型　B. 偏内向型　C. 综合型　D. 偏外向型　E. 外向型

54. 你认为你在大学生期间的心理健康程度是（　　）

A. 阳光　B. 多云　C. 灰色　D. 灰蒙　E. 阴暗

55. 你自我感觉，相比过去，你的心理状态是　(　　)

A. 多了一些阳光　B. 多了一些亮色　C. 少了一些阳光　D. 多了一些灰色　E. 多了一些阴暗　F. 没有变化　G. 说不清楚

56. （1）你认为你现在压力是　(　　)

A. 大　B. 一般　C. 小　D. 无

（2）如大，导致你心理压力的最主要原因是　(　　)

A. 经济状况　B. 情感状况　C. 学习压力　D. 就业压力　E. 专业兴趣　F. 学习氛围　G. 人际关系　H. 成绩或成就

57. 你认为导致现在个别大学生自杀的原因是　(　　)

A. 心理环境影响　B. 心理状况影响　C. 外界的心理压力太大

D. 个人心理素质不佳　E. 其他________

58. 当你遇到烦恼时，你常常会很自然地去做的是　(　　)

A. 看书　B. 找朋友聊天　C. 逛街　D. 上网　E. 封闭自己　F. 体育运动　G. 听音乐、看电影等娱乐

59. 如果你有心理不适，会去心理咨询吗？　(　　)

A. 很愿意　B. 比较愿意　C. 不会想到　D. 不愿意　E. 很不愿意　F. 没什么用

60. 你是否在业余时间里参加过体育锻炼或文娱活动　(　　)

A. 经常参加　B. 有时参加　C. 不太参加　D. 从不参加　E. 不想参加

61. 你有过考试作弊行为吗？　(　　)

A. 经常　B. 多次　C. 有过一、两次　D. 从来没有

62. 你谈过恋爱吗？　(　　)

A. 正在谈　B. 以前谈过，现在没有　C. 多次谈过　D. 从未谈过　E. 多次成功　F. 多次不成功

63. 你上网的主要目的是　(　　)

A. 帮助学习　B. 聊天交友　C. 玩游戏　D. 炒股等投资行为　E. 寻找刺激的信息　F. 其他________

64. 你是否有过旷课现象　(　　)

A. 经常　B. 多次　C. 有过一、两次　D. 从来没有　E. 没有想过　F. 想过，但没有做过

65. 你对本科或高职学生在校外租房的态度是　(　　)

A. 坚决反对　B. 比较反对　C. 可以理解　D. 一概不反对　E. 说不清楚

66. 你经常喜欢听的讲座（论坛）类型是（选三项并排序）　(　　)

A. 科技学术性　B. 专业教育性　C. 通识教育性　D. 学术大师的　E. 国际性　F. 外语学习的　G. 娱乐性　H. 形势报告性　I. 辅导性　J. 其他________

67. 你最喜欢参加的集体活动　(　　)

A. 政治活动　B. 体育活动　C. 娱乐活动　D. 科技活动　E. 公益活动　F. 竞赛活动　G. 艺术活动　H. 读书活动　I. 义务劳动　J. 环境保护、义务植树活动　K. 社团活动

68. 你喜欢读的书的类型是　（　）

A. 课程学习类　B. 政治法律类　C. 社会经济类　D. 人文文学类　E. 娱乐类　F. 体育文艺类　G. 军事历史类　H. 宇宙天文类　I. 专业技能类

69. 考试时，你有过作弊想法吗？　（　）

A. 经常　B. 有时　C. 偶尔　D. 没有把握时想　E. 没有　F. 说不清楚

70. 你参加过学生社团吗？　（　）

A. 参加过　B. 没有参加

71. 你在大学期间参加过的竞赛活动获奖情况是　（　）

A. 课外科技研发类　B. 理工学科竞赛类　C. 体育、艺术、表演类　D. 知识或演讲类　E. 网页制作或多媒体课件制作类　F. 外国语语言类　G. 无

72. 你在什么情况下会想到与教师联系　（　）

A. 学习困难　B. 经济困难　C. 思想困惑　D. 情感挫折　E. 就业困难　F. 其他________

73. 当你遇到困难需要他人帮助时，你首先想找帮忙的人是　（　）

A. 上课教师　B. 同学　C. 父母　D. 知心朋友　E. 班主任　F. 辅导员　G. 心理咨询教师　H. 社会著名人士　I. 其他________

74. 大学教师在你的心目中的地位是　（　）

A. 值得尊敬　B. 比较尊敬　C. 不太尊敬　D. 不值得尊敬　E. 说不清楚

75. 你认为大学教师最应该具备的品质是（选三项并排序）　（　）

A. 博学　B. 口才　C. 严谨　D. 责任　E. 诚实　F. 爱心　G. 创新　H. 认真　I. 其他________

76. 你认为你和同学在课程学习中不与老师互动的原因是　（　）

A. 教师水平不高　B. 教师教学方法不当　C. 对课程没有兴趣　D. 不喜欢上课的教师　E. 自己准备不充分　F. 老师照本宣科　G. 说不清楚

77. 你感觉你周围同学有男女同居现象吗？　（　）

A. 很多　B. 较多　C. 很少　D. 极个别　E. 几乎没有

78. 你喜欢接触的同学是　（　）

A. 有知识有才华　B. 有钱有权势　C. 正直且诚实　D. 性格相似兴趣相仿　E. 讲义气的　F. 其他________

79. 若谈过恋爱，你的恋爱动机是　(　　)

A. 找生活的伴侣　B. 解除寂寞与孤独　C. 增强交往与沟通能力　D. 找事业伴侣　E. 找临时玩伴　F. 其他________

80. 当你的同学碰到困难，你愿意帮助他吗?　(　　)

A. 很愿意　B. 比较愿意　C. 不太愿意　D. 不愿意　E. 无所谓

81. 你对允许“本科生在大学读书期间结婚”的看法是　(　　)

A. 完全同意　B. 比较同意　C. 不太同意　D. 不同意　E. 无所谓　F. 说不清楚

82. 课外你与同学谈论最多的主要话题内容是　(　　)

A. 政治性　B. 经济性　C. 文化性　D. 生活性　E. 娱乐性　F. 社会性　G. 体育性

83. 你参加社团的目的是　(　　)

A. 增加见识　B. 扩大交往　C. 增多知识　D. 满足兴趣　E. 锻炼能力　F. 增加阅历　G. 说不清楚

84. 你与同学对所居住的寝室多长时间共同打扫一次卫生　(　　)

A. 经常打扫　B. 较少打扫　C. 能不扫就不扫　D. 检查才扫　E. 基本不扫

85. 大学生在就业过程中如果有违约行为，你认为学校　(　　)

A. 应该加以限制　B. 应该严肃处理　C. 应该顺其自然　D. 不该加以限制

86. 你认为你的父母对你是　(　　)

A. 很满意　B. 比较满意　C. 不太满意　D. 不满意　E. 无所谓　F. 说不清楚

87. 家庭对你的帮助主要在　(　　)

A. 经济上　B. 生活上　C. 情感上　D. 心理上　E. 人际交往上　F. 就业上　G. 学习上　H. 思想上

88. 你与父母保持联系的常用方式是　(　　)

A. 电话　B. 网络　C. 书信　D. 经常回家　E. 短信　F. 一般不联系

89. 你的学费主要来源于　(　　)

A. 家庭提供　B. 亲友赞助　C. 自己打工　D. 助学贷款　E. 其他途径________

90. 你对你所读学校提供的图书资料及网络资源的满意度是　(　　)

A. 很满意　B. 较满意　C. 有些满意　D. 有些不满意　E. 很不满意

91. 你认为你所在的学校主要关心学生哪方面状况　(　　)

A. 品德　B. 能力　C. 思维　D. 分数　E. 不出事　K. 其他________

92. 你觉得学校对考试作弊学生的处罚力度是　(　　)

A. 太严厉　B. 不太严厉　C. 还比较宽松　D. 很宽松　E. 说不清楚

93. 你对你所在学校的规章制度是　(　　)

A. 很了解　B. 比较了解　C. 不太了解　D. 不了解　E. 不想了解　F. 了解过，但现在忘了　G. 说不清楚

94. 你对“和谐校园”的内涵　(　　)

A. 很了解　B. 有些了解　C. 不太了解　D. 不了解　E. 不想了解　F. 了解了也没用　G. 说不清楚

95. 你认为社会对现代大学生的评价是　(　　)

A. 天之骄子，社会的栋梁

B. 有学历但低能力，有文凭但低水平

C. 整体素质比20世纪80、90年代的大学生有所下降，但还是属于社会上的高层次群体

D. 现代大学生整体素质是好的，属于社会的高层次群体，只是市场经济社会对大学生的要求更现实了

E. 有些失望　F. 很失望　G. 说不清楚

96. 你对现在社会风气的看法是　(　　)

A. 很好　B. 比较好　C. 不太好　D. 不好　E. 很坏　F. 说不清楚

97. 你对现在暑期大学生社会实践活动安排的满意度是　(　　)

A. 很满意　B. 比较满意　C. 不太满意　D. 不满意　E. 无所谓　F. 说不清楚

98. 你选择专业主要考虑（可选两项并排序）　(　　)

A. 国家需要　B. 个人兴趣　C. 就业形势　D. 经济因素　E. 家庭原因　F. 教师建议　G. 无可奈何　H. 随便随意　I. 其他________

99. 你认为你所选专业的社会发展前景是　（　）

A. 发展远景很好　B. 近期有一定的发展　C. 发展的远景不太好　D. 发展远景不好　E. 发展远景萎缩　F. 不了解

100. （1）你做过家教或社会兼职工作的情况是　（　）

A. 多次　B. 若干次　C. 一次　D. 很想做但没有机会　E. 不想做

（2）若有过，你对家教或社会兼职工作的意义理解是　（　）

A. 挣钱助学　B. 了解社会　C. 锻炼能力　D. 帮助他人　E. 无所谓　F. 说不清楚

最后，再一次非常真诚地感谢你的参与！

附录2 陕西师范大学课题组调研报告

高校学生思想变化轨迹和规律研究调研报告

陕西师范大学课题组

按照教育部重大哲学社会科学委托课题《高校师生思想变化轨迹和规律研究》的实施计划，为了更准确地掌握高校学生思想状况，本课题组于2007年12月到2008年3月以《高校师生思想变化轨迹和规律研究》调查问卷的学生问卷为主要内容，面向北京大学、清华大学、北京师范大学、中国农业大学、南开大学、山西大学、吉林大学、南京大学、南京理工大学、山东科技大学、复旦大学、上海财经大学、武汉大学、华中科技大学、湖南大学、郑州大学、中山大学、西南交通大学18所外省部属和省属高校以及陕西省内部属的陕西师范大学、西北工业大学、省属的西北大学、西北政法大学和民办的西安翻译学院、西安外事学院等各类共24所高校的学生进行了调查。共发放问卷4600份，回收4126份，回收率为89.7%，其中有效问卷4060份，问卷有效率为98.4%。

为了全面客观地反映高校学生思想状况，确保本次调查的信度和效度，我们按照配额调查的科学要求，对被测学生样本进行了合理分配，具体分配比例如表1、表2所示。

表1 回收问卷分配比例表

类别		问卷数量（份）	分布	占问卷总数百分比（%）	备注
学校类别	公办学校	4040	—	87.8	
	民办学校	560	—	12.2	

续表

类别		问卷数量（份）	分布	占问卷总数百分比（%）	备注
学生类别	本科生	4232	四年级 552 份	12	
			二、三年级 1840 份	40	
			一年级 1840 份	40	
	研究生	368	博士生 69 份	1.5	
			硕士生 299 份	6.5	
专业类别	文史哲教育类专业	1840	—	40	
	理工农林类专业	2760	—	60	

表 2　有效问卷分配比例表

类别		问卷数量（份）	分布	占问卷总数百分比（%）	备注
学校类别	公办学校	3555	—	86.2	
	民办学校	505	—	12.2	
学生类别	本科生	3764	四年级 421 份	10.2	
			二、三年级 1721 份	41.7	
			一年级 1622 份	39.3	
	研究生	297	博士生 45 份	1.1	
			硕士生 252 份	6.1	
专业类别	文史哲教育类专业	1803	—	43.7	
	理工农林类专业	2257	—	54.7	

有效问卷的调查对象中，中共党员 966 人，占有效样本总数的 23.8%；共青团员 2931 人，占有效样本总数的 72.2%；群众 118 人，占有效样本总数的 2.9%；民主党派 45 人，占有效样本总数的 1.1%。

32.4%的学生是学生干部，47.1%的学生曾担任学生干部，6.3%的学生有担任学生干部的愿望。

调查对象生源地在华东、华南、华北、华中、西北（41.9%）、西南、东北地区均有分布。有近一半的学生来自农民家庭，父亲是农民的学生有 45.3%，母亲是农民的学生有 50.7%。独生子女比例仅占 22.3%。

调查结合了小范围的会议座谈和个别访谈，根据调查问卷统计以及访谈、座谈的结果，我们形成以下调查报告。

一　高校学生基本思想状况及主要特点

（一）学生基本思想状况

当前高校学生的思想状况继续呈现出积极、健康、向上的良好态势。他们坚持正确的政治立场，拥护党和政府的大政方针，关心国内外大事和改革进程。绝大多数同学对党在我国特色社会主义事业中的核心地位以及党的执政能力坚信不疑，对国家、民族未来的发展和进步充满信心。他们热心关注国家、民族、社会和学校发展建设，并对国家在各方面采取的改革措施和取得的突出进展持肯定态度。生活、学习态度积极乐观，有明确的学习目的和团结协作的愿望。与此同时，广大学生面对社会现实又感到一定程度的困惑和迷茫，对自身面临的就业压力非常关注，对教育、医疗等热点问题关注度也较高。

（二）学生思想状况的主要特点

1. 绝大部分高校学生与党中央保持一致，对坚持在中国共产党的领导下，坚定不移地走中国特色社会主义道路，坚持马克思主义等基本政治态度、政治观点，保持着比较清醒的认识。

广大学生坚信“中国共产党是中国特色社会主义事业的领导核心”，高度信任以胡锦涛同志为总书记的党中央，对国家的未来发展充满信心。调查显示，96.4%的学生拥护建设“中国特色社会主义”，对“四项基本原则”“和谐社会”“三个代表”“科学发展观”“八荣八耻”等党和国家大政方针认同度非常高。

大学生对重大国内、国际形势问题关注度较高，特别是关系经济社会发展、国家安全等重大问题、重大活动以及党和政府的重大政策，表现出对国家发展、社会进步具有较强的认同感和社会责任感。学生们高度关注2007年底“我国南方6省区遭受雪灾”“2007年5月份以来肉蛋禽类等食品价格大幅上涨”“2008年北京举办奥运会”以及“党的十七大的召开”。81.2%的学生坚信21世纪头二十年中国能够实现“全面建设小康社会”，72%的学生认为当前民族关系和谐正常，有19.2%的学生对民族关系及其中可能发生的突发事件表示忧虑。

但是也要看到，大学生对重大政治问题的疑惑依然存在，部分学生对于要坚持社会主义的发展道路、坚持马克思主义在我国意识形态领域的指导地位等大是大非问题认识模糊，有相当数量的学生对这些问题表示

“说不清”或“不关心”。仅有50%左右的学生知道“文化大革命”“八九政治风波”等历史政治事件，27.8%的学生不知道《反分裂国家法》。这些必须引起我们思想政治工作者足够的重视，认真分析原因，积极寻找解决的办法与措施。

2. 高校学生对社会主义市场经济发展充满信心，具备理性而务实的经济观和财富观。

74.9%的学生认为我国的经济形势良好，96%的学生认同“社会主义市场经济的建立和完善是富国强民的必由之路”，94%的学生赞同“西部大开发对国家经济建设和社会发展具有促进作用”。

调查显示，大学生中74.1%的学生学费主要来源于家庭提供或亲友赞助，11.7%的学生学费主要来源于助学贷款，2.3%的学生学费主要来源于自己打工。大多数学生具有较强节约意识和艰苦朴素精神，对校园中存在的各种盲目攀比、挥霍浪费现象持反对态度。

大学生们参与市场经济的程度较以往特别是20世纪有明显提高，20.8%的学生参与过股市，41.8%的学生认为自己“可以尝试”课外经商，48.9 %的学生认为对“大学生课外经商”应该支持、引导。

市场经济的趋利性使得大学生们的务实理念大为增强。59.6%的学生认为目前周围大学生的思想追求是就业，39.1%的学生认为目前周围大学生的思想追求是金钱，对薪资的期望成为左右大学毕业生择业的首要因素，80.3%的学生表示在选择职业时首先会考虑“经济收入”因素，69.2%的学生表示“发展前途”也是影响其选择职业的重要因素，还有49.9%的学生倾向于选择更加“稳定”的职业，46.1%的学生想到“珠三角”“长三角”“渤海湾”等东部沿海发达地区就业，8.1%的学生表示想到“国外”发展事业。这些都表明了当代大学生在职业生涯规划中强烈的务实观念和已不满足在工作岗位上“安贫乐道”的现实。

3. 大学生有独立的文化判断能力，文化价值观呈现多元化特征。

大学生对中华民族传统文化有很强的认同感，同时对西方外来文化采取主动接受的姿态，参与校园文化活动的积极性较高。

调查显示，62.3%的学生对待传统文化的态度是“相信自己的判断标准”，16.4%的学生选择“相信权威人士的说法”，13%的学生选择“相信大多数人的看法”，6.4%的学生选择“相信书本上的说法”，91.9%的学生认同“文明是一种人与人之间的良性沟通交流的方式”，49.9%的学生认为中华民族的传统道德“能适应”现代社会发展，42.1%的学生认为传统道德“必须通过改造才能适应”现代社会发展。

大学生们对中华民族传统文化中更能给人带来轻松娱乐享受的特色项目兴趣浓厚，例如饮食、音乐、民间技艺、传统节日等，很多学生认为传统文化需要加大宣传力度，以得到更多年轻人的认同。

对于中华民族传统文化与西方文化之间的关系问题，大多数学生态度鲜明，他们热爱并愿意将传统文化发扬光大，93.8%的学生对五四运动的重大意义有清醒的认识。同时他们也愿意接受西方文化，但对西方文化中腐蚀中国青少年的部分，30.2%的学生主张要“严格防范”，23.5%的学生主张要“高度警惕”。

大学生们追求实效，渴望尽快将所学知识应用到实践中去，他们注重拓展综合素质，提高综合能力，展示个人风采，因此，参与校园文化和社会实践的积极性较高。65.8%的学生参加过学生社团，其中，38.6%的学生表示这样做的目的是为了“锻炼能力”，33.7%的学生是为了“增加见识”“扩大交往”，还有其他近27%的学生是为了“满足兴趣”“增加阅历”“增多知识”。60.7%的学生在大学期间参加过竞赛活动并获奖，其中“体育、艺术、表演类”竞赛获奖比例最高，达到22.5%；在“知识或演讲类”竞赛中获奖的学生比例为12.6%；在“理工学科竞赛类”获奖的学生比例为11.2%；在“外国语语言类”竞赛中获奖的学生比例为5.9%；8.5%的学生在“课外科技研发类”和“网页制作或多媒体课件制作类”竞赛中获奖。44.9%的学生做过一次以上家教或社会兼职工作，37.4%的学生表示很想做家教或社会兼职但没有机会。做过家教或兼职工作的学生中有32.4%认为这可以锻炼能力，有18.8%认为可以了解社会，有14.5%认为可以挣钱助学，有0.8%认为可以帮助他人。

67.8%的学生在不同程度上知道“和谐校园”的内涵，70.4%的学生对所在学校的校园文化氛围表示“满意”，在大学生经常喜欢听的讲座（论坛）类型中，“专业教育性”“学术大师的”和“科学技术性”三种讲座（论坛）排名前列；92.7%的学生阅读教材之外的书籍，而这些书籍涉及人类文化科技的各个方面，其中，人文文学类书籍最受欢迎，有41.1%的学生表示喜欢阅读此类书籍，11.5%的学生喜欢阅读社会经济类书籍，10.7%的学生喜欢阅读课程学习类书籍，10.4%的学生喜欢阅读娱乐类书籍，喜欢阅读军事历史类、政治法律类、专业技能类、体育文艺类和宇宙天文类书籍的学生约占 26%。

4. 当代大学生的道德发展主流是积极向上的，但大学生在个别道德问题上存在困惑。

我们的问卷调查统计结果表明，大学生对奉献精神、社会责任感、国家和集体利益等认同度较高，绝大部分学生都能知荣辱，明是非，59.6%的学生认为目前周围大学生的思想追求是理想，94.9%的学生同意“天下兴亡，匹夫有责”，77.4%的学生不认同“宁可我负天下人，不可天下人负我”，77.7%的学生表示，如果自己身处国家多次遭到外敌入侵的中国近代，只要“国家需要，可以献出自己的一切”，96.1%的学生认为讲诚信“有必要”，与他人交往时，96%的学生使用“您好”“谢谢”“对不起”“很抱歉”等话语。上大学期间，33.3%的学生有“捐钱”这一捐助行为，11.5%的学生曾参与“公益活动”，7.7%的学生曾“捐物”，4%的学生曾“无偿献血”，6.8%的学生以上四种捐助行为都有过，35.9%的学生曾有以上两种捐助行为。90.1%的学生“很愿意”在同学或他人碰到生活、学习、心理、经济上的困难时提供帮助，92.9%的学生表示在公众场合，自己会主动为需要帮助的老弱病残及儿童提供帮助。这些都表明，当代大学生的思想道德水准符合“爱国守法、明礼诚信、团结友善、勤俭自强、敬业奉献”的要求，大学生的道德发展主流是积极向上的。

大学生对价值问题的思考趋向于把个人发展与社会需要结合起来，在实现社会价值的同时实现个人价值。当国家利益与个人利益发生矛盾时，33.6%的学生选择优先考虑“国家利益”，54%的学生选择“兼顾个人利益与国家利益”。43.2%的学生认为人的价值取决于“贡献大小”，27.5%的学生认为人的价值取决于“事业成功与否”，20.8%的学生认为人的价值取决于“家庭幸福与否”。69.5%的学生认为人生的意义是“实现自我”“完善自我”，19.5%的学生认为人生的意义是“贡献社会”。

部分大学生对个人道德修养提升方面的有关不良现象态度模棱两可，辨别力差。在处理社会与他人关系时，倾向于以有利于自我为尺度，强调个人价值优先实现，功利倾向明显，对国家和他人漠不关心。只有 1.2%的学生认为自己在人格上最突出的优势是“守信”，2%的学生认为“没有必要”讲诚信，2.2%的学生“不同意”“天下兴亡，匹夫有责”，18.9%的学生对“宁可我负天下人，不可天下人负我”表示“完全认同”或“比较认同”，73.1%的学生认同“人的本性是自私的”；16.9%的学生表示宿舍有人“经常看”黄色录像，37.1%的学生曾在休息时间别人已就寝时在走廊和宿舍大声喧哗或大声玩游戏，其中13.6%的学生表示自己此类干扰别人休息的行为“多”或“非常多”；在公众场合遇到老弱病残及儿童需要帮助时，0.7%的学生“从不”主动提供帮助，0.6%的学生认为“没必要”主动提供帮助；在同学碰到困难时，2.6%的学生“不愿意”提供帮助，2.2%的学生认为“无所谓”；2.6%的学生认为传统道德“将会被社会所淘汰”，4.4%的学生表示对这个问题“说不清”；当国家利益与个人利益发生矛盾时，4.4%的学生选择优先考虑“个人利益”，7.3%的学生表示对此“说不清楚”；如果国家多次遭到外敌入侵，8.3%的学生表示“别人怎样做，我也怎样做”，1.5%的学生认为国家多次遭受外敌入侵“与我无关”，2.9%的学生表示“无论怎样做，自己不能吃亏”，还有9.1%的学生表示对这个问题“说不清”；5.8%的学生表示喜欢接触“有钱有权势”的同学，3.4%的学生认为人的价值取决于“名望高低”，1.5%的学生认为人的价值取决于“地位高低”，1%的学生认为人的价值取决于“挣钱多少”，0.4%的学生认为人的价值取决于“权力大小”，0.9%的学生认为人生“没有意义”。

关于宗教信仰，46.8%的学生表示自己“什么都不信”，13.5%的学生表示“没什么可信”，1.2%的学生表示“信也白信”，13.4%的学生声称自己信仰佛教，4%的学生信仰伊斯兰教，5.5%的学生信仰基督教，2.6%的学生信仰天主教，12.8%的学生在这个问题上选择“其他”。据我们与部分学生座谈所了解的情况来看，高校校园内宗教传播比较严重，对高校学生思想变化产生不可低估的负面影响，应当引起我们的高度关注。

5. 多数大学生的心理是健康的，但是相当一部分大学生的心理健康状况不容乐观。

多数大学生的心理状态健康，人格完整统一，有较高的智力水平，有较强的求知欲，重视大学期间对知识的摄取，有较高的学习兴趣和效率；有稳定的情绪，有年轻人的朝气和活力，对未来有憧憬，对生活有满足感；有较健全的意志，有自制力，有克服困难的勇气和信心；敢于竞争，努力向上，积极进取。

大多数大学生有较完善的自我意识，能较好地认识自己，悦纳自己。18.9%的学生认为自己在人格上最突出的优势是“独立”，16.2%的学生认为是“宽容”，12.7%的学生认为是“合作”，12.6%的学生认为是

“忍耐”，12. 3%的学生认为是“正直”，9. 3%的学生认为是“诚实”，9. 3%的学生认为是“自制”，7%的学生认为是“果断”。44. 4%的学生认为自己在大学期间的心理健康程度是“阳光”，42. 5%的学生认为自己的心理健康程度是“多云”。57. 1%的学生认为，相比过去，自己的心理状态“多了一些阳光”“亮色”，5. 7%的学生认为自己的心理状态“没有变化”。

大部分学生有良好的人际关系，人际交往行为较多，有自己的知心朋友。45. 8%的学生表示喜欢与“综合型”性格的人交往，41%的学生喜欢与“偏外向型”和“外向型”性格的人交往，36. 8%的学生表示自己喜欢接触“正直且诚实”的同学，29. 8%的学生喜欢接触“性格相似兴趣相仿”的同学，21. 5%的学生喜欢接触“有知识有才华”的同学，2. 9%的学生表示喜欢接触“讲义气”的同学。

大部分学生对社会现状有较客观的认识，能够进行自我调节，适应良好。遇到烦恼时，31. 8%的学生会很自然地去“找朋友聊天”，31. 6%的学生会去“上网”、进行“听音乐、看电影等娱乐”活动，10. 9%的学生选择“逛街”，9. 7%的学生选择“看书”，7. 7%的学生选择“体育运动”；遇到困难需要他人帮助时，54. 1%的学生选择首先找“知心朋友”帮忙，20. 9%的学生选择首先找“父母”帮忙，16. 5%的学生选择找“同学”帮忙。76%的学生在业余时间“参加”体育锻炼或文娱活动，40. 1%的学生“愿意”在心理不适时去心理咨询。这些说明大学生具备一定的心理健康知识和自我心理调适能力，也掌握了较有效的方法。

但是大学生中心理健康状况不良者比例也并不低，有相当一部分大学生存在心理困惑、心理疾患和心理障碍。12%的学生认为自己的心理健康程度是“灰色”或“灰蒙”，0. 8%的学生认为自己的心理健康程度是“阴暗”。28. 9%的学生认为自己的心理状态相比过去“少了一些阳光”“多了一些灰色”，3. 3 %的学生认为自己的心理状态“多了一些阴暗”。

42. 5%的学生认为自己现在压力大，46. 1%的学生认为自己的压力一般，压力源排名第一的是学习压力，其次是就业压力，再依次是经济状况、情感状况、成绩或成就以及专业兴趣；只有 7. 7%的学生认为自己压力小，2. 6%的学生认为自己没有压力。41. 7%的学生认为个别大学生自杀的原因是“个人心理素质不佳”，22%的学生认为是“外界的心理压力太大”，32. 1%的学生认为是由于受“心理环境”“心理状况”的影响。

部分学生对他人缺乏信任感，不主动寻找调适心理不适的方法，或者找不到有效的调适方法。遇到烦恼时，有7.9%的学生选择“封闭自己”，34.2%的学生表示自己“不会想到”去心理咨询，18.6%的学生表示“不愿意”去心理咨询，5.2%的学生认为在心理不适时去心理咨询“没什么用”。17.5%的学生在业余时间“不太参加”体育锻炼或文娱活动，4.7%的学生“从不参加”，1%的学生表示“不想参加”。

6. 大学生对国家的教育事业发展、对学校的教育教学工作关注度较高。

（1）大学生对高校各项教育教学工作的评价总体上是肯定的。88%的学生表示大学教师在自己心目中是“值得尊敬”或“比较值得尊敬”的，62.6%的学生认为目前高校大部分教师的敬业精神“很好”或“较好”，46.3%的学生对就读学校提供的图书资料及网络资源“很满意”，44.1%的学生对现在暑期大学生社会实践活动安排持满意态度，88.1%的学生“知道”自己所在学校的校训，70.4%的学生对所在学校的校园文化氛围表示“满意”。

（2）大学生对高等教育改革，特别是对其中有利于自身发展、提升自己社会竞争力的改革高度认同，对高等教育体系中与自身密切相关的方面关注较多。学生们认为对自己影响最大的大学教育是专业教育、校园文化教育、社会实践教育和思想教育，32.6%的学生认为课堂教育对自己影响较大，12%的学生认为思想政治理论教育对自己影响较大。56.4%的学生表示自己对学校的规章制度“很了解”。

36.7%的学生认为学校主要关心的是学生的“能力”，22%的学生认为学校主要关心学生的“品德”，19.2%的学生认为学校主要关心学生的“不出事”，15%的学生认为学校主要关心学生的“分数”，3.8%的学生认为学校主要关心学生的“思维”。

（3）当代大学生传统的“感戴师恩”的情感有所保留和减退，表现更加理性化、平等化，由“无条件”地尊敬变为“有原则”地尊敬，有学生将此概括为“吾爱吾师，吾更爱真理”。

大学生普遍认为大学教师最应具备的品质是“博学”，其次是“责任”，再依次是“爱心”“严谨”“口才”“认真”“创新”“诚实”。视野开阔、为人正直、治学严谨、做事认真是学生们认为教师对他们影响最大的方面。他们之所以尊重某位老师，不仅仅是他渊博的知识，更重要的是他的人格和道德的吸引力。

学生们在一定程度上愿意与教师沟通交流，49%的学生表示自己在学习困难时会想到与教师联系，16.7%的学生表示自己在思想困惑时会想到与教师联系，12.5%的学生表示自己在就业困难时会想到与教师联系，8.7%的学生表示自己在经济困难和情感挫折时会想到与教师联系。

关于在课程学习中不与老师互动的原因，17.8%的学生认为是由于教师教学方法不当，13.4%的学生认为是由于老师照本宣科，7.5%的学生认为是教师水平不高，5.2%的学生表示是由于自己不喜欢上课的老师。

（4）绝大多数学生对自身所在群体的认识比较准确清醒。37.2%的学生认为社会对现代大学生的评价是“有学历但低能力，有文凭但低水平”；25.2%的学生认为“现代大学生整体素质是好的，属于社会的高层次群体，只是市场经济社会对大学生的要求更现实了”；20.2%的学生认为现代大学生“整体素质比20世纪80、90年代的大学生有所下降，但还是属于社会上的高层次群体”。

大学生们渴望提升学历，更愿意提升能力，对提升学历与提升能力之间的关系、对考研考博这类群体行为认识得越来越清楚，在处理两者关系的过程中表现出很强的务实性。11.4%的学生认为考硕考博是必由之路，11.7%的学生表示自己很想考但怕考不上，48%的学生认为“可以试一下”考硕考博，17.2%的学生认为考硕考博也不一定是好出路，7.8%的学生认为没必要考，3.6%的学生对这个问题表示“说不清楚”。

（5）大学生要求合理的自我利益，其接受教育、开展学习的行为选择和判断能力越来越具有务实头脑。从问卷统计结果来看，44.9%的学生认为目前周围大学生的思想追求是“幸福”，学生选择大学专业时主要考虑的因素是个人兴趣和就业形势，经济因素和家庭原因也是学生选择专业时的考虑因素，10.4%的学生表示选择专业时会考虑国家需要，6.8%的学生表示之所以选择目前专业完全是因为无可奈何，4.4%的学生表示自己专业的选择完全是随便随意的。

47.4%的学生认为自己所学专业的社会发展远景很好，24.3%的学生认为自己的专业近期会有一定的发展，19.7%的学生认为自己专业的社会发展远景不太好或不好，3%的学生认为自己专业的社会发展远景萎缩了，4.9%的学生表示对自己所学专业的社会发展远景不了解。

40.1%的学生表示自己的学习动机是“为报效父母养育”之恩，

33.4%的学生表示学习动机是“为过去的理想”，12.6%的学生表示是“为祖国的繁荣”，9.8%的学生表示是“为今后赚大钱”，2.4%的学生表示是“为一张文凭”，0.8%的学生表示是“为光宗耀祖”，0.3%的学生表示是“为今后能当大官”。

（6）绝大多数大学生受到家庭教育的较大影响。从问卷统计结果来看，大学生父母一般较关注其子女的学习、人品和生活，着重在这三个方面对子女管教严格，30.3%的学生认为父母在自己交朋友方面管教也较为严格，17.5%的学生认为父母对自己经济方面管教较严格，只有3.6%的学生认为父母基本不管自己。42.8%的学生认为家庭对自己的帮助主要是在经济上，24.5%的学生认为是在生活上，14%的学生认为是在情感上，10.6%的学生认为是在心理上。

81.9%的学生认为父母在为人正直、生活勤俭、对长辈尽孝方面对自己有较大的正面影响，13.2%的学生认为父母在做事认真、兴趣爱好以及处理公私关系等方面对自己有较大的正面影响。

67.9%的学生认为父母对自己很满意，11.9%的学生认为父母对自己不满意，6.1%的学生认为父母对自己无所谓，12.8%的学生对此表示“说不清楚”。

81.5%的学生与父母保持联系的常用方式是电话，6.3%的学生的方式是经常回家，6.1%的学生通过网络与父母保持联系，3.1%的学生通过书信与父母保持联系，1.3%的学生通过短信与父母保持联系，有0.3%的学生表示自己与父母一般不联系。

7. 大学生的行为具有鲜明的社会性，很多行为受到社会大环境的影响。

（1）当代大学生的婚恋观越来越趋于开放。40%的学生正在谈恋爱，21.5%的学生表示以前谈过恋爱，3.8%的学生表示自己曾多次谈过恋爱，1.7%的学生表示自己在这个问题上多次不成功。表示自己从未谈过恋爱的学生仅占31.7%，比例较之20年前低得多。

谈过恋爱的学生中，有39.7%的学生表示自己的恋爱动机是找生活的伴侣，17.1%的学生表示是为了解除寂寞与孤独，11.4%的学生表示是为了找事业伴侣，11%的学生表示是为了增强交往与沟通能力，还有1.5%的学生表示是为了找临时玩伴。

20.4%的学生完全同意允许本科生在大学读书期间结婚，41%的学生对此不反对，表示无所谓。46.4%的学生感觉到自己周围同学中男女同居现象很多，或较多。

很多学生对同居、租房现象持宽容态度，55.9%的学生对本科、高职学生校外租房表示可以理解，6.3%的学生表示一概不反对。

（2）调查及座谈都显示，大学生关注和运用网络的程度较高。网络已经成为学生日常获取社会信息的最主要渠道，远远超过报纸、杂志、广播、电视的利用率，85.6%的学生认为网络是对大学生的思想影响最大的媒体渠道，33.1%的学生拥有个人电脑。38.8%的学生上网的目的是学习，19.5%的学生是为了聊天交友，11.9%的学生是为了玩游戏，3.2%的学生是进行炒股等投资行为，2.7%的学生是为了寻找刺激的信息，22.8%的学生表示上网目的不是以上几种，而是其他。

（3）大学生学习纪律存在过于松散的现象。70.5%的学生承认自己曾旷过课，7.2%的学生曾经想过旷课但没有做过，旷过课的学生中有29.1%承认自己经常或多次旷课。47.8%的学生因为自己准备不充分或者对课程没有兴趣而在课程学习中不能与老师互动。

（4）大学生诚信缺失现象不容乐观。

首先是考试诚信缺失，53.1%的学生承认自己有过考试作弊行为，其中14.9%的学生承认自己经常或多次考试作弊。30.6%的学生认为学校对考试作弊学生的处罚力度“太严厉”，11%的学生表示对这个问题“说不清楚”。

其次是就业诚信缺失。自荐材料的虚假包装、伪造以及随意签约、毁约现象较多。虽然57.8%的学生认为学校对考试作弊学生的处罚力度“不太严厉”“比较宽松”或“很宽松”，48%的学生认为学校应该对就业过程中有违约行为的大学生加以限制，27.5%的学生认为对此学校应该严肃处理，但是一部分学生在“诚实守信”与“公平竞争”问题上存在道德认知与道德行为的脱节和背离。尽管在道德认知上，许多学生否定考试和就业作弊；但在行动上，他们又是考试和就业作弊的参与者。

（5）大学生的公共文明意识不够，校园公共基础文明行为还不规范。送餐盘、文明恋爱、宿舍卫生等都是衡量大学生公共文明意识的指标，此次调查统计结果显示，只有53.4%的学生表示经常与同学共同打扫寝室，20.1%的学生表示较少与同学共同打扫寝室，14.1%的学生表示寝室能不打扫就不打扫，11.2%的学生表示只有在要接受检查时才打扫寝室卫生，

0.7%的学生表示自己寝室卫生基本不打扫。

二 存在问题的原因分析

通过以上分析，我们可以看到，当前大学生的思想政治状况在总体上呈现积极向上、昂扬进取的精神风貌，同时也不同程度地存在着一些矛盾和问题。一部分大学生过分强调个人成才与发展的倾向，忽略社会大环境的影响，集体主义意识、社会责任意识比较淡薄，缺乏团体协作精神。部分学生对集体主义活动兴趣不大，对公益性事务的参与热情不高。大学生奉献精神的淡化，我们认为这是市场经济的趋利性特征在学生思想中的反映。部分学生心理健康问题比较突出，过分关注就业，并有焦虑情绪，心理素质有欠缺，心理承受力不适应的问题比较明显。

1. 全球化趋势下思想文化和社会价值观念的多元化，引起了大学生思想观念、价值取向方面的困惑与偏离。

在全球化趋势增强和社会主义市场经济条件下，中国的社会变革和文化交融、冲突加剧，中国与世界的融合与冲突，国内不同利益群体之间的矛盾，与经济转轨、社会转型相重叠，社会结构处于急剧的分化与重组之中，不同社会阶层的人群，从社会变革中得到的利益是不同的，尤其是高收入群体和贫困人口的扩大，对学生的思想政治观念产生了重要的影响。洋货、洋节改变着大学生的消费观念，情人节、圣诞节等所负载的价值密码和生活情趣在满足大学生们多样性需求的同时，也影响大学生的文化观念。随着 WTO 带来的新规则文化，如透明度原则、国民待遇原则、公平竞争原则等，大学生理所当然地要去适应，并成为其基本观念。思想文化的交流、意识形态的渗透渠道越来越多，外国媒体借助多种渠道进入我国互联网产业及传媒领域，西方文化“西化”“同化”着学生，大学生的思想政治观念和价值取向呈多元化是必然的。

2. 大学生政治思想和价值观念受到虚拟社会和网络信息的冲击和影响。

网络信息和虚拟社会对青年学生世界观、人生观和价值观的冲击是深刻的，也给高等院校的思想政治工作带来了新的挑战。第一，信息网络的国际化使不良信息在网络中大肆传播，严重污染了大学生的身心健康。第二，网络的虚拟化特征导致青年人现实生活人际交往的障碍。第三，思想政治工作者失去了信息优势，网络技术和网络信息的反哺现象出现。

3. 新形势下思想政治教育工作需要探寻更有效的工作方法。

当前，我国高等教育已由精英教育转变成大众化教育，受教育都要承担部分教育费用，学生的利益主体地位和意识进一步强化。他们已习惯于根据他们合理的经常性利益来评价学校和思想政治工作，而不是根据我们的承诺来评价。对校园生存、学习、交往、精神和发展需要的满足程度，已经成为能否赢得学生信赖和支持的重要因素。这种变化，与过去相比减小了思想政治工作的弹性限度。

思想政治教育工作者的能力与水平尚未适应新形势下大学生思想政治教育工作的要求，教师、辅导员队伍理论、知识以及实践水平有待提高。

4. 大学生作为青年人具有特殊的素质和身心特点。

从中国的社会和文化特点来看，大学生是一个承载社会、家庭高期望值的特殊群体，自我定位比较高，成才欲望非常强，特殊的成长经历形成了大学生群体特殊的精神、情感、心理等问题。

新形势下部分学生的世界观、价值观、人生观出现了某些错位，道德观念也发生了很大的转变，是非观念淡漠，对社会风气中的不良倾向、精神文明状况滑坡等问题漠然视之，缺乏社会责任感、正义感。关注自我生存、自我发展、自我利益的倾向更趋强烈，重实惠的世俗化倾向比较严重。同时，大学生作为青年人，普遍存在意志不够坚强、独立能力较差、心理承受能力脆弱等问题，在面对各种现实问题时，急需得到各方面的指导、帮助和咨询。

三　几点建议

1. 与时俱进，不断创新，增强思想政治理论课教学的针对性和实效性。

要继续坚持正面引导，发挥课堂教学的实效性和主渠道作用，用邓小平理论、“三个代表”重要思想、社会主义核心价值体系和科学发展观武装学生头脑，解决学生思想上的深层次问题。要加强对学生的形势政策教育、爱国主义教育，充分利用改革开放以来我国社会主义现代化建设所取得的伟大成就和涌现出的典型人物，教育引导学生正确认识国情和形势，努力培养学生爱党、爱国、爱校的自觉意识。要切实端正大学生的入党动机和对党的认识，做好青年大学生的入党教育和党员发展工作，增强学生对国家、对人民的责任感和民族自信心，学会科学分析各种问题，形成良好的价值取向和道德品质，使其政治观、价值观和道德观的发展与社会发展和谐同步。

2. 进一步深化教育教学改革，加大教育创新力度，结合建设高水平大学的要求，培养高水平创新型人才。

全面贯彻执行党的教育方针，进一步深化教学改革，大力推进教育创新。围绕提高学生的实践能力和创新精神，积极探索适合大学生特点的教育形式，开展丰富多彩的教育活动，积极推进学科专业结构和人才培养模式的调整与创新，以及课程设置、教材和教学方式方法的改进。切实提高教学质量和水平，将创新精神贯通于教学、科研和管理的各个环节，融入高校改革的整体之中。要遵循高等教育发展的客观规律，不断完善高校教育管理的各项规章制度，使得高校的各项工作规范化、制度化、科学化。以贯彻落实中央16号文件精神为契机，进一步健全和完善各项学生管理规章制度，采取有效的措施切实提高学生学习的积极性，全面推进大学生综合素质拓展计划，培养出符合社会主义现代化建设的高素质的创新型人才。

3. 进一步健全心理健康教育机制，加强心理素质教育，促进大学生主体性的和谐发展。

在教育教学中，要改变以往那种“你讲我听”“我授你受”的德育实施方式，以心理咨询和心理辅导为突破口，落实学生在德育过程中的主体地位，把教师和学生变成平等交往的角色，以心交心，以情换情。通过交往，教师更清楚地了解了学生的内心世界和真实感受，并给予实在的和有效的帮助，从而增强学生抵御生活风险和承受挫折的能力。

同时，要深入研究和不断探寻大学生心理健康教育的有效途径，通过加强学生心理健康教育队伍建设，建立好学生心理健康档案，完善学生心理健康教育的保障机制，开展好学生心理测评工作，完善心理危机干预机制，适时提供心理援助，帮助学生解决在成长中所面临的各种发展性问题，增强大学生自我心理教育和心理调适能力，促进大学生主体性与个性的和谐发展。

4. 加强思想政治教育工作队伍建设和辅导员队伍建设，提高思想政治教育工作水平。

认真贯彻中央16号文件和《普通高等学校辅导员队伍建设规定》精神，建立辅导员队伍建设的长效机制，建设一支政治强、业务精、纪律严、作风正，专兼结合的学生思想政治教育工作队伍，使他们在学校思想政治教育中发挥更大的作用。进一步加强研究生党团组织、学生会和各类学术社团的建设，整合队伍，形成合力。同时，通过理论培训、业务进修、实践锻炼、国内外高校研讨交流等途径，努力提高队伍思想和业务素质及整体水平。支持思想政治教育工作者和辅导员提升学历，鼓励他们在职攻读硕士、博士学位，鼓励其进一步加强理论研究，不断总结经验，扎实做好大学生思想政治教育工作。

5. 大力开展校园文化建设，积极拓展学生综合素质，搭建思想政治教育工作平台，为学生成才提供更多的教育和发展空间。

不断建设更高水平的广受大学生欢迎的校园文化、网络文化、公寓社区文化、宿舍文化，陶冶情操，提高品位，在潜移默化中培养学生良好的集体主义和团结合作的精神，促进学生素质的全面提高。一方面要加强网络文化建设，充分挖掘网上巨大的信息和教育资源，营造全新的网络文化，丰富和发展思想政治工作的内容。另一方面要加强社团建设，开展丰富多彩、健康向上的学生社团活动，加大对学生社会实践活动的指导力度，有意识、有目的地创建和营造一个现代化校园文化教育平台，使之成为促进学生的学习、拓宽学生的知识面、培养创新精神和社会实践能力、养成良好素质、发展个性特长的大舞台。

6. 努力构建和谐校园，营造良好的育人环境。

要秉持客观务实的办学理念，以学生为本，积极转变观念，在所有教育工作者中树立起平等观念和服务意识，提高管理和服务水平，采取切实措施缓解学生在学习、生活和就业等方面的压力，大力弘扬知荣辱、讲正气、促和谐的风尚，建设安全稳定的高校校园环境，为学生成才创造良好的校园环境。

2008 年 8 月 15 日

附录 3　石河子大学课题组调研报告（学生卷）

高校师生思想变化轨迹和规律研究调研报告（学生卷）

新疆是一个多民族聚居地区，周边与八个国家接壤，少数民族占全区总人口的 60.5%。由于复杂的周边国际环境和深刻的历史原因，分裂与反分裂的斗争长期未曾停息，特别是当前境内外的民族分裂势力、宗教极端势力和暴力恐怖势力对教育系统的渗透进一步加剧，进一步加强少数民族大学生思想政治教育工作，对稳定新疆、建设新疆、巩固新疆，为中国特色社会主义事业培养可靠接班人和合格建设者具有重要的战略意义。本研究旨在通过对新疆大学、石河子大学等新疆地区的五所高校近 1679 名在校大学生的思想政治及道德状况的调查分析，为新疆地区高校的思想道德教育提供必要的决策依据，从而不断提高新时期大学生思想道德教育的科学性、针对性和实效性。

第一部分　调查对象情况汇总

本研究首先采用典型抽样法从新疆地区抽出五所高校（分别为新疆大学、石河子大学、新疆师范大学、伊犁师范学院、和田师范高等专科学校），然后根据各高校人数的不同，分别从每个学校随机抽取不等数量的学生，调查问卷的发放与回收均委托各大学的班主任、辅导员及相关人员完成。调查样本量 1700 份，回收的有效问卷 1679 份（有效率为 98.7%），调查样本为在校普通本、专科生。在被试群体中，汉族学生有 699 人，占有效群体的 42.9%；维吾尔族有 764 人，占有效群体的

46.8%；哈萨克族及其他少数民族有168人，占10.3%。在政治面貌一项的统计中，中共党员有129人，占有效群体的7.7%；共青团员人数最多，有1498人，占有效群体的89.5%；民主党派及群众44人，占2.7%。在年龄分布上，被试群体中18—20岁的占55.6%，21—23岁、小于18岁、24—30岁及30岁以上的分别占37.3%、3.7%、3.2%、2%，年龄分布较为合理。

民族

		频次	百分比	有效百分比	累计百分比
有效值	汉族	699	41.6	42.9	42.9
	维吾尔族	764	45.5	46.8	89.7
	哈萨克族	98	5.8	6.0	95.7
	回族	34	2.0	2.1	97.8
	其他民族	36	2.1	2.2	100.0
	总计	1631	97.1	100.0	
缺省值	系统缺省值	48	2.9		
合计		1679	100.0		

年龄

		频次	百分比	有效百分比	累计百分比
有效值	小于18岁	61	3.6	3.7	3.7
	18—20岁	922	54.9	55.6	59.3
	21—23岁	619	36.9	37.3	96.6
	24—30岁	53	3.2	3.2	99.8
	30岁以上	3	0.2	0.2	100.0
	总计	1658	98.7	100.0	
缺省值	系统缺省值	21	1.3		
合计		1679	100.0		

政治面貌

		频次	百分比	有效百分比	累计百分比
有效值	0	3	0.2	0.2	0.2
	中共党员	129	7.7	7.7	7.9
	共青团员	1498	89.2	89.5	97.4
	民主党派	16	1.0	1.0	98.3
	群众	28	1.7	1.7	100.0
	总计	1674	99.7	100.0	
缺省值	系统缺省值	5	0.3		
合计		1679	100.0		

第二部分　数据分析与结论

一　思想政治

表 1　你对建设具有“中国特色社会主义”的态度

		频次	百分比	有效百分比	累计百分比
有效值	很有必要	1349	80.3	80.7	80.7
	有些必要	247	14.7	14.8	95.5
	没太大必要	59	3.5	3.5	99.0
	根本没必要	17	1.0	1.0	100.0
	总计	1672	99.6	100.0	
缺省值	系统缺省值	7	0.4		
合计		1679	100.0		

当在问卷中问及“你对建设具有‘中国特色社会主义’的态度”时，有95.5%的高校学生认为有必要，其中80.7%的人认为很有必要，只有4.5%的人认为没太大必要或根本没必要。由此可见，大部分的学生对建设有“中国特色社会主义”事业的支持和认可度是很高的，大学生的主流思想总体上是积极向上的。

表2　你对“四项基本原则”的基本内容是

		频次	百分比	有效百分比	累计百分比
有效值	知道	1050	62.5	62.6	62.6
	知道一些	424	25.3	25.3	87.9
	不太知道	128	7.6	7.6	95.6
	不知道	74	4.4	4.4	100.0
	总计	1676	99.8	100.0	
缺省值	系统缺省值	3	0.2		
合计		1679	100.0		

上述调查数据显示，62.5%的人对四项基本原则的内容比较清楚，32.9%的知道一些或不太清楚，只有4.4%不知道。这说明我国大学生大部分还是比较关注国家的治国方针或策略。同时也看到，还有部分大学生对我国治国方针、策略漠不关心。为此，高校应进一步加强对高校学生两课教育的实施力度。

表3　你认为“和谐社会”的提出具有

		频次	百分比	有效百分比	累计百分比
有效值	深远意义	849	50.6	50.7	50.7
	现实意义	731	43.5	43.7	94.4
	没有意义	40	2.4	2.4	96.8
	无所谓意义	29	1.7	1.7	98.5
	不知道	25	1.5	1.5	100.0
	总计	1674	99.7	100.0	
缺省值	系统缺省值	5	0.3		
合计		1679	100.0		

由表3可知，50.6%和43.5%的人分别认为和谐社会的提出具有深远意义和现实意义，仅有5.6%的人认为没有意义、无所谓主义或不知道。这说明高校学生对国家提出政策持积极的和支持的态度，同时也反映了他们渴望社会稳定、社会有序发展的愿望。因此，我们应努力构建一个安定、团结、和谐的社会秩序。

表 4 “三个代表”重要思想的精髓是解放思想、实事求是、与时俱进，你表示

		频次	百分比	有效百分比	累计百分比
有效值	完全赞同	1150	68.5	68.8	68.8
	较赞同	388	23.1	23.2	92.0
	不太理解	97	5.8	5.8	97.8
	不理解	37	2.2	2.2	100.0
	总计	1672	99.6	100.0	
缺省值	系统缺省值	7	0.4		
合计		1679	100.0		

在回答“三个代表重要思想的精髓是解放思想、实事求是、与时俱进”问题时，91.6%的学生表示赞同，只有8%表示不太理解或不理解。这说明大学生整体上还是理解和赞同党和国家的指导思想和指导方针的，仅有极个别的人对此不理解。对于不理解该思想精髓的学生，应加强个别教育。

表 5 “科学发展观”是一种可持续的发展观，你表示

		频次	百分比	有效百分比	累计百分比
有效值	完全赞同	1173	69.9	70.2	70.2
	较赞同	379	22.6	22.7	92.8
	不太理解	91	5.4	5.4	98.3
	不理解	29	1.7	1.7	100.0
	总计	1672	99.6	100.0	
缺省值	系统缺省值	7	0.4		
合计		1679	100.0		

在回答“科学发展观是一种可持续的发展观”这一问题时，92.5%的人持赞同意见，7.1%表示不太理解或不理解。数据表明，大学生对国家的方针政策是支持和理解的，大学生的思想开始转向关注社会的长远发展，这一点是非常好的。

表 6　　你认为倡导“八荣八耻”的社会主义荣辱观

		频次	百分比	有效百分比	累计百分比
有效值	很有必要	1041	62.0	62.6	62.6
	有必要	519	30.9	31.2	93.8
	没有必要	38	2.3	2.3	96.1
	未考虑这个问题	65	3.9	3.9	100.0
	总计	1663	99.0	100.0	
缺省值	系统缺省值	16	1.0		
合计		1679	100.0		

从表 6 我们可以看出，有 92.9%的大学生认为倡导“八荣八耻”的社会主义荣辱观有必要，有 2.3%的人认为没有必要，有 3.9%的人未考虑过这个问题。由此可知，大部分学生都赞同和支持社会主义荣辱观，都期望社会成员具有较强的荣辱意识和荣辱观念。同时它也反映了大学生对道德观念的重视和关注程度是很高的。

表 7　　你平时感兴趣的事件

	政治	经济	人文	社会	体育	科技
样本量	1679	1679	1679	1679	1679	1678
求和	1325	1734	1188	1670	1031	1674
在样本量中所占百分比	100.0%	100.0%	100.0%	100.0%	100.0%	100.0%
在求和中所占百分比	100.0%	100.0%	100.0%	100.0%	100.0%	100.0%

当在问及“你平时感兴趣事件”这一问题时，排在前三位的分别是经济、科技和社会，排在最后一位的是体育。这说明大学生将平时的兴趣更多地集中在经济形势和社会的发展上，而对强身健体的体育缺少关注。对此，学校应加强对学生体育锻炼的引导和培养，应花力气营造浓厚的体育健身氛围。

表 8　　　　民族 * 你对《反分裂国家法》

		你对《反分裂国家法》				总计
		知道较多	知道一点	不太知道	不关心	
民族	汉族	90	411	187	6	694
	维吾尔族	194	402	143	18	757
	哈萨克族	6	55	33	3	97
	回族	3	21	9	1	34
	其他民族	1	25	10		36
总计		294	914	382	28	1618

如表 8 所示，整个中华民族不管是汉族还是少数民族，他们都对该法了解的非常少，有 77.19%的学生对该法只知道一点或不太知道，更有 1.67%左右的大学生对该法漠不关心。其中，汉族对该法的知晓程度远不如维吾尔族。因此，国家和高校应加强对高校大学生进行法律知识尤其是维护祖国统一和民族团结等方面的宣传和教育。

表 9　　　　你对"文化大革命"和"八九政治风波"的情况是

		你对"文化大革命"和"八九政治风波"的情况是						总计
		都知道	知道一些	知道"文化大革命"多些	知道"八九政治风波"多些	都不太清楚	不想知道	
民族	汉族	94	246	300	4	49	2	695
	维吾尔族	91	336	217	16	92	12	764
	哈萨克族	6	39	33		17	2	97
	回族	5	12	15		1	1	34
	其他民族	5	11	17		1	1	35
总计		201	644	582	20	160	18	1625

由表 9 可知，38.36%的学生对二者情况部分了解，11.97%的人完全知道。其中，34.66%的学生对"文化大革命"知道得多一些，1.19%对"八九政治风波"了解得多一些。由此看出，大部分的学生对国家的重大政治历史事件缺乏必要的了解，这可能与他们所学的专业、家庭与学校的宣传教育有关。对此，高校应加强对学生该方面知识的教育。

表 10　21 世纪头 20 年中国实现“全面建设小康社会”的目标，你认为是

		频次	百分比	有效百分比	累计百分比
有效值	能够实现	665	39.6	39.8	39.8
	可能实现	684	40.7	40.9	80.7
	难以实现	198	11.8	11.8	92.5
	不可能实现	52	3.1	3.1	95.6
	无所谓	14	0.8	0.8	96.5
	说不清楚	59	3.5	3.5	100.0
	总计	1672	99.6	100.0	
缺省值	系统缺省值	7	0.4		
合计		1679	100.0		

由表 10 可知，39.6%的学生认为全面建设小康社会在头 20 年能实现，40.7%认为可能实现，只有 15%左右的学生认为不可能实现。由此可知，绝大部分学生对国家制定的发展战略和国家的权威和能力是充满希望和信心的。

表 11　民族 * 你认为当前中国的民族关系是

		你认为当前中国的民族关系是						总计
		和谐融洽	基本正常	关系一般	矛盾时隐时现	矛盾非常突出	随时可能发生突发事件	
民族	汉族	139	345	80	101	7	23	695
	维吾尔族	341	237	85	73	9	18	763
	哈萨克族	24	45	12	14		3	98
	回族	5	16	4	8		1	34
	其他民族	15	13	3	4		1	36
总计		524	656	184	200	16	46	1626

由表 11 所示，31.21%的学生认为当前中国的民族关系和谐融洽，39.07%认为基本正常，14.65%认为当前民族矛盾时隐时现，随时可能发生突发事件，仅 0.95%认为当前民族矛盾非常突出。由此看出，大部分学生在看待民族关系等社会问题上逐步趋于理性和全面，同时又能看到事物的主流，这是非常好的现象。

表 12　　　　你认为社会对大学生的思想波动影响最大的因素是

		频次	百分比	有效百分比	累计百分比
有效值	社会思潮	431	25.7	26.3	26.3
	自然灾害	71	4.2	4.3	30.6
	就业形势	715	42.6	43.7	74.3
	政治事件	190	11.3	11.6	85.9
	传统文化	73	4.3	4.5	90.4
	突发事件	62	3.7	3.8	94.1
	经济形势	96	5.7	5.9	100.0
	总计	1638	97.6	100.0	
缺省值	系统缺省值	41	2.4		
合计		1679	100.0		

从表 12 可以看出，就业形势是影响大学生思想波动的最大因素，其比例占 42.6%；其次是社会思潮，其比例为 25.7%；自然灾害、传统文化和突发事件及经济形势对其思想波动的影响微乎其微。由此看出，学校和社会应高度重视就业和社会思潮对学生的的影响，并积极营造良好的就业环境，培育积极向上的社会文化。

表 13　　　　对大学生思想影响较大的媒体渠道是

		电影	电视	广播	网络	图书	杂志	手机短信	报纸	其他
样本量	有效值	1678	1677	1677	1678	1676	1678	1677	1678	1678
	缺省值	1	2	2	1	3	1	2	1	1
平均数	0.41	0.78	0.41	1.21	0.46	0.41	0.66	0.45	0.22	
中位数	0.00	0.00	0.00	1.00	0.00	0.00	0.00	0.00	0.00	
众数	0	0	0	1	0	0	0	0	0	
标准差	0.81	0.98	0.89	0.86	0.96	0.98	1.13	1.03	0.77	
求和	683	1302	692	2038	778	695	1109	747	375	
四分位数	25	0.00	0.00	0.00	1.00	0.00	0.00	0.00	0.00	0.00
	50	0.00	0.00	0.00	1.00	0.00	0.00	0.00	0.00	0.00
	75	0.00	2.00	0.00	2.00	0.00	0.00	1.00	0.00	0.00

从表 13 中我们可以看出，在对大学生思想影响较大的媒体中，排在前三位的依次是网络、电视、手机短信；上述数据说明网络、电视和短信等大众传播媒体已成为影响大学生思想的主要因素。因此，在今后的工作中我们必须重视网络、电视和短信的功能和作用，充分发挥其正向功能。

表 14　　目前你周围大学生的思想追求是什么

	样本量	最小值	最大值	求和	平均数	标准差	峰度	
	统计数据	统计数据	统计数据	统计数据	统计数据	统计数据	统计数据	标准误差
爱国	1678	0	3	604	0.36	0.65	4.684	0.119
创新	1677	0	3	942	0.56	0.90	0.595	0.119
享乐	1678	0	3	633	0.38	0.78	3.654	0.119
金钱	1678	0	3	1179	0.70	1.02	-0.309	0.119
利己	1677	0	3	545	0.32	0.84	4.505	0.119
功利	1678	0	3	632	0.38	0.89	3.139	0.119
就业	1678	0	3	1509	0.90	1.08	-0.827	0.119
幸福	1677	0	3	1227	0.73	1.15	-0.488	0.119
理想	1677	0	3	1486	0.89	1.26	-1.026	0.119
其他	1678	0	3	167	9.95E-02	0.52	25.917	0.119
有效样本量	1674							

当在问及“目前你周围大学生的思想追求是什么”时，排在前三位的依次为就业、理想与幸福，其比例为 89.87%、85.51%、73.08%，排在后三位的是功利、利己和其他，其比例为 37.64%、32.46%、10.07%。由此可见，大学生的价值观和需求已发生了重大的变化，已逐步由追求功利、利己转向为追求就业、理想与幸福。

二 经济

表 15 对我国当前的经济形势，你认为

		频次	百分比	有效百分比	累计百分比
有效值	很好	419	25.0	25.1	25.1
	较好	907	54.0	54.2	79.3
	不太好	294	17.5	17.6	96.9
	不好	36	2.1	2.2	99.0
	坏	6	0.4	0.4	99.4
	无所谓	10	0.6	0.6	100.0
	总计	1672	99.6	100.0	
缺省值	系统缺省值	7	0.4		
合计		1679	100.0		

由表 15 可知，79.3%的学生认为我国当前的经济形势是较为理想的，20%认为当前的形势是比较糟糕的，只有 0.6%的学生认为无所谓。这说明绝大部分的学生还是比较关心我国的经济发展状况，对当前的经济形势是非常满意和乐观的。

表 16 你对“社会主义市场经济的建立和完善是富国强兵的必由之路”的态度是

		频次	百分比	有效百分比	累计百分比
有效值	完全认同	755	45.0	45.3	45.3
	比较认同	679	40.4	40.7	86.0
	有些认同	199	11.9	11.9	98.0
	不认同	34	2.0	2.0	100.0
	总计	1667	99.3	100.0	
缺省值	系统缺省值	12	0.7		
合计		1679	100.0		

在回答“你对‘社会主义市场经济的建立和完善是富国强兵的必由之路’的态度”时，有 98%的学生认同此观点（其中有 11.9%有些认

同），仅有 2%不认同此观点。这说明大学生是非常赞成和认可社会主义市场经济的，并对其作用和价值持肯定的态度。

表 17　　西部大开发对国家经济建设和社会发展有促进作用

		频次	百分比	有效百分比	累计百分比
有效值	完全赞同	1097	65.3	65.6	65.6
	有些赞同	425	25.3	25.4	91.0
	不太赞同	82	4.9	4.9	95.9
	不赞同	40	2.4	2.4	98.3
	无所谓	28	1.7	1.7	100.0
	总计	1672	99.6	100.0	
缺省值	系统缺省值	7	0.4		
合计		1679	100.0		

由表 17 可知，65.6%的学生认为西部大开发对国家经济建设和社会发展有促进作用，25.4%有些赞同，仅有 7.3%持否定态度。这说明大部分学生对西部大开发的政策是非常赞同和支持的；同时也有部分学生对其持怀疑和否定态度，这说明大学生看待事物越来越全面和理性，摆脱了盲目性，这一点是非常好的。

表 18　　你参与股市的情况是

		频次	百分比	有效百分比	累计百分比
有效值	经常参与	122	7.3	7.4	7.4
	有时参与	191	11.4	11.5	18.9
	很少参与	262	15.6	15.8	34.7
	不参与	949	56.5	57.2	91.9
	不想参与	135	8.0	8.1	100.0
	总计	1659	98.8	100.0	
缺省值	系统缺省值	20	1.2		
合计		1679	100.0		

由表 18 可知，参与股市的大学生是非常少的。当在问及“你参与股市的情况”时，只有 7.3%的学生经常参与，还有 65.3%的学生没参与

过。这个情况可能与股市的风险、学生的兴趣及他们的经济状况有关，但同时也说明我们的大学生缺乏冒险精神，在投资和理财方面观念还比较保守。

表 19　　毕业后，你最想把自己的事业放在哪里

		频次	百分比	有效百分比	累计百分比
有效值	珠三角	103	6.1	6.1	6.1
	长三角	102	6.1	6.1	12.2
	渤海湾	109	6.5	6.5	18.7
	中部地区	378	22.5	22.5	41.3
	西部地区	889	52.9	53.0	94.3
	国外	96	5.7	5.7	100.0
	总计	1677	99.9	100.0	
缺省值	系统缺省值	2	0.1		
合计		1679	100.0		

在当问及“毕业后，你最想把自己的事业放在哪里”时，53%的学生选择了西部地区，只有 18.7%的选择了在长三角、珠三角等东部发达地区。由上述数据我们可以看出，大学生的就业观念已经发生了翻天覆地的变化，已摆脱了原来的保守、落后的就业观念，由“孔雀东南飞”转变为“孔雀向西飞”，这一点是非常好的。

表 20　　你选择职业考虑的因素是

名称	频次	在总选项中所占百分比	在个案中所占百分比
职业地位	317	19.1	19.2
职业收入	488	29.4	29.6
职业稳定	328	19.8	19.9
职业情感	81	4.9	4.9
职业轻松	69	4.2	4.2
职业前途	359	21.6	21.8
职业其他	18	1.1	1.1
	1660	100.0	100.0

在学生选择职业考虑的因素中，排在第一的是职业的收入，占29.6%，排在后三位的是职业情感、职业轻松和职业其他。这说明大学生选择职业的标准呈现了功利化的特点，其选择的标准不是根据自己对职业的喜好而是根据职业收入、职业地位等来选择，这一点是极其不好的。学校应加强对学生这方面的教育，让其树立正确的职业观。

表21　　你对大学生课外经商的态度是

		频次	百分比	有效百分比	累计百分比
有效值	应该支持	539	32.1	32.4	32.4
	应该引导	339	20.2	20.4	52.8
	可以尝试	664	39.5	39.9	92.7
	顺其自然	96	5.7	5.8	98.4
	理应禁止	26	1.5	1.6	100.0
	总计	1664	99.1	100.0	
缺省值	系统缺省值	15	0.9		
合计		1679	100.0		

由表21可知，当问及“你对大学生课外经商的态度”时，92.7%的学生表示赞同，只有1.6%反对。由此可知，大学生的世界观已经发生很大的变化，极力支持和赞成学生的自主创业和自立活动。学生除了学习之外，还应参与社会实践，对此，学校应给予在校大学生经商等创业活动的支持和鼓励，并加强对其引导。

表22　　根据你的学校所在地的状况，你认为经济发展的目前状况是

		频次	百分比	有效百分比	累计百分比
有效值	很好	225	13.4	13.5	13.5
	较好	448	26.7	26.8	40.3
	一般	692	41.2	41.4	81.7
	不好	199	11.9	11.9	93.7
	说不清楚	103	6.1	6.2	99.8
	无所谓	3	0.2	0.2	100.0
	总计	1670	99.5	100.0	
缺省值	系统缺省值	9	0.5		
合计		1679	100.0		

当问及“根据你的学校所在地的状况，你认为经济发展的目前状况”这一问题时，40.3%的学生认为好，41.4%认为一般，只有11.9%的学生认为不好。这反映出学生能根据个别推断出整体的发展状况，已具备了基本的哲学思维方式，同时也反映了学校附近的经济状况是比较好的。

表23　　　　你的学费来源于

		频次	百分比	有效百分比	累计百分比
有效值	家庭提供	1317	78.4	78.9	78.9
	亲友赞助	126	7.5	7.5	86.4
	自己打工	70	4.2	4.2	90.6
	助学贷款	127	7.6	7.6	98.2
	其他途径	30	1.8	1.8	100.0
	总计	1670	99.5	100.0	
缺省值	系统缺省值	9	0.5		
合计		1679	100.0		

由表23可知，在学生的学费来源的渠道中，78.9%的来自于家庭，其次是亲友赞助和助学贷款，来源于学生自己的只占4.2%。这说明我国大学生的学费主要来自外部尤其是家庭，这反映出大学生在经济方面依赖性强，缺乏相应的独立能力和自立能力。学校应加强对学生这方面能力的教育和培养。

表24　　　　你拥有电脑吗

		频次	百分比	有效百分比	累计百分比
有效值	有	122	7.3	7.4	7.4
	准备购买	191	11.4	11.5	18.9
	家里有	262	15.6	15.8	34.7
	没有	949	56.5	57.2	91.9
	无所谓	135	8.0	8.1	100.0
	总计	1659	98.8	100.0	
缺省值	系统缺省值	20	1.2		
合计		1679	100.0		

当问及“你是否拥有电脑”时，7.3%的学生拥有电脑，准备购买和

家里有的学生分别为11.4%、15.6%，而57.2%的学生还没有电脑，占到了近60%，这反映出大学生拥有电脑的比率还不高，学校应加强硬件方面的建设，提供免费的机房，供大学生使用。

你电脑的主要用途是

		频次	百分比	有效百分比	累计百分比
有效值	查资料	103	6.1	6.1	6.1
	看新闻	102	6.1	6.1	12.2
	看电视剧	109	6.5	6.5	18.7
	玩游戏	378	22.5	22.5	41.3
	专业学习	889	52.9	53.0	94.3
	不太用	96	5.7	5.7	100.0
	总计	1677	99.9	100.0	
缺省值	系统缺省值	2	0.1		
合计		1679	100.0		

当问及“你电脑的主要用途”时，59.1%的学生用于专业学习和查资料，29%的学生用于玩游戏和看电视剧，6.1%的用于看新闻。数据显示，学生基本能正确合理的使用电脑，学生已将电脑作为其学习、娱乐和了解时事的主要工具之一。

表25　　课外你与同学谈论最多的话题内容是

		频次	百分比	有效百分比	累计百分比
有效值	生活、娱乐性等	1138	67.8	68.0	68.0
	政治性	318	18.9	19.0	87.0
	经济性	85	5.1	5.1	92.1
	文化性	132	7.9	7.9	100.0
	总计	1673	99.6	100.0	
缺省值	系统缺省值	6	0.4		
合计		1679	100.0		

当问及“课外你与同学谈论最多的话题内容是”，67.8%的学生谈论生活、娱乐性等话题，18.9%的学生谈论政治性话题，5.1%的学生谈论

经济性话题，7.9%的学生谈论文化性话题。数据显示，谈论政治、经济、文化话题在大学生日常谈论中占的比例很小，高校应加强对大学生在这方面的引导，培养大学生关心国家、社会问题的意识、加强对大学生思想的教育。

三 文化

表 26 对文化有社会主义和资本主义区别的认识

		频次	百分比	有效百分比	累计百分比
有效值	0	16	1.0	1.0	1.0
	很有区别	830	49.4	49.6	50.5
	没什么区别	283	16.9	16.9	67.4
	不该有区别	277	16.5	16.5	83.9
	难以判断	269	16.0	16.1	100.0
	总计	1675	99.8	100.0	
缺省值	系统缺省值	4	0.2		
合计		1679	100.0		

由表 26 可知，49.6%的人认为文化有社会主义和资本主义的区别，说明大部分学生能清楚地区分文化的社会性质。但也有 49.5%的学生对文化的社会性质存在错误和模糊认识，他们极易受西方文化思潮的蛊惑和和平演变策略的影响从而迷失方向，这对国家的发展是极其不利的。学校应加强对这部分学生的重点教育。

表 27 政治面貌 * 对校训的了解

		对校训的了解				总计
		知道	听说过	知道有，但内容不知道	说不清楚	
政治面貌	中共党员	92	20	13	3	128
	共青团员	896	209	269	118	1492
	民主党派	6	5	3	2	16
	群众	14	4	6	4	28
总计		1008	238	291	127	1664

当问及你对校训的了解程度时，有 1008 人表示了解，其中党员和团员了解程度要好得多。这说明学生对校训还是较为了解的，尤其是党员和团员发挥了先锋作用。但校训代表着学校校貌、校风及办学宗旨，每个人都必须对其了解和熟知。调查发现，不管是党员、团员还是群众都有对校训内容有不了解的，这是不应该的。

表 28　西方文化对大学生的影响态度

		频次	百分比	有效百分比	累计百分比
有效值	0	15	0.9	0.9	0.9
	要高度警惕	429	25.6	25.6	26.5
	要严格防守	416	24.8	24.8	51.3
	愿意仿效	360	21.4	21.5	72.7
	说不清楚	457	27.2	27.3	100.0
	总计	1677	99.9	100.0	
缺省值	系统缺省值	2	0.1		
合计		1679	100.0		

当问及“西方文化对大学生的影响态度”时，50.4%的人表示应高度警惕、严格防守，21.5%的表示愿意效仿，27.3%的说不清楚。数据表明大学生能正确认识和评价西方文化的影响，主张在借鉴和吸收的同时应高度警惕和严格防守这一点是非常好的。对不能说清西方文化对学生影响的大学生，应加强对其教育和引导。

表 29　你对学校校园文化氛围的评价

		频次	百分比	有效百分比	累计百分比
有效值	0	2	0.1	0.1	0.1
	很满意	303	18.0	18.1	18.2
	比较满意	813	48.4	48.5	66.7
	不太满意	422	25.1	25.2	91.8
	不满意	117	7.0	7.0	98.8
	无所谓	20	1.2	1.2	100.0
	总计	1677	99.9	100.0	
缺省值	系统缺省值	2	0.1		
合计		1679	100.0		

当在问及“你对学校校园文化氛围的评价”时，66.4%的人表示满意，这说明绝大部分的学生对校园文化氛围的现状是比较满意和认可的，但同时也应看到，还有32.2%的学生持否定态度。为此，学校应加强校园文化氛围的建设，为学生的成长成才提供一个良好的校园氛围。

表30 对现在社会风气的看法

		频次	百分比	有效百分比	累计百分比
有效值	0	5	0.3	0.3	0.3
	很好	462	27.5	27.6	27.9
	不好	699	41.6	41.7	69.6
	很坏	135	8.0	8.1	77.6
	说不清楚	375	22.3	22.4	100.0
	总计	1676	99.8	100.0	
缺省值	系统缺省值	3	0.2		
合计		1679	100.0		

在“对现在社会风气的看法”上，41.7%的学生认为不好，8.1%认为很坏，只有27.5%认为很好。数据说明半数左右的学生对当前社会风气的现状是不满的。社会风气对学生的成长起着潜移默化的影响，国家和社会应努力纠正和扭转当前社会存在的不良风气，为学生的健康成长提供一个健康、良好的社会环境。

表31 参加社团

		频次	百分比	有效百分比	累计百分比
有效值	没参加过	763	45.4	45.5	45.5
	参加过	915	54.5	54.5	100.0
	总计	1678	99.9	100.0	
缺省值	系统缺省值	1	0.1		
合计		1679	100.0		

由表31可知，54.5%的学生参加过社团，这说明半数以上的学生还是热衷于学生活动，想通过学生活动来锻炼和提高自己的能力、丰富自己的生活。同时有45.4%的学生没参加过，这可能是多种因素综合的结果。

社团是学生参与社会实践的一个窗口和平台，学校应鼓励和支持学生在不影响学习的情况下尽可能的参加社团活动。

表 32　**你参加社团的目的**

		频次	百分比	有效百分比	累计百分比
有效值	0	172	10.2	10.3	10.3
	增加见识	339	20.2	20.4	30.7
	扩大交往	225	13.4	13.5	44.2
	增多知识	229	13.6	13.8	58.0
	满足兴趣	97	5.8	5.8	63.8
	锻炼能力	423	25.2	25.4	89.2
	增加阅历	73	4.3	4.4	93.6
	说不清楚	106	6.3	6.4	100.0
	总计	1664	99.1	100.0	
缺省值	系统缺省值	15	0.9		
合计		1679	100.0		

当问及“你参加社团的目的”时，排在前四位的依次是锻炼能力、增加见识、增多知识和扩大交往，其比例分别为 25.4%、20.4%、13.8% 和 13.5%。上述数据反映出大学生热切希望提高自己的能力、增加自己的见识、拓展自己的知识面和社会交际范围的要求。学校应尽力制定各种措施和提供多种平台来满足学生这方面的要求。

表 33　**大学期间参加竞赛活动获奖的情况**

		频次	百分比	有效百分比
有效值	系统缺省值	26	1.5	1.6
	课外科技研发类	117	7.0	7.0
	理工学科竞赛类	169	10.1	10.2
	体育、艺术、表演类	449	26.7	27.0
	知识或演讲类	229	13.6	13.8
	网页制作或多媒体课件制作类	13	0.8	0.8
	外国语语言类	34	2.0	2.0
	无	626	37.3	37.6
	总计	1663	99.0	100.0
缺省值	系统缺省值	16	1.0	
合计		1679	100.0	

在“大学期间参加竞赛活动获奖的情况”中，其获奖类别主要集中在体育、艺术、表演类、知识或演讲类、理工学科竞赛类，说明学生在基础学科和传统学科方面占优势；但在网页制作或多媒体课件制作类、外国语语言和课外科技研发类等方面寥寥无几，这是大学生的软肋所在。对此，学校应加强对学生这方面的培养力度。

表 34　　你喜欢听的讲座类型是

		频次	百分比	有效百分比	累计百分比
有效值	学术大师	1007	60.0	60.0	60.0
	辅导性	486	28.9	29.0	89.0
	国际性	116	6.9	6.9	95.9
	科技学术性	69	4.1	4.1	100.0
	总计	1678	99.9	100.0	
缺省值	系统缺省值	1	0.1		
合计		1679	100.0		

当问及“你喜欢听的讲座类型是”，60%的学生喜欢听学术大师的，其次分别是辅导性、国际性、科学技术性，所占比例分别为 28.9%、6.9%、4.1%，这说明大学生对学术大师有非常高的认同，学校应根据学生的兴趣，多邀请学术大师来给学生作讲座。

表 35　　你平常看课外书吗

		频次	百分比	有效百分比	累计百分比
有效值	0	12	0.7	0.7	0.7
	经常	791	47.1	47.1	47.9
	偶尔	718	42.8	42.8	90.6
	基本不看	79	4.7	4.7	95.4
	根本不看	48	2.9	2.9	98.2
	看了也没用	19	1.1	1.1	99.3
	6	2	0.1	0.1	99.5
	7	4	0.2	0.2	99.7
	8	5	0.3	0.3	100.0
	总计	1678	99.9	100.0	
缺省值	系统缺省值	1	0.1		
合计		1679	100.0		

当问及“你平常看课外书吗”时，42.8%的学生选择了偶尔看，还有7.6%的学生基本不看、根本不看，1.1%的学生认为看了也没用。上述数据显示出当代大学生缺乏看课外书的习惯，他们仅将知识的获取集中在课本和老师的教授上，而不注重通过阅读大量课外书籍来扩充自己的知识，这个不良习惯亟待改变。

表36　你喜欢读的书的类型是

		频次	百分比	有效百分比	累计百分比
有效值	0	11	0.7	0.7	0.7
	课程学习类	210	12.5	12.5	13.2
	政治法律类	157	9.4	9.4	22.5
	社会经济类	187	11.1	11.1	33.7
	人文文学类	515	30.7	30.7	64.4
	娱乐类	203	12.1	12.1	76.5
	体育文艺类	112	6.7	6.7	83.1
	军事历史类	99	5.9	5.9	89.0
	宇宙天文类	70	4.2	4.2	93.2
	专业技能类	114	6.8	6.8	100.0
	总计	1678	99.9	100.0	
缺省值	系统缺省值	1	0.1		
合计		1679	100.0		

在大学生喜欢读书的类型中，排在首位的是人文文学类，其比例为30.7%，体育文艺、军事历史和宇宙天文等书籍的喜好程度加起来还不到17%。这反映出大学生的兴趣出现了倾斜和失衡，这显然不利于当代大学生的全面发展和综合素质的提高。

表37　你对和谐校园的内涵是否了解

		频次	百分比	有效百分比	累计百分比
有效值	0	4	0.2	0.2	0.2
	很了解	340	20.3	20.5	20.8
	有些了解	841	50.1	50.8	71.6
	不太了解	366	21.8	22.1	93.7
	不了解	82	4.9	5.0	98.6
	不想了解	9	0.5	0.5	99.2
	说不清楚	14	0.8	0.8	100.0
	总计	1656	98.6	100.0	

续表

		频次	百分比	有效百分比	累计百分比
缺省值	系统缺省值	23	1.4		
合计		1679	100.0		

当问及“你对和谐校园的内涵是否理解”时，有 20.5%的学生很了解，50.8%有些了解，这说明大部分的学生还是关注和支持和谐校园的构建。但和谐校园的构建和实现的前提需要每个学生理解其内涵。因此，对于 27.1%不了解其内涵的学生，学校应通过班会等途径让其了解和谐校园的有关概念。

表 38　　对文明是一种人与人之间良性沟通的方式的理解

		频次	百分比	有效百分比	累计百分比
有效值	0	10	0.6	0.6	0.6
	完全认同	755	45.0	45.0	45.6
	比较认同	731	43.5	43.6	89.2
	不太认同	94	5.6	5.6	94.8
	不认同	32	1.9	1.9	96.7
	说不清楚	54	3.2	3.2	99.9
	其他	1	0.1	0.1	100.0
	总计	1677	99.9	100.0	
缺省值	系统缺省值	2	0.1		
合计		1679	100.0		

由表 38 可知，88.6%的人认同“文明是一种人与人之间良性沟通的方式”，仅有 10.8%持否定或模糊态度。这表明绝大部分的学生都赞成和认同将文明作为人与人之间良性沟通的手段，对文明在社会中的作用和价值有了更为深刻的理解和认识。

表 39　你对国家多次遭遇外侵时的态度

		频次	百分比	有效百分比	累计百分比
有效值	国家需要，可以献出自己的一切	1323	78.8	79.7	79.7
	别人怎么做，我也怎样做	119	7.1	7.2	86.9
	与我无关	38	2.3	2.3	89.2
	无论怎样做，自己不能吃亏	67	4.0	4.0	93.2
	说不清楚	112	6.7	6.8	100.0
	总计	1659	98.8	100.0	
缺省值	系统缺省值	20	1.2		
合计		1679	100.0		

当问及“你对国家多次遭遇外侵时的态度”时，79.7%的学生表示国家需要，可以献出自己的一切；只有6.3%的学生认为与自己无关，自己无论如何都不吃亏。这说明大学生具有很强的爱国意识和民族意识，具有强烈的责任感和主人翁意识，这是非常可喜的。

表 40　对传统文化的判断

		频次	百分比	有效百分比	累计百分比
有效值	0	7	0.4	0.4	0.4
	相信权威人士的说法	336	20.0	20.1	20.5
	相信书本上的说法	212	12.6	12.7	33.1
	相信大多数人的看法	267	15.9	15.9	49.1
	相信自己的判断标准	785	46.8	46.9	95.9
	相信父母的看法	68	4.1	4.1	100.0
	总计	1675	99.8	100.0	
缺省值	系统缺省值	4	0.2		
合计		1679	100.0		

在对传统文化的判断上，46.9%的学生表示相信自己的判断标准，20.1%表示相信权威人士的说法，少部分人相信书本和父母的说法。这说明大学生在对传统文化的判断上已发生了变化，已逐步摆脱了对书本和父

母的过分依赖，判断事物的自主意识和独立能力在逐步增强，对事物的判断更倾向于权威和真理。

表 41 对五四运动的评价

		频次	百分比	有效百分比	累计百分比
有效值	0	17	1.0	1.0	1.0
	开民主先河，具有划时代的意义	870	51.8	52.0	53.1
	具有反帝反封建的作用	209	12.4	12.5	65.6
	特殊环境下的学生运动	415	24.7	24.8	90.4
	说不清楚	160	9.5	9.6	99.9
	其他	1	0.1	0.1	100.0
	总计	1672	99.6	100.0	
缺省值	系统缺省值	7	0.4		
合计		1679	100.0		

在“对五四运动的评价”上，64.5%的学生对其持积极和肯定的态度，认为五四运动开了民主先河，具有划时代的意义和反帝反封建的作用；同时，也有24.8%认为它是特殊环境下的学生运动，还有9.6%的学生说不清楚，这表明学生对重大历史事件的认识还缺乏深入的理解和正确的判断，应该加强正确的历史观教育。

四 道德

表 42 你对“天下兴亡，匹夫有责”的态度

		频次	百分比	有效百分比	累计百分比
有效值	完全同意	880	52.4	52.9	52.9
	比较同意	506	30.1	30.4	83.3
	不同意	97	5.8	5.8	89.2
	说不清楚	180	10.7	10.8	100.0
	总计	1663	99.0	100.0	
缺省值	系统缺省值	16	1.0		
合计		1679	100.0		

国家兴盛或衰亡，每个普通的人都有责任。当问到“你对天下兴亡，匹夫有责”的态度时，有52.9%的学生表示完全同意这种说法，表明当代大学生有较强的责任心，能够将自身与国家的兴衰紧密联系在一起。同时也有5.8%的大学生表示不同意，对这部分学生应该做好如何正确处理个人与国家、民族利益的教育。另外还有10.8%的学生表示说不清楚，还没有自己的判断标准和原则，这是很不应该的。

表43　　对“宁可我负天下人，不可天下人负我”的看法

		频次	百分比	有效百分比	累计百分比
有效值	完全认同	237	14.1	14.3	14.3
	比较认同	330	19.7	19.9	34.1
	不太认同	362	21.6	21.8	55.9
	不认同	589	35.1	35.5	91.4
	说不清楚	143	8.5	8.6	100.0
	总计	1661	98.9	100.0	
缺省值	系统缺省值	18	1.1		
合计		1679	100.0		

当问到怎么理解“宁可我负天下人，不可天下人负我”时，有34.2%的大学生表示认同此观点，赞成宁可我对不起天下人，也不能天下人对不起我，这是一种自私的做法，如果上升到行为会产生很恶劣的后果。表明当代大学生自我意识严重，利己主义思想严重，应该引起我们的重视。

表44　　民族＊信仰列联表

			宗教信仰						总计
			佛教	伊斯兰教	基督教	天主教	什么都不信	没什么可信	
民族	汉族	频次	34	19	28	10	419	122	632
		民族（%）	5.4%	3.0%	4.4%	1.6%	66.3%	19.3%	100.0%
		宗教信仰（%）	37.4%	4.8%	41.2%	31.3%	55.9%	62.2%	41.3%
		总计（%）	2.2%	1.2%	1.8%	0.7%	27.4%	8.0%	41.3%

续表

			宗教信仰						总计
			佛教	伊斯兰教	基督教	天主教	什么都不信	没什么可信	
民族	维吾尔族	频次	44	284	35	20	294	63	740
		民族（%）	5.9%	38.4%	4.7%	2.7%	39.7%	8.5%	100.0%
		宗教信仰（%）	48.4%	72.1%	51.5%	62.5%	39.2%	32.1%	48.3%
		总计（%）	2.9%	18.5%	2.3%	1.3%	19.2%	4.1%	48.3%
	哈萨克族	频次	9	67	5	1	11	3	96
		民族（%）	9.4%	69.8%	5.2%	1.0%	11.5%	3.1%	100.0%
		宗教信仰（%）	9.9%	17.0%	7.4%	3.1%	1.5%	1.5%	6.3%
		总计（%）	0.6%	4.4%	0.3%	0.1%	0.7%	0.2%	6.3%
	回族	频次	2	16		1	11	1	31
		民族（%）	6.5%	51.6%		3.2%	35.5%	3.2%	100.0%
		宗教信仰（%）	2.2%	4.1%		3.1%	1.5%	0.5%	2.0%
		总计（%）	0.1%	1.0%		0.1%	0.7%	0.1%	2.0%
	其他民族	频次	2	8			15	7	32
		民族（%）	6.3%	25.0%			46.9%	21.9%	100.0%
		宗教信仰（%）	2.2%	2.0%			2.0%	3.6%	2.1%
		总计（%）	0.1%	0.5%			1.0%	0.5%	2.1%
总计		频次	91	394	68	32	750	196	1531
		民族（%）	5.9%	25.7%	4.4%	2.1%	49.0%	12.8%	100.0%
		宗教信仰（%）	100.0%	100.0%	100.0%	100.0%	100.0%	100.0%	100.0%
		总计（%）	5.9%	25.7%	4.4%	2.1%	49.0%	12.8%	100.0%

当问到宗教信仰时，有49%的大学生表示不信仰任何宗教，有12.8%的表示没什么可信的，出现了“信仰危机”的现象。其中汉族学生主要信仰佛教和基督教，维吾尔族学生主要信仰伊斯兰教和天主教。说明当代大学生的宗教信仰在一定程度上受到了本民族传统文化的影响。

表 45　　**人生意义**

		频次	百分比	有效百分比	累计百分比
有效值	贡献社会	529	31.5	32.3	32.3
	实现自我	553	32.9	33.7	66.0
	完善自我	319	19.0	19.5	85.4
	平安一生	191	11.4	11.6	97.1
	光宗耀祖	28	1.7	1.7	98.8
	没有意义	20	1.2	1.2	100.0
	总计	1640	97.7	100.0	
缺省值	系统缺省值	39	2.3		
合计		1679	100.0		

在人生意义方面，选择最多的是贡献社会和实现自我，分别占到了1/3的比例。说明当代大学生在处理自我和社会的关系时，还不是很理性化，出现了追求自我利益和实现社会利益的统一。另外，还有人认为人生的意义是完善自我、平安一生、光宗耀祖等。其中还有少数人认为人生没有意义，这种现象值得关注。

表 46　　**人生价值取决于**

		频次	百分比	有效百分比	累计百分比
有效值	贡献大小	862	51.3	51.5	51.5
	事业成功与否	400	23.8	23.9	75.4
	名望高低	83	4.9	5.0	80.4
	地位高低	40	2.4	2.4	82.8
	权力大小	14	0.8	0.8	83.6
	挣钱多少	22	1.3	1.3	84.9
	家庭幸福与否	221	13.2	13.2	98.1
	长命百岁	13	0.8	0.8	98.9
	去过很多地方	18	1.1	1.1	100.0
	总计	1673	99.6	100.0	
缺省值	系统缺省值	6	0.4		
合计		1679	100.0		

如表 46 所示，关于“人生价值取决于”的回答中，排行前三位的是贡献的大小、事业的成功与否和家庭的幸福与否，其中选择贡献大小的比例占到了半数以上。这在一定程度上说明，当今大学生的价值选择是符合社会主流价值观的，同时也追求个人事业和家庭的幸福，大学生希望能够在服务社会和满足自我之间寻找平衡点，这是比较理性的。

表 47　　对人的本性是自私的看法

		频次	百分比	有效百分比	累计百分比
有效值	完全认同	421	25.1	25.3	25.3
	比较认同	762	45.4	45.7	71.0
	不认同	400	23.8	24.0	95.0
	说不清楚	83	4.9	5.0	100.0
	总计	1666	99.2	100.0	
缺省值	系统缺省值	13	0.8		
合计		1679	100.0		

在回答“对人的本性是自私的看法”时，有 71%的大学生表示认同，他们认为人本性就是自私的，持这种想法就很有可能在为自己谋幸福的同时不顾及其他人或者国家的利益，我们应该理性地、更高层面地来看待这一问题。

表 48　　人是否有必要讲诚信

		频次	百分比	有效百分比	累计百分比
有效值	完全有必要	1076	64.1	64.7	64.7
	有时是必要	483	28.8	29.0	93.7
	没有必要	67	4.0	4.0	97.8
	无所谓	37	2.2	2.2	100.0
	总计	1663	99.0	100.0	
缺省值	系统缺省值	16	1.0		
合计		1679	100.0		

但问到“人是否有必要讲诚信”的时候，表示完全有必要的大学生占到了 64.7%，也有 29%的大学生表示有时候有必要，意思也就是说其

他时候可以不必要，将讲诚信条件化，有可能在有监督的情况下或者有利害关系时候就讲诚信，其他事情就不讲，这是很危险的做法，也带有投机取巧的成分在里面。

表49 未来想法

		频次	百分比	有效百分比	累计百分比
有效值	学者专家	596	35.5	35.9	35.9
	企业家	466	27.8	28.1	64.1
	社会管理家	358	21.3	21.6	85.6
	没有想好	238	14.2	14.4	100.0
	总计	1658	98.7	100.0	
缺省值	系统缺省值	21	1.3		
合计		1679	100.0		

如表49所示，大学生对于未来想成为什么类型的人的回答中，排在前两位的是学者专家和企业家，总共占到了64%，另外还有14.4%的大学生说没有想好对未来的打算，这是很不应该的。大学生已接近成年，应该有属于自己的理想和目标并为此而努力。

表50 与他人交往时，常说“您好”“谢谢”“对不起”“很抱歉”的情况

		频次	百分比	有效百分比	累计百分比
有效值	经常	1134	67.5	68.9	68.9
	有时	303	18.0	18.4	87.3
	偶尔	131	7.8	8.0	95.3
	难于启齿，几乎没说过	58	3.5	3.5	98.8
	不曾想过要说	20	1.2	1.2	100.0
	总计	1646	98.0	100.0	
缺省值	系统缺省值	33	2.0		
合计		1679	100.0		

在礼貌方面，有68.9%的大学生表示经常运用日常文明礼貌用语，但是也有少部分学生表示没有说过或者难于启齿。大学生作为人才储备力

量，应该具有高素质的言语和行为。我们应该加强大学生的养成教育。

表 51　　年级＊捐助行为＊性别列联表

性别			捐助行为						总计
			捐钱	捐物	无偿献血	公益活动	其中两项	全都有过	
男	年级	新生	30	43	57	46	21	288	485
		毕业生	27	7	13	5	14	5	71
		介于新生与毕业生之间	129	26	31	28	60	30	304
	总计		247	63	87	90	120	56	663
女	年级	新生	145	32	32	69	88	21	387
		毕业生	22	5	7	5	8	1	48
		介于新生与毕业生之间	255	23	42	44	138	31	533
	总计		422	60	81	118	234	53	968

在对大学生就“捐助行为”的调查中，不管是性别还是年级的差异，大学生普遍都积极参与社会捐助，在一定的程度上也反映出大学生的爱心与社会责任意识较强。我们也应该大力的倡导这些行为，做到天下兴亡匹夫有责，做到达则兼济天下。

表 52　　国家利益与个人利益发生矛盾时，你会优先考虑

		频次	百分比	有效百分比	累计百分比
有效值	个人利益	121	7.2	7.4	7.4
	兼顾个人利益与国家利益	603	35.9	36.6	44.0
	国家利益	832	49.6	50.5	94.5
	说不清楚	90	5.4	5.5	100.0
	总计	1646	98.0	100.0	
缺省值	系统缺省值	33	2.0		
合计		1679	100.0		

当问到“国家利益和个人利益发生冲突时怎么处理的问题”时，有50.5%的大学生选择了国家利益至上，排在第二的是在个人利益与国家利益之间寻找平衡点，两者都在考虑范围，说明当代大学生的价值选择是积

极向上的。

表 53　　你平时在哪些方面帮助别人

名称	频次	在总选项中所占百分比	在个案中所占百分比
帮助经济	555	33.4	33.6
帮助学习	540	32.5	32.7
帮助生活	276	16.6	16.7
帮助心理	260	15.6	15.7
从不帮助	18	1.1	1.1
不求帮助	13	0.8	0.8

当问到“你平时都在哪些方面帮助别人”的时候，排在前三位的分别是经济上的帮助、学习上的帮助以及生活上的帮助，分别占到了33.4%、32.5%和16.6%。而从不帮助别人或者从不求助的学生占到了1.9%是少数。说明当代大学生还是很富有爱心的，在帮助别人的时候得到别人的帮助，因为我们本身就是各种社会关系的统一体。

表 54　　宿舍内是否有人看过黄色录像

		频次	百分比	有效百分比	累计百分比
有效值	经常看	235	14.0	14.6	14.6
	从未看过	1169	69.6	72.6	87.2
	很想看，但未看	206	12.3	12.8	100.0
	总计	1610	95.9	100.0	
缺省值	系统缺省值	69	4.1		
合计		1679	100.0		

在回答关于“宿舍内是否有人看过黄色录像”的问题时，有72.6%的大学生表示从未看过，也有12.8%的大学生表示很想看但是没有看。说明当代大学生对性知识的好奇和渴求，高校应该适时开展性教育，解除“性”在大学生心中的神秘感，帮助他们度过这一心理期。

表 55　　休息时间，别人已就寝，是否大声喧哗过

		频次	百分比	有效百分比	累计百分比
有效值	非常多	130	7.7	8.0	8.0
	有些多	223	13.3	13.8	21.8
	不太多	394	23.5	24.3	46.1
	想有，但没有做过	69	4.1	4.3	50.4
	根本就没有想过要做	374	22.3	23.1	73.5
	没有此类现象	430	25.6	26.5	100.0
	总计	1620	96.5	100.0	
缺省值	系统缺省值	59	3.5		
合计		1679	100.0		

当问到“别人午休时你是否大声喧哗过”的问题时，排在前三位的分别是没有出现过此类现象、不太多和根本就没有想过，说明当代大学生在心理上能够为别人着想，对别人有责任心。我们应该大力教育学生保持一些优良的生活习惯。

表 56　　公共场合，主动帮助过老弱病残和儿童

		频次	百分比	有效百分比	累计百分比
有效值	经常	964	57.4	57.9	57.9
	有时	563	33.5	33.8	91.7
	很少	90	5.4	5.4	97.1
	从不	30	1.8	1.8	98.9
	没必要	19	1.1	1.1	100.0
	总计	1666	99.2	100.0	
缺省值	系统缺省值	13	0.8		
合计		1679	100.0		

如表 56 所示，有 57.9%的大学生表示经常会在公共场合主动帮助老弱病残儿童，有 33.8%的大学生表示根据实际情况有时会那样做。说明当代大学生有一定的道德意识，但是能不能将这一好习惯随时随地的保持，还要看具体的情况。

表 57　同学有困难愿意帮助

		频次	百分比	有效百分比	累计百分比
有效值	很愿意	1491	88.8	89.8	89.8
	不愿意	84	5.0	5.1	94.8
	无所谓	86	5.1	5.2	100.0
	总计	1661	98.9	100.0	
缺省值	系统缺省值	18	1.1		
合计		1679	100.0		

当问到“同学有困难你愿不愿意帮助”时，有89.8%的大学生表示很愿意帮助别人。说明当代大学生除了注重提高自身的技能时，还是愿意尽己所能去帮助别人，做一个全面发展的高素质的人。

表 58　你认为中华民族的传统道德是否适应现代社会发展

		频次	百分比	有效百分比	累计百分比
有效值	能适应社会发展	955	56.9	57.6	57.6
	必须通过改造才能适应社会发展	503	30.0	30.4	88.0
	将被社会所淘汰	56	3.3	3.4	91.4
	说不清	143	8.5	8.6	100.0
	总计	1657	98.7	100.0	
缺省值	系统缺省值	22	1.3		
合计		1679	100.0		

当问到怎么理解中华民族的传统道德是否适应现代社会发展的问题时，有57.6%的大学生表示能够适应发展，有30.4%的大学生表示必须通过改造才能够适应社会发展。说明当代大学生思想的多样性，在传统和现代之间，持有自己的观点，自主性增强。

五　心理

表 59　自我认为在人格上最为突出的优势是

		频次	百分比	有效百分比	累计百分比
有效值	合作	346	20.6	20.7	20.7
	自制	153	9.1	9.2	29.9
	果断	135	8.0	8.1	37.9
	独立	249	14.8	14.9	52.8
	忍耐	186	11.1	11.1	64.0
	宽容	240	14.3	14.4	78.3
	正直	112	6.7	6.7	85.0
	诚实	183	10.9	11.0	96.0
	守信	67	4.0	4.0	100.0
	总计	1671	99.5	100.0	
缺省值	系统缺省值	8	0.5		
合计		1679	100.0		

如表 59 所示，在有效调查问卷中有 20.6%的大学生认为合作是自己最突出的优势，其次有 14.9%的大学生认为自己最突出的优势是独立，排在最后两位的是正直和守信。高校应该加强大学生关于诚信和正义的教育，帮助大学生在人格上完善自我。

表 60　你喜欢与什么性格的人交往

		频次	百分比	有效百分比	累计百分比
有效值	内向型	147	8.8	8.8	8.8
	偏内向型	129	7.7	7.7	16.5
	综合型	713	42.5	42.7	59.3
	偏外向型	310	18.5	18.6	77.9
	外向型	369	22.0	22.1	100.0
	总计	1668	99.3	100.0	

续表

		频次	百分比	有效百分比	累计百分比
缺省值	系统缺省值	11	0.7		
合计		1679	100.0		

对“你喜欢与什么性格的人交往”的调查中，有42.5%的被调查者喜欢与综合性格的人交往，其次有22.0%的调查者喜欢与外向的人交往，仅有8.8%的调查者喜欢与内向的人交往。因此，大学生要想有良好的人际关系，最好培养自己外向的人格特质。

表61　　你认为你在大学期间的心理健康程度是

		频次	百分比	有效百分比	累计百分比
有效值	阳光	936	55.7	56.4	56.4
	多云	468	27.9	28.2	84.6
	灰色	135	8.0	8.1	92.8
	灰蒙	73	4.3	4.4	97.2
	阴暗	47	2.8	2.8	100.0
	总计	1659	98.8	100.0	
缺省值	系统缺省值	20	1.2		
合计		1679	100.0		

表61是大学生对自己在大学期间的心理健康程度的反映，其中有55.7%的调查者认为自己在大学期间的心理健康程度属于阳光型，有4.3%者认为自己在大学期间的心理健康程度属于灰蒙型。说明当代大学生的心理健康不容乐观，我们应该加强大学生的心理健康教育。

表 62　　你自我感觉，相比过去，你的心理状态是

		频次	百分比	有效百分比	累计百分比
有效值	多了一些阳光	630	37.5	37.8	37.8
	多了一些亮丽	391	23.3	23.5	61.3
	少了一些阳光	264	15.7	15.8	77.1
	多了一些灰色	126	7.5	7.6	84.7
	多了一些阴暗	80	4.8	4.8	89.5
	没有变化	87	5.2	5.2	94.7
	说不清楚	88	5.2	5.3	100.0
	总计	1666	99.2	100.0	
缺省值	系统缺省值	13	0.8		
合计		1679	100.0		

在“你自我感觉，相比过去，你的心理状态”变化的统计中，有61.3%调查者表示比过去多了一些阳光和亮丽，还有少数部分大学生表示生活多了些阴暗和灰色，我们应该加强对这部分同学的关注，将他们的阴暗转化为阳光，带给他们生活的自信和勇气，从而感受生命的美好。

表 63　　你认为你现在的压力是

		频次	百分比	有效百分比	累计百分比
有效值	大	801	47.7	48.0	48.0
	一般	695	41.4	41.6	89.6
	小	125	7.4	7.5	97.1
	无	48	2.9	2.9	100.0
	总计	1669	99.4	100.0	
缺省值	系统缺省值	10	0.6		
合计		1679	100.0		

表 63 是对自我压力的认识的统计，有 47.7%的调查者认为自己的压力较大，有 41.4%的调查者认为自己的压力一般，没有压力的大学生占到 2.9%。说明当代大学生面对日益加快的社会节奏表现出压力感，高校应该帮助他们疏导内心的心理压力，营造出一个快乐轻松的校园生活。

如果压力大，导致你心理压力的最主要原因是

		频次	百分比	有效百分比	累计百分比
有效值	经济状况	227	13.5	17.1	17.1
	感情状况	137	8.2	10.3	27.4
	学习压力	509	30.3	38.4	65.8
	就业压力	296	17.6	22.3	88.1
	专业压力	35	2.1	2.6	90.7
	学习氛围	30	1.8	2.3	93.0
	人际关系	18	1.1	1.4	94.3
	成绩或成就	75	4.5	5.7	100.0
	总计	1327	79.0	100.0	
缺省值	系统缺省值	352	21.0		
合计		1679	100.0		

由调查统计可以得知，有97.1%的大学生表示自己有压力，导致压力的主要原因，排在前三位的分别是学习压力、就业压力和经济状况，排在后三位的分别是专业压力、学习氛围和人际关系压力。因此，高校应该针对大学生的压力来源有的放矢地进行针对性的教育，保证大学生的心理压力可以得到及时的排遣。

表64　　你认为导致现在个别大学生自杀的原因是

		频次	百分比	有效百分比	累计百分比
有效值	心理环境因素	279	16.6	16.8	16.8
	心理状况影响	409	24.4	24.6	41.3
	外界的心理压力太大	381	22.7	22.9	64.2
	个人心理因素不佳	563	33.5	33.8	98.1
	其他	32	1.9	1.9	100.0
	总计	1664	99.1	100.0	
缺省值	系统缺省值	15	0.9		
合计		1679	100.0		

但问到你怎么看待大学生自杀的现象时，选择最多的是认为个人心理因素不佳，其次是外界的心理压力太大。在诱导大学生生命危机事件发生

的过程中，外界变化的影响是应激源，个人心理因素是人格特质问题，我们应该结合这两方面，来对大学生开展心理健康教育。

表65 当你遇到烦恼时，你常常会很自然地去做的事

		频次	百分比	有效百分比	累计百分比
有效值	看书	234	13.9	14.1	14.1
	找朋友聊天	248	32.6	33.0	47.0
	逛街	159	9.5	9.6	56.6
	上网	214	12.7	12.9	69.5
	封闭自己	106	6.3	6.4	75.8
	体育运动	146	8.7	8.8	84.6
	听音乐、看电影等娱乐	256	15.2	15.4	100.0
	总计	1663	99.0	100.0	
缺省值	系统缺省值	16	1.0		
合计		1679	100.0		

表65是对“遇到烦恼时，你常会很自然地去做的事”的统计，有32.6%的调查者是找朋友聊天，有15.2%的调查者是听音乐、看电影等娱乐，有13.9%的调查者是看书，由此可看出当大学生遇到烦恼时都会采取积极正确方式去解决。但是也有少数部分选择封闭自己，自己承受，这样可能会引起危机的发生。

表66 如果你心理不适，会去心理咨询吗

		频次	百分比	有效百分比	累计百分比
有效值	很愿意	406	24.2	24.4	24.4
	比较愿意	471	28.1	28.3	52.7
	不会想到	435	25.9	26.1	78.8
	不愿意	254	15.1	15.3	94.1
	很不愿意	29	1.7	1.7	95.8
	没什么用	70	4.2	4.2	100.0
	总计	1665	99.2	100.0	
缺省值	系统缺省值	14	0.8		
合计		1679	100.0		

如表66所示，有52.7%的大学生表示如果自己心理不适会选择去心理咨询，还有部分大学生认为心理咨询根本没什么用。说明当代大学生还不能够正确的看待心理咨询这一问题，遇到问题宁愿自己封闭和承受，也不去求助专业的心理疏导人员，学校应该引起重视。

表67　　你是否在业余时间里参加过体育锻炼或文娱活动

		频次	百分比	有效百分比	累计百分比
有效值	经常参加	513	30.6	30.9	30.9
	有时参加	789	47.0	47.5	78.3
	不太参加	234	13.9	14.1	92.4
	从不参加	97	5.8	5.8	98.3
	不想参加	29	1.7	1.7	100.0
	总计	1662	99.0	100.0	
缺省值	系统缺省值	17	1.0		
合计		1679	100.0		

在业余时间是否参加体育锻炼或文娱活动的统计，有时参加的学生占47.0%，经常参加的学生占30.6%，从不参加的学生占5.8%，从统计能看出大学生在业余时间还是比较重视和乐于参与体育锻炼或文娱活动的。

表68　　你的学习动机是

		频次	百分比	有效百分比	累计百分比
有效值	为祖国的繁荣	396	23.6	23.8	23.8
	为报效父母养育	607	36.2	36.5	60.2
	为过去的理想	438	26.1	26.3	86.5
	为今后赚大钱	135	8.0	8.1	94.7
	为今后能当大官	25	1.5	1.5	96.2
	为光宗耀祖	21	1.3	1.3	97.4
	为一张文凭	43	2.6	2.6	100.0
	总计	1665	99.2	100.0	
缺省值	系统缺省值	14	0.8		
合计		1679	100.0		

在对学习动机的统计中，排在前三位的分别是为了祖国的繁荣、父母的养育和过去的理想，分别占到了23.8%、36.5%和26.3%，但也有部分大学生表示自己学习的动机是为了今后能够赚大钱、当大官或一纸文凭。说明也有少数大学生学习的动机并不单纯，把学习当成了实现自己欲望的工具，这样的大学生在学习过程中也就感受不到学习的乐趣。

表69　　你喜欢接触的同学

		频次	百分比	有效百分比	累计百分比
有效值	有知识有才华	505	30.1	30.5	30.5
	有钱有权势	72	4.3	4.4	34.9
	正直且诚实	590	35.1	35.7	70.6
	性格相似兴趣相仿	385	22.9	23.3	93.8
	讲义气的	69	4.1	4.2	98.0
	其他	33	2.0	2.0	100.0
	总计	1654	98.5	100.0	
缺省值	系统缺省值	25	1.5		
合计		1679	100.0		

但问到你喜欢接触的同学类型时，选择最多的是喜欢诚实而正直的同学，占到了35.7%，最不喜欢的类型就是有钱有权势、意气用事的同学。说明现在大学生择友标准是符合社会主流价值观的，有正确的择友原则和标准。

表70　　你认为大学教师最应具备的品质依次最重要的是

		频次	百分比	有效百分比	累计百分比
有效值	博学	762	45.4	46.4	87.1
	责任	669	39.8	40.7	87.1
	创新	212	12.6	12.9	100.0
	总计	1643	97.9	100.0	
缺省值	系统缺省值	36	2.1		
合计		1679	100.0		

对“你认为大学教师最应该具备的品质依次最重要的是”统计得出，大学生认为大学教师最应该具备的品质：最重要的是博学，其次是责任，

其三是创新。高校可以将大学生对教师的素质要求作为参考来引进教师。

表71 你认为教师对你影响最大的方面是

		频次	百分比	有效百分比	累计百分比
有效值	为人正直	420	25.0	25.2	25.2
	做事认真	470	28.0	28.2	53.4
	视野开阔	347	20.7	20.8	74.2
	思维敏捷	148	8.8	8.9	83.0
	情感细腻	39	2.3	2.3	85.4
	治学严谨	139	8.3	8.3	93.7
	爱好广泛	62	3.7	3.7	97.4
	没有正面作用只有负面作用	43	2.6	2.6	100.0
	总计	1668	99.3	100.0	
缺省值	系统缺省值	11	0.7		
合计		1679	100.0		

在大学生认为教师对其影响的统计中，认为教师的做事认真和为人正直对其的影响最大，分别占总数的28.0%和25.0%，同时也有2.6%的大学生认为教师对其存在负面影响。这不得不引起我们的思考。

表72 当你遇到困难需要他人帮助时，你首先想找帮忙的人是

		频次	百分比	有效百分比	累计百分比
有效值	上课老师	80	4.8	4.8	4.8
	同学	221	13.2	13.2	18.0
	父母	416	24.8	24.9	42.9
	知心朋友	819	48.8	49.0	92.0
	班主任	47	2.8	2.8	94.8
	辅导员	6	0.4	0.4	95.1
	心理咨询师	22	1.3	1.3	96.5
	社会著名人士	13	0.8	0.8	97.2
	其他	46	2.7	2.8	100.0
	总计	1670	99.5	100.0	
缺省值	系统缺省值	9	0.5		
合计		1679	100.0		

在对“遇到困难需要他人帮忙时，你首先想找的人是”的统计，其中有48.8%的会首先找知心朋友，其次有24.8%的首先会找父母。遇到困难大学生想到最少的就是班主任、辅导员和心理咨询师，这不得不引起我们对高校思想理论工作“三支队伍”发挥作用的思考。

六　教育

表73　　你对图书资料及网络资源的满意度

		频次	百分比	有效百分比	累计百分比
有效值	很满意	669	39.8	40.7	40.7
	有些不满意	762	45.4	46.4	46.4
	很不满意	212	12.6	12.9	100.0
	总计	1643	97.9	100.0	
缺省值	系统缺省值	36	2.1		
合计		1679	100.0		

当问到“你对图书资料及网络资源的满意度”问题时，表示很满意的大学生占到40.7%，不满意的占到59.3%。说明大学的图书资料及网络资源还一定程度上存在问题，应该改进，争取提高大学生的满意度。

表74　　所在学校主要关心学生的哪些状况

		频次	百分比	有效百分比	累计百分比
有效值	品德	435	25.9	26.1	26.1
	能力	500	29.8	30.0	56.0
	思维	139	8.3	8.3	64.3
	分数	303	18.0	18.2	82.5
	不出事	240	14.3	14.4	96.9
	其他	52	3.1	3.1	100.0
	总计	1669	99.4	100.0	
缺省值	系统缺省值	10	0.6		
合计		1679	100.0		

当问到学校关心学生的哪些状况的问题时，排在前三位的是能力、品

德和分数。说明当代高校对大学生的要求首先考虑的是能力的培养，其次是良好品德的素质，然后才是分数，这是符合社会发展的要求的，也是顺应时代的所需。

表75　　学校对考试作弊学生的处罚

		频次	百分比	有效百分比	累计百分比
有效值	太严厉	860	51.2	53.0	53.0
	不太严厉	341	20.3	21.0	74.0
	还比较宽松	211	12.6	13.0	87.0
	很宽松	83	4.9	5.1	92.1
	说不清楚	129	7.7	7.9	100.0
	总计	1624	96.7	100.0	
缺省值	系统缺省值	55	3.3		
合计		1679	100.0		

由表75可以看出，有53%的大学生表示学校对作弊考生的处罚太严厉了，表示不太严厉或者比较宽松的占到了34%，还有少数同学表示很宽松或者说不清楚。针对作弊的现象，学校除了事后处理外，更应该加强考试前的诚信教育，让大学生明白作弊的危害，并自觉地遵守考试纪律，通过自己的真实水平来完成答卷。

表76　　对学校规章制度的了解

		频次	百分比	有效百分比	累计百分比
有效值	很了解	860	51.2	51.6	51.6
	了不解	340	20.3	20.4	72.0
	不想了解	121	7.2	7.3	79.3
	了解但现在忘了	226	13.5	13.6	92.9
	说不清楚	118	7.0	7.1	99.9
	其他	1	0.1	0.1	100.0
	总计	1666	99.2	100.0	
缺省值	系统缺省值	13	0.8		
合计		1679	100.0		

如表 76 所示，有 51. 6%的大学生表示对学校的规章制度很了解，不了解或者了解但是现在忘了的分别占到了 20. 4%和 13. 6%。这在一定程度上说明，学校的规章制度并没有很好的深入大学生的心里，应该加强教育，让大学生明白行为必须遵守一定的规章制度，否则违规之后必将酿成遗憾。

表 77　　大部分教师的敬业精神

		频次	百分比	有效百分比	累计百分比
有效值	很好	410	24. 4	24. 6	24. 6
	比较好	796	47. 4	47. 7	72. 2
	不太好	354	21. 1	21. 2	93. 4
	不好	69	4. 1	4. 1	97. 6
	说不清楚	41	2. 4	2. 4	100. 0
	总计	1670	99. 5	100. 0	
缺省值	系统缺省值	9	0. 5		
合计		1679	100. 0		

当问到“大部分教师的敬业精神”时，有 47. 7%的大学生表示所在学校的教师的敬业精神比较好，表示不好的占到了 25. 3%，完全肯定的占到了 24. 6%。说明当代教师的敬业精神并不能够完全受学生的认可，高校应该加强对教师的敬业奉献精神的教育，真正做到为人师表。

表 78　　大学教师在你心中的地位

		频次	百分比	有效百分比	累计百分比
有效值	值得尊敬	900	53. 6	54. 1	54. 1
	比较尊敬	555	33. 1	33. 3	87. 4
	不太尊敬	103	6. 1	6. 2	93. 6
	不值得尊敬	48	2. 9	2. 9	96. 5
	说不清楚	59	3. 5	3. 5	100. 0
	总计	1665	99. 2	100. 0	
缺省值	系统缺省值	14	0. 8		
合计		1679	100. 0		

当问到教师在你心中的地位如何的问题时，有 54.1%的大学生表示值得尊敬，还有 9.1%的大学生表示不太尊敬或者根本不值得尊敬。说明教师的地位在大学生心里还不够高，教师应该加强自身修养和教学技能，争取做一个大学生认可且尊敬的好老师。

表 79　你和同学在课堂与老师不互动的原因

		频次	百分比	有效百分比	累计百分比
有效值	教师水平不高	193	11.5	11.7	11.7
	教师教学方法不当	311	18.5	18.9	30.6
	对课堂没有兴趣	356	21.2	21.6	52.2
	不喜欢上课的教师	79	4.7	4.8	56.9
	自己准备不充分	361	21.5	21.9	78.8
	老师照本宣科	194	11.6	11.8	90.6
	说不清楚	155	9.2	9.4	100.0
	总计	1649	98.2	100.0	
缺省值	系统缺省值	30	1.8		
合计		1679	100.0		

如表 79 所示，大学生认为在课堂上不与老师互动的原因有很多，其中排在前三位的是：自己准备不充分、对课堂没有兴趣和教师的教学方法不当。还有其他学生表示教师水平不高、教师照本宣科等等。这在一方面对大学生提出了要求，上课前要做充分的准备；另一方面，要求教师提高自身授课水平，不要只是照本宣科完全不与学生互动。

表 80　你在什么情况下与老师联系

		频次	百分比	有效百分比	累计百分比
有效值	学习困难	901	53.7	54.5	54.5
	经济困难	129	7.7	7.8	62.3
	思想困惑	196	11.7	11.9	74.1
	就业困难	428	25.5	25.9	100.0
	总计	1654	98.5	100.0	
缺省值	系统缺省值	25	1.5		
合计		1679	100.0		

当问到大学生一般什么情况下与老师联系的时候，有 54.5%的大学生表示在学习困难时选择求助于教师，还有 25.9%的大学生在就业产生困难的时候会去联系教师。教师和学生的情感不仅仅应该是只建立在课堂上，还应该在生活中其他方面也加强联系，这样才能体现出全方位育人。

表 81　大学教育中对自己影响较大的是

		思想教育	专业教育	课堂教育	校园文化教育	社会实践教育	思想政治理论教育	其他
样本量	有效值	1678	1677	1678	1677	1678	1675	1675
	缺省值	1	2	1	2	3	4	4
平均数		0.70	1.02	0.84	0.75	0.98	0.47	0.24
中位数		0.00	1.00	0.00	0.00	0.00	0.00	0.00
众数		0	0	0	0	0	0	0
求和		1182	1718	1403	1265	1649	792	395

由表 81 可以看出在大学所接受的教育中，大学生认为对自己影响较大的教育排在前三位的依次为：专业教育、社会实践教育、课堂教育，分别占 52.7%、55.4%和 59.7%。高校应该满足大学生的需求，加强此方面的教育，培养出全面发展的人才。

表 82　你对考硕考博的看法

		频次	百分比	有效百分比	累计百分比
有效值	必由之路	320	19.1	19.2	19.2
	可以试一下	841	50.1	50.4	69.5
	没必要考	83	4.9	5.0	74.5
	很想考但怕考不上	224	13.3	13.4	87.9
	也不一定是好出路	155	9.2	9.3	97.2
	说不清楚	47	2.8	2.8	100.0
	总计	1670	99.5	100.0	
缺省值	系统缺省值	9	0.5		
合计		1679	100.0		

关于对大学生考硕考博的看法的问题时，有人数过半的大学生抱着试一试的态度，还有19.2%的大学生表示考硕考博是自己的必由之路，另外大学生还有很想考但怕考不上的心理等。面对着严峻的就业形势和自身对知识的渴求，不少大学生选择了继续深造，但是不管是什么样的心态，都要根据自己的实际情况来做选择。

表83　　你认为社会对现代大学生的评价

		频次	百分比	有效百分比	累计百分比
有效值	天之骄子，社会的栋梁	223	13.3	13.4	13.4
	有学历但低能力，有文凭但低水平	510	30.4	30.6	44.1
	整体素质比20世纪80、90年代学生有所降低，但还是属于社会上的高层次群体	276	16.4	16.6	60.6
	现代大学生整体素质是好的，属于社会的高层次群体，只是市场经济对大学生的要求更现实了	453	27.0	27.2	87.9
	有些失望	107	6.4	6.4	94.3
	很失望	28	1.7	1.7	96.0
	说不清楚	67	4.0	4.0	100.0
	总计	1664	99.1	100.0	
缺省值	系统缺省值	15	0.9		
合计		1679	100.0		

当问到现代社会对大学生的评价时，由表83可以看出有30.4%的大学生认为社会对自己的评价是有学历但低能力、有文凭但低水平，有27%的人认为现代大学生整体素质是好的，属于社会高层次群体，只是市场经济对大学生的要求更现实了。大学生应该针对社会要求，来提高自己各方面的能力，争取适应社会对人才的要求。

表 84　　你对大学生暑期实践活动安排的满意度

		频次	百分比	有效百分比	累计百分比
有效值	很满意	338	20.1	20.3	20.3
	比较满意	599	35.7	36.1	56.4
	不太满意	436	26.0	26.2	82.7
	不满意	167	9.9	10.1	92.7
	无所谓	58	3.5	3.5	96.2
	说不清楚	63	3.8	3.8	100.0
	总计	1661	98.9	100.0	
缺省值	系统缺省值	18	1.1		
合计		1679	100.0		

当问到“对暑期实践活动安排的满意度”时，选择满意的占到了56.4%，还有7.3%的大学生表示无所谓或者说不清楚。对于暑期实践活动，由于每个人的暑期安排不一样，导致有的人会出现相冲突的情况，这就要求高校在实践活动的安排上，应该遵循大学生的生活规律或者兴趣所在，争取得到大学生的肯定和满意。

表 85　　你选择专业考虑的因素是

		国家需要	个人兴趣	就业形势	经济因素	家庭原因	教师建议	无可奈何	随便随意	其他
样本量	有效值	1678	1678	1678	1678	1678	1676	1678	1677	1677
	缺省值	1	1	1	1	1	3	1	2	2
平均数		0.26	0.64	0.60	0.28	0.22	0.11	0.69E-02	0.68E-02	0.13E-02
中位数		0.00	1.00	0.00	0.00	0.00	0.00	0.00	0.00	0.00
众数		0	0	0	0	0	0	0	0	
求和		430	1082	1009	476	376	176	129	112	86

当问到“你选择专业考虑的因素”时，排在前两位的是个人兴趣和就业形势，还有少数大学生表示无所谓随便选择。关于专业的选择，大部分大学生都能够根据自己的兴趣爱好来作为选择标准，这是合理的也是正确的。

表 86　　你认为你的专业前景是

		频次	百分比	有效百分比	累计百分比
有效值	发展远景很好	762	45.4	46.4	46.4
	近期有一定的发展	407	24.2	24.8	71.2
	发展的远景不太好	229	13.6	13.9	85.1
	发展远景不好	92	5.5	5.6	90.7
	发展远景萎缩	52	3.1	3.2	93.9
	不了解	101	6.0	6.1	100.0
	总计	1643	97.9	100.0	
缺省值	系统缺省值	36	2.1		
合计		1679	100.0		

当问到“对专业前景的看法”时，有45.4%的学生认为自己的专业发展远景很好，同时也有3.1%的学生认为发展远景萎缩。总体上看，当代大学生还是比较自信的，这样也会让大学生在学习的过程中多了份动力，应该保持。

表 87　　父母对你管教严格的方面

	人品	学习	生活	交朋友	经济	不愿意管	根本不管	其他
样本量	1678	1678	1678	1677	1678	1678	1678	1677
求和	1330	2188	2378	1366	852	91	52	129
在求和中所占百分比	100.0%	100.0%	100.0%	100.0%	100.0%	100.0%	100.0%	100.0%
在样本量中所占百分比	100.0%	100.0%	100.0%	100.0%	100.0%	100.0%	100.0%	100.0%

当问到“父母对你管教严格的方面”，排在前三位的是学习、生活、交朋友，对大学生很少管或者不愿意管的大学生还是占到了少数。说明父母对大学生的教育首先注重道德品质的提高，然后才是学习，教会大学生做事先做人的道理。

表 88　　父母对你的正面影响是

		频次	百分比	有效百分比	累计百分比
有效值	为人正直	651	38.8	39.3	39.3
	做事认真	364	21.7	22.0	61.3
	生活节俭	393	23.4	23.7	85.0
	对长辈孝敬	138	8.2	8.3	93.4
	兴趣爱好	32	1.9	1.9	95.3
	处理公与私之间的关系	51	3.0	3.1	98.4
	其他	27	1.6	1.6	100.0
	总计	1656	98.6	100.0	
缺省值	系统缺省值	23	1.4		
合计		1679	100.0		

当问到“父母对你的正面影响”时，大学生表示父母在为人正直、生活节俭、做事认真三方面对子女影响较大，分别占 39.3%、23.7%以及 22%。父母对大学生的影响表现在方方面面，因此父母应该在各方面为自己的孩子做榜样，在潜移默化中培养孩子的良好品质。

表 89　　你认为父母对自己的满意度

		频次	百分比	有效百分比	累计百分比
有效值	很满意	1124	66.9	67.6	67.6
	不满意	228	13.6	13.7	81.3
	无所谓	63	3.8	3.8	85.1
	说不清楚	248	14.8	14.9	100.0
	总计	1663	99.0	100.0	
缺省值	系统缺省值	16	1.0		
合计		1679	100.0		

当问到“父母对自己的满意度”时，有 67.6%的大学生表示父母对自己很满意，选择无所谓和说不清楚的占到了 18.7%。父母和孩子之间的关系在很大程度上影响到孩子的成长，大学生如果有了来自父母的肯定和鼓励，在学习和生活上会更加自信，发展会更快。

表 90　　家庭对你的帮助

		频次	百分比	有效百分比	累计百分比
有效值	经济上	793	47.2	47.7	47.7
	生活上	414	24.7	24.9	72.7
	情感上	176	10.5	10.6	83.3
	心理上	138	8.2	8.3	91.6
	人际交往上	29	1.7	1.7	93.3
	就业上	4	0.2	0.2	93.6
	学习上	46	2.7	2.8	96.3
	思想上	61	3.6	3.7	100.0
	总计	1661	98.9	100.0	
缺省值	系统缺省值	18	1.1		
合计		1679	100.0		

如表 90 所示，家庭对大学生的帮助，排在前三位的是经济上、生活上和情感上，分别占到了 47.7%、24.9%和 10.6%。家庭作为影响大学生的另一场所，不管是在情感上还是在支持上都远超过学校，因此学校的教育应该争取家庭的支持，一同为大学生的健康成长保驾护航。

表 91　　你与父母联系常用方式是

		频次	百分比	有效百分比	累计百分比
有效值	电话	1320	78.6	81.4	81.4
	网络	48	2.9	3.0	84.3
	书信	49	2.9	3.0	87.4
	经常回家	179	10.7	11.0	98.4
	短信	17	1.0	1.0	99.4
	一般不联系	9	0.5	0.6	100.0
	总计	1622	96.6	100.0	
缺省值	系统缺省值	57	3.4		
合计		1679	100.0		

当问到大学生与父母的联系方式时，选择最多的是电话，占到了 81.4%，其次是常回家看看，还有部分同学表示一般不与家里联系。大学

生一般远离家乡去求学，应该加强与家里的联系和沟通，让家里人放心，家离得近的同学可以选择多回家看看。

七　行为

表 92　是否恋爱

		频次	百分比	有效百分比	累计百分比
有效值	正在谈	468	27.9	28.2	28.2
	以前谈过，现在没有	470	28.0	28.3	56.5
	多次谈过	73	4.3	4.4	60.9
	从未谈过	627	37.3	37.8	98.7
	多次不成功	21	1.3	1.3	100.0
	总计	1659	98.8	100.0	
缺省值	系统缺省值	20	1.2		
合计		1679	100.0		

当问到大学生的恋爱情况时，有 37.8%的被调查者表示从未谈过，还有的同学表示正在谈，也有的同学表示谈了多次但是未成功。恋爱只是大学生生活的一部分，高校应该引导大学生正确地来面对这一问题，正确处理好学业与爱情的关系，创造一个和谐快乐的大学生活。

表 93　恋爱动机

		频次	百分比	有效百分比	累计百分比
有效值	找生活的伴侣	530	31.6	34.5	34.5
	解决寂寞和孤独	272	16.2	17.7	52.2
	增强交往和沟通的能力	376	22.4	24.5	76.7
	找事业的伴侣	88	5.2	5.7	82.4
	找临时玩伴	26	1.5	1.7	84.1
	其他	244	14.5	15.9	100.0
	总计	1536	91.5	100.0	
缺省值	系统缺省值	143	8.5		
合计		1679	100.0		

在回答恋爱动机的问题时，排在前三位的是找生活的伴侣、增强交往和沟通的能力以及解决寂寞和孤独，还有部分同学表示找临时的玩伴。说明大学生的恋爱观还存在一定的问题，高校应该加强大学生的恋爱观教育。

表 94　　上网目的

		频次	百分比	有效百分比	累计百分比
有效值	帮助学习	750	44.7	45.1	45.1
	聊天交友	370	22.0	22.2	67.3
	玩游戏	175	10.4	10.5	77.8
	炒股等投资行为	34	2.0	2.0	79.9
	寻找刺激的信息	60	3.6	3.6	83.5
	其他	275	16.4	16.5	100.0
	总计	1664	99.1	100.0	
缺省值	系统缺省值	15	0.9		
合计		1679	100.0		

随着科学技术的发展，面对网络带给人们生活的便利，越来越多的人接触并喜欢上了网络。在对上网目的的调查中，排在前两位的是帮助学习、聊天交友，占到了 45.1% 和 22.2%，还有其他的同学通过网络来玩游戏、炒股等投资行为或寻找刺激的信息。我们应该加强大学生的网络思想政治教育，帮助大学生培养合理健康文明的上网习惯。

表 95　　是否旷课

		频次	百分比	有效百分比	累计百分比
有效值	经常	110	6.6	6.6	6.6
	多次	159	9.5	9.5	16.1
	有过一两次	605	36.0	36.3	52.4
	从来没有	659	39.2	39.5	92.0
	没有想过	88	5.2	5.3	97.2
	想过但没有做过	46	2.7	2.8	100.0
	总计	1667	99.3	100.0	
缺省值	系统缺省值	12	0.7		
合计		1679	100.0		

在被调查的学生中从来没有旷过课的占近40%，经常旷课和多次旷课的大学生占到16.1%，还有少数同学想过旷课但是没有行动。这都在一定程度说明，当代大学生学习的热情和积极性存在一定的问题，纷纷选择逃课或者旷课，应该加强对这部分同学的思想政治教育。

表96 对本科或高职学生在校外租房的态度

		频次	百分比	有效百分比	累计百分比
有效值	坚决反对	347	20.7	20.8	20.8
	比较反对	327	19.5	19.6	40.4
	可以理解	833	49.6	49.9	90.3
	一概不反对	82	4.9	4.9	95.2
	说不清楚	80	4.8	4.8	100.0
	总计	1669	99.4	100.0	
缺省值	系统缺省值	10	0.6		
合计		1679	100.0		

当问到“你对大学生在校外租房的态度”时，有约40%的学生持反对态度，但是也有将近一半的人认为校外租房的现象可以理解。说明当代大学生能够很好地理解和尊重别人的想法，对他人的容纳、包容度也在增强。

表97 是否作弊

		频次	百分比	有效百分比	累计百分比
有效值	经常	95	5.7	5.7	5.7
	多次	84	5.0	5.1	10.8
	有过一两次	474	28.2	28.5	39.3
	从来没有	1008	60.0	60.7	100.0
	总计	1661	98.9	100.0	
缺省值	系统缺省值	18	1.1		
合计		1679	100.0		

关于考试作弊一事，60%的学生从来没有，但也有10.8%的大学生表

示经常和多次作弊。我们应该加强对这部分同学的诚信教育，创造良好的考场氛围。让大学生明白要想考出好成绩，除非通过自身的学习努力，靠作弊来赢得高分不仅是不道德的做法，也是对自己不负责任的行为。

表98　与同学对所住的寝室多少时间打扫一次

		频次	百分比	有效百分比	累计百分比
有效值	经常打扫	1179	70.2	70.8	70.8
	较少打扫	286	17.0	17.2	87.9
	能不扫就不扫	89	5.3	5.3	93.3
	检查才扫	97	5.8	5.8	99.1
	基本不扫	15	0.9	0.9	100.0
	总计	1666	99.2	100.0	
缺省值	系统缺省值	13	0.8		
合计		1679	100.0		

宿舍是大家休息的地方，当然卫生问题也不容忽视，在被调查的学生当中70%的经常打扫，当然基本不扫的也有，但整体而言还较好。大学生在学习之余还应该注意自己的个人和集体卫生，保持良好的生活习惯。

表99　大学对学生再就业过程中的违约行为的态度

		频次	百分比	有效百分比	累计百分比
有效值	应该加以限制	634	37.8	38.4	38.4
	应该严肃处理	683	40.7	41.3	79.7
	应该顺其自然	257	15.3	15.6	95.3
	不该加以限制	78	4.6	4.7	100.0
	总计	1652	98.4	100.0	
缺省值	系统缺省值	27	1.6		
合计		1679	100.0		

近些年来频频出现的学生违约现象引起了社会的普遍关注，针对此大家众说纷纭。在被调查者中有20.3%的大学生表示应该顺其自然和不应该加以限制，近80%的大学生还是认为应该加以制止或者是严肃处理。

这反映出大学生的诚信观和价值观存在问题，高校应该加强对大学生的就业观教育。

表 100　　周围同学同居现象

		频次	百分比	有效百分比	累计百分比
有效值	很多	237	14.1	14.6	14.6
	较多	354	21.1	21.8	36.4
	很少	1032	61.5	63.6	100.0
	总计	1623	96.7	100.0	
缺省值	系统缺省值	56	3.3		
合计		1679	100.0		

当问到“周围同学同居现象”时，有63.6%的大学生表示周围很少有这样的现象发生。但是也有36.4%的大学生表示周围也存在同居的情况。说明当代大学生对于同居持开放的态度，他们也完全没有想到同居的后果，高校应该加强对大学生树立正确的恋爱观教育。

表 101　　对允许本科生在校期间结婚的看法

		频次	百分比	有效百分比	累计百分比
有效值	完全同意	310	18.5	18.6	18.6
	不同意	630	37.5	37.8	56.5
	无所谓	490	29.2	29.4	85.9
	说不清	235	14.0	14.1	100.0
	总计	1665	99.2	100.0	
缺省值	系统缺省值	14	0.8		
合计		1679	100.0		

随着大学婚禁的解除，针对在校生结婚的看法也是一直饱受争议，在被调查的学生中有37.8%的大学生表示不同意，无所谓的和说不清的占到了43.5%。说明大学生对这一现象的看法出现了多元化，表明大学生思想的包容性和开放性。

表 102 在校期间兼职情况

		频次	百分比	有效百分比	累计百分比
有效值	一次以上	699	41.6	42.8	42.8
	很想做但没机会	761	45.3	46.6	89.4
	不想做	173	10.3	10.6	100.0
	总计	1633	97.3	100.0	
缺省值	系统缺省值	46	2.7		
合计		1679	100.0		

大学生兼职几乎随处可见，在被调查的人中约42%的人有一次兼职的经历，也有45%想做但没做，说明兼职对于大学生来说还是具有一定的吸引力的，为自己踏入社会也可以积淀一些经验。高校可以应运这一需求，为大学生创造条件。

表 103 对家教和社会兼职的意义

		频次	百分比	有效百分比	累计百分比
有效值	否	384	22.9	22.9	22.9
	挣钱助学	315	18.8	18.8	41.7
	了解社会	204	12.2	12.2	53.8
	锻炼能力	656	39.1	39.1	92.9
	帮助他人	72	4.3	4.3	97.2
	无所谓	17	1.0	1.0	98.2
	说不清	30	1.8	1.8	100.0
	总计	1678	99.9	100.0	
缺省值	系统缺省值	1	0.1		
合计		1679	100.0		

针对社会兼职的意义，约40%的人认为可以锻炼能力，也有约20%的人认为可以挣钱助学，顺便可以了解社会，但是也有少数大学生表示说不清。大学生能够充分认识到家教和社会兼职的意义，在学有余力的情况下可以去做兼职。

第三部分 结论

一 总体评价

（一）根据上述数据分析的结果可以看出，新疆高校大多数学生的政治思想观点明确，政治意识较高，热爱党，热爱祖国，热爱社会主义，能自觉拥护党的领导，支持党的路线、方针和政策，能够正确对待马列主义、毛泽东思想等党的基本理论，对我国的发展形势和全面建设小康社会、构建和谐社会态度乐观，充满信心。但在某些方面的认识和了解还不够，尤其新疆是多民族聚居地区，关于民族间的问题及政策法规的了解十分必要，在这些方面的不足还需要在高校政治思想教育中不断改进和提高。关于新疆高校大学生的道德认知及行为表现的分析可知，当前大学生的道德主流是健康向上的，大多数学生都认为“热爱祖国”“诚实守信”“自尊、自重、自爱”“富有责任心”“乐于助人”是一个人的优秀品质，并且应该在实际行动中去践行；但是也有一部分学生对道德观念的认识还有偏差，出现一些自私、个人主义等不良行为。因此，高校在进行道德教育过程中应注重这一问题，使学生不仅要在思想上正确认识问题，更要落实到具体的行为中去。

（二）大学生思想状况的演变路径在宏观层面上，主要表现为从传统的“单一稳定型”“觉悟信仰型”向“多元功利型”转变。在微观层面上，大学生的思想状况变化则更为复杂。新疆由于民族文化以及风俗习惯的多元化，区域经济发展的不平衡，在校大学生的思想状况，除了具有内地大学生思想状况的一般特征以外，还具有其鲜明的个性，需进一步深层次挖掘。

二 原因分析

在新疆高校，少数民族同学在在校大学生中占有较大的比例，这是新疆高校思想政治工作对象不同于内地高校的一大特色，因此，要有针对性的探讨国内外政治环境对新疆大学生思想政治教育的影响，就必须认真、深入研究少数民族大学生的思想状况。新时期少数民族大学生的思想状况可以从以下两方面予以分析：

（一）积极的方面

1. 少数民族同学同汉族同学的交流进一步深入。少数民族与汉族同学在共同的生活、学习环境中加强了语言、风俗习惯以及不同文化之间的交流，增进了少数民族与汉族同学之间的理解和沟通，消除了不同民族间的心理隔阂。虽然由于语言障碍在一定程度上影响了他们和汉族大学生的交流，但是为了提高自身素质和汉语学习水平，他们仍然对汉族学生表现出积极的交往热情，希望能和汉族同学多接触，多学习。

2. 少数民族大学生日益深刻地认识到在西部大开发过程中，新疆的稳定和经济的繁荣离不开各民族的和睦相处，相互理解，取长补短。他们深刻懂得新疆的发展历程就是各民族相互融合，共同进步的奋斗史。在当前西部大开发的历史机遇面前，民族团结显得更为重要。

（二）消极的方面

1. 一些少数民族同学由于自身所处的环境条件的制约，存在着狭隘的民族意识。例如部分少数民族同学不愿意同汉族同学进行思想、认识等层面的交流。封闭的民族自我意识和狭隘的民族情绪，使他们在一定程度上片面追求本民族利益最大化，排斥其他民族利益。诸如此类的思想严重阻碍了少数民族与汉族同学间的正常交流和沟通。不但与我们所倡导的社会主义新型民族关系格格不入，而且严重破坏了新疆的安定团结，阻碍了新疆的经济发展。

2. 境外三股势力对部分大学生的影响。近年来，民族分裂主义分子进行旨在分裂祖国的反动宣传，破坏了新疆的民族团结和社会稳定。他们把各个高校的少数民族同学作为渗透的主要对象。一些少数民族大学生在三股势力的影响下，立场发生动摇，甚至走上了颠覆祖国和影响新疆稳定的道路。

3. 当今时代经济全球化趋势不断加强。经济全球化不但加速了生产要素在全球范围内的自由流通和优化配置，也带来了信息流动和思想文化的快速传递，将世界连成一体，增强了人类的“全球意识”。重要的是随着经济全球化的进程加快，科技进步日新月异，各种思潮相互交错，彼此激荡，这必然会扩展到大学生的思想领域。同时，西方敌对势力也利用各种手段加紧推行“和平演变”战略，利用各种方式在政治、思想、文化等领域影响青年一代，使一些腐朽的价值观念、道德观念乘虚而入，对新时期大学生的思想带来一定冲击，表现在思想观念上，就造成思想观念多元化现象的普及和愈加严重的态势。

4. 知识经济时代到来，网络影响迅速扩大，这既为高校思想政治工作提供了现代化方法和途径，拓展了思想政治工作的空间和渠道，同时，也增加了思想政治工作的难度。多媒体已成为国际思想文化传媒争夺激烈的一大热点。西方国家一直没有放弃对社会主义国家的颠覆和演变，在多次尝试失败后，他们把希望寄托在社会主义国家新生代的身上。以美国为首的西方大国，充分利用其掌握的信息传播的控制力和影响力向其他国家尤其是社会主义国家传输资产阶级的意识形态、政治制度及价值观念等。对于思想开放、活跃，世界观、人生观和价值观还未完全形成的青年学生来说，这些东西极具迷惑力和吸引力。它们以网络为载体，利用网络传播速度快、覆盖范围广、难以控制的特点，使大学生中价值观多元化、拜金主义、实用主义、本位主义观念严重，这在客观上也给高校思想政治工作造成很大的困难，提出了新的挑战。

石河子大学课题组

2008 年 10 月

主要参考文献

《马克思恩格斯选集》第1卷，人民出版社1995年版。

《列宁选集》第1—4卷，人民出版社1995年版。

《毛泽东选集》第1—4卷，人民出版社1991年版。

《邓小平文选》第1—3卷，人民出版社1993年版。

《邓小平文选》第2卷，人民出版社1994年版。

《江泽民文选》第1—3卷，人民出版社2006年版。

江泽民：《论三个代表》，中央文献出版社2001年版。

江泽民：《江泽民论有中国特色社会主义（专题摘编）》，中央文献出版社2001年版。

胡锦涛：《在全国加强和改进大学生思想政治教育工作会议上的讲话》，《人民日报》2005年1月19日。

中共中央文献研究室：《十五大以来重要文献选编》，人民出版社2000年版。

教育部社会科学司组编：《普通高校思想政治理论课文献选编（1949—2006）》，中国人民大学出版社2007年版。

潘小娟、张辰龙：《当代西方政治学新词典》，吉林人民出版社2001年版。

燕继荣：《政治学十五讲》，北京大学出版社2004年版。

毛寿龙：《政治社会学》，中国社会科学出版社2001年版。

邹东涛：《中国经济发展和体制改革报告No.1：中国改革开放30年（1978—2008）》，社会科学文献出版社2008年版。

郑杭生：《中国人民大学中国社会发展研究报告（2002）：弱势群体与社会支持》，中国人民大学出版社2003年版。

王浦劬：《政治学基础》，北京大学出版社2014年版。

吴式颖：《马卡连柯教育文集》，人民教育出版社 2005 年版。

［日］猪口孝：《国家与社会》，高增杰译，经济日报出版社 1989 年版。

［德］赫尔穆特·施密特：《全球化与道德重建》，柴方国译，社会科学文献出版社 2001 年版。

［俄］谢·卡拉-穆尔扎：《论意识操纵》，徐昌翰等译，社会科学文献出版社 2004 年版。

［法］古斯塔夫·勒邦：《乌合之众——大众心理研究》，冯克利译，中央编译出版社 2000 年版。

［美］麦金太尔：《三种对立的道德探究观》，万俊人等译，中国社会科学出版社 1999 年版。

［苏］B. A. 苏霍姆林斯基：《给教师的建议》，杜殿坤编译，教育科学出版社 1984 年版。

［加］迈克·富兰：《变革的力量——透视教育改革》，中央教育科学研究所、加拿大多伦多国际学院译，教育科学出版社 2000 年版。

Merphy，J. &Louis，K. S （1999）Handbook of Research on Educational Administration. S. F. C. ：Jossey-bass Publishers.

Vare，J. W. ，Moral education in a democratia society：A confluent，eclectic aPProach. In G. L. SaPP（ED），Hand book of moral development.

后　记

党的十八大以来，以习近平同志为核心的党中央高度重视高校思想政治工作，先后召开了全国高校思想政治工作会议、全国教育大会、全国思想政治理论课教师座谈会，对进一步加强和改进新形势下的高校思想政治工作和人才培养工作做出了重要部署，取得了显著成效。高校思想政治教育进入了繁荣发展、精准施策的新阶段。在习近平新时代中国特色社会主义思想指引下，在思想政治教育战线同仁守正创新、昂扬奋进精神的激励鼓舞下，我们把持续研究多年的研究成果《改革开放以来高校师生思想变化轨迹和规律研究》（1978—2008）汇集成书，作为一段研究的历史记载呈现给大家，以期对新时代高校师生思想发展变化轨迹和规律的研究做一些力所能及的贡献。

本书原本是教育部哲学社会科学研究重大课题（高校思政、党建、稳定、网络）委托研究项目——《改革开放以来高校师生思想变化轨迹和规律研究》（教思政司函［2006］39 号）的研究成果，是多校协作、集体智慧的结晶。

2007 年 1 月，项目牵头单位陕西师范大学王涛教授作为课题组首席专家和总召集人召集课题组各成员单位在陕西师范大学召开了第一次协调会。首席专家、中国政法大学李凯林教授，首席专家、浙江海洋学院黄建钢教授，石河子大学吴新平教授，以及参与课题研究的上述四所大学相关研究人员参加了开题与研讨。本次协调会的主要目的是设计课题研究框架，分解研究任务，安排经费使用，整合各校资源，发挥各校特色和优势，为顺利开展研究奠定基础。

2008 年 8 月，课题组在石河子大学召开了第二次研讨会。陕西师范大学王涛教授，石河子大学周生贵教授、吴新平教授，浙江海洋学院黄建钢教授以及四所大学课题组主要成员共计 12 人出席了会议。陕西师范大学课题组和浙江海洋学院课题组向会议提交了在全国部分高校开展的师生思想状况调查报告和数据材料。会议的主要议题：一是听取四所高校课题组各子项目负责人第一阶段研究情况的汇报；二是明确了下一阶段研究的主要任务和工作重点；三是围绕研究中的一些重点难点问题如："高校师生思想变化轨迹的基点""变化的历史分期""问卷调查的信度和效度""问卷的处理与应用""'规律'的内涵""课题后期的分工协作以及结题的时间和成果的产出形式"六个问题展开了广泛而热烈的讨论，达成了共识。

从2008年到2010年课题组先后完成并推出了一批阶段性研究成果。如：陕西师范大学王涛、戴均的《改革开放30年来大学生价值观变迁的轨迹和规律研究》（《高等教育研究〉2009年第10期），戴均的《改革开放三十年来大学生人生观变迁的轨迹及其规律研究》（《天府新论》2010年第1期）；石河子大学张爱萍、邓昌豫的《改革开放30年大学生政治思想轨迹及规律探析》（《石河子大学学报（哲学社会科学版）2008年第6期），吴新平、潘明芸、雍会的《新疆少数民族地区高校教师人生观、价值观变化调查分析》（《学校党建与思想教育》2009年第9期）；中国政法大学李凯林的《高校师生思想变化轨迹和规律研究》（《北京行政学院学报》2010年第2期）。另外，陕西师范大学、石河子大学、浙江海洋学院课题组分别提交了调研报告。这些成果和报告为课题的深入研究提供了第一手数据和理论与实践的支持。在编辑统稿过程中，我们将一部分调研报告作为附录收入本书，以便使读者获得更具体、更翔实的数据和信息。

承担本书写作任务的主要是陕西师范大学马克思主义学院和哲学与政府管理学院的教师。各章的分工与撰写如下：王涛、袁祖社（第一章），刘建军（第二章），赵安民（第三章），王涛、戴均（第四章），李正敏（西北政法大学，第五章），宁馨（第六章），李凯林（中国政法大学，第七章）。全书由袁祖社协调、初审，王涛修改统稿、最终审定。陕西师范大学党委学工部（学生处）解勇国、马晓云、曲洪刚等同志为调研的开展和报告形成承担了具体工作；青年教师李晔博士、博士生屈桃参与了部分调研报告的整理和书稿的校对工作。

由于是多单位合作，导致信息处理和研究的周期较长。为了保持调查研究和分析论证的原始状态，我们在统稿中除对一些明显的不够准确的问题和事件做出修订外，尽量保持了原作者当时的研究观点和话语体系。鉴于作者水平有限，书中难免有不妥之处，恳请同行、专家学者和广大读者批评指正。

在本书编写的过程中，参考和借鉴了教育部思政司等相关部门以及相关专家的研究成果，由于资料和条件的限制，有些成果的作者和出处无法查证准确，故没有收录在书后的参考书目中，敬请谅解，在此一并致谢。

中国社会科学出版社、陕西师范大学马克思主义学院为本书的出版给予了大力的帮助和支持，本书责任编辑宫京蕾给予了具体的指导，为本书的付梓付出了智慧和辛劳。特此表示感谢！

在本书即将付梓之际，适逢我们伟大祖国70华诞，我们将“不忘初心 牢记使命”，继续关注新时代高校师生思想发展变化的新特点、新规律，在总结现有研究成果的基础上，虚心学习，勇于担当，持续深化本课题的研究，力争推出能够充分反映改革开放以来、尤其是进入新时代以来高校师生思想发展变化轨迹和规律的最新成果。回报我们伟大的祖国，回报新时代！

王涛

2019年10月12日

于陕西师范大学文澜楼